# LA VÉRITABLE ROMY SCHNEIDER

*DANS LA MÊME COLLECTION*

*La Véritable Joséphine Baker*
par Emmanuel Bonini

---

*La Véritable Melina Mercouri*
par Bertrand Meyer-Stabley

---

*La Véritable Audrey Hepburn*
par Bertrand Meyer-Stabley

---

*La Véritable Jackie*
par Bertrand Meyer-Stabley

---

*La Véritable Grace de Monaco*
par Bertrand Meyer-Stabley

---

*La Véritable Margaret d'Angleterre*
par Bertrand Meyer-Stabley

---

*La Véritable Farah, impératrice d'Iran*
par Vincent Meylan

EMMANUEL BONINI

# LA VÉRITABLE ROMY SCHNEIDER

Pygmalion
*Gérard Watelet*
Paris

Sur simple demande adressée aux
*Éditions Pygmalion/Gérard Watelet, 70, avenue de Breteuil, 75007 Paris*
vous recevrez gratuitement notre catalogue
qui vous tiendra au courant de nos dernières publications.

---


ISBN 2-85704-718.5

*Pour Jacquotte et Sylvie,*
*un bouquet de lilas blancs...*

# PROLOGUE

*« A Cannes, c'est la fête du cinéma, mais six ans après sa mort il n'y a plus de fleurs sur la tombe de Romy Schneider... rien que des mauvaises herbes et un vase où l'eau croupit. »*

Dans son édition du 18 mai 1988 censée commémorer l'anniversaire de la disparition de l'actrice, l'un de nos périodiques nationaux les plus sulfureux ne s'économisa guère en trémolos ! Manchette boutoir d'un canard à sensation ou insoutenable réalité, en quelques jours, des milliers de témoignages de sympathie, de gerbes de roses vinrent recouvrir « la dalle de l'oubli » sous laquelle une mère et son fils reposaient. Des sacs postaux sans nombre furent encore réceptionnés par l'échotier, qui contenaient pour la plupart des chèques modestes ou conséquents, tous interprètes d'un même psaume : le souvenir est une fleur qui ne sait pas mourir.

Non, les Français n'avaient pas oublié. L'impératrice en dentelles et passementerie, facétieuse et poupine d'une Autriche à jamais ensevelie, ses amours à suspense avec un *Guépard* viscontien, leurs ébats dans les eaux troubles d'une piscine tropézienne, la déflagration d'un *Vieux fusil* vengeur, les histoires simples ponctuées des furieux éclats de rire d'une femme compliquée, les vraies tragédies où, peu à peu, l'actrice fatiguée tombe dans le piège de ses rôles et agonise jusqu'à l'enserrement fatal. Romy-Lumière, Romy-Pudeur, Romy-la-Foudre, Romy-Surprise, Romy-l'Orgueil, Romy-la-Vie, Romy-Romy, sans calculs ni partage.

Chaque année, en période de fêtes, la télévision offre pour le plus grand plaisir des uns, jusqu'à l'indigestion pour les autres, la saga des *Sissi*. Sa vie durant, et sa vie fut un flash, Romy eut à se défendre de *Sissi*. Quelque temps encore, à peine avant de mourir : « Je hais cette image de *Sissi*. Qu'est-ce que j'ai donné aux hommes en dehors de *Sissi* ? Toujours *Sissi, Sissi !* Il y a longtemps que je ne suis plus *Sissi*, je ne l'ai d'ailleurs jamais été. » Il se raconte qu'un jour une cartomancienne lui aurait prédit : « Tu auras le destin d'Elisabeth d'Autriche ! »

Le drame de Romy Schneider, celui de *Sissi* concourraient-ils à douleur égale dans les couloirs de l'Histoire ? La jeune Sarah, chapitrée par Daniel Biasini, a beau soutenir que la vie de sa mère ne fut pas une tragédie grecque, trop d'éléments plaident pour la contredire. Il ne saurait s'agir ici d'une volonté d'émouvoir Margot, mais hélas, convenons-en, entre deux éclats de rire et des fontaines de larmes, jusqu'à la dramatique d'un final presque attendu, rien ne manque ! Certes, à la différence d'Elisabeth, Romy exprimait de mille façons son furieux désir d'exister, mais à trop vouloir s'aveugler aux néons du factice, ne cherche-t-on pas finalement à se couper du réel, à se frayer un dangereux chemin d'évasion loin du vivant qui chante ? « Le Théâtre, c'est une reine qui a des malheurs », confesse le comédien Henri Tisot dans l'un de ses épanchements littéraires.

Nées exactement à un siècle de distance, Elisabeth comme Romy souffrirent d'abord par des pères trop souvent absents, le premier pour sa prédilection à courir le monde et la donzelle, le second dévoré par le même démon qui très fréquemment l'éloignera du foyer pour le voir assumer d'autre part des activités professionnelles par trop accaparantes. Par la suite, ce dernier n'aura aucun scrupule à abandonner purement et simplement sa famille en pleine tourmente de la guerre. Première déchirure commune. D'autres fils tissent ces deux existences chaotiques, brouillant entre elles deux les frontières des êtres et des époques.

Espiègles, diablement belles et rebelles, mais sensibles et secrètes, ces jeunes Bavaroises quittèrent leur bulle adolescente pour se retrouver au même âge propulsées dans des mondes illusoires et inconnus.

En épousant François-Joseph, *Sissi* tomba dans un piège qui se referma sur elle au soir de la cérémonie. Romy, de même, regimba contre la tutelle de sa mère, celle vénale d'un beau-père-gérant-dilapideur de sa fortune (il faisait construire un hôtel après l'autre comme par miracle), résolus tous deux à la voir perdre sa jeunesse sur « l'écran noir de ses nuits blanches » dans les corsets d'une souveraine que la jeune fille encore écartelée entre soumission et rébellion en vint à honnir.

Les deux femmes cherchèrent leur salut dans la fuite. *Sissi* en voguant sans but sur les mers telle une mouette de Heine, son maître à penser, loin, très loin de la *Hofburg* et de la rigidité d'une étiquette vieille de l'époque de Charles Quint, au grand mépris des médisances de la cour et du peuple, de ceux mieux dissimulés d'une presse encore soumise à la censure.

Déclarée « traître à la patrie » par ses compatriotes, vilipendée encore par les médias d'outre-Rhin, Romy se jeta à cœur perdu dans un amour fou avec le bel Alain Delon, puis dans le cinéma lorsque Cupidon s'en vint à la trahir. Mais le 7e art est une roulette russe... et la vie, quand elle joue les *serial killers*... La mort rafla sans prévenir les enfants respectifs de *Sissi* et de Romy et dès lors, *mater dolorosa,* elles n'eurent plus à cœur de continuer le combat, ni la force. Avec la même « lucidité désespérée », elles se heurtèrent à la réalité de la vie. Joseph Losey à propos de Romy : « Elle ne nourrissait aucune illusion. Ses espoirs mêmes étaient désespérés. »

« Pourquoi dois-je tout payer si cher ? » se plaignit un jour l'actrice. Quant à l'impératrice : « Nous les Wittelsbach sommes maudits. Tous les moments heureux de notre existence, nous devrons les payer cher. Il en sera ainsi tant que notre lignée ducale n'aura pas péri. »

Parce que sans éducation sur les subtilités de l'Histoire, trop souvent, au début de sa carrière, inclémente, Romy Schneider n'attribua à Elisabeth pas plus de cervelle qu'à une oie blanche. A l'instar de nombre de ses contemporains, elle commit l'amalgame entre les sucres glaces d'Ernst Marischka et la douloureuse et imparable réalité. *Sissi* ne représentait alors qu'un mythe doré, une légende sirupeuse, pour qui ignorait la personnalité de cette impératrice visionnaire acquise aux idées républicaines, voire anarchistes et qui alla jusqu'à baptiser son cheval « Nihiliste », une femme profondément intelligente et spirituelle, mais instable, fantasque, hors du temps et de sa mesure, prisonnière d'un système et d'un monde qu'elle déserta pour tomber dans le gouffre de la neurasthénie.

Le rideau sur la *Sissi* stéréotypée ne se referma que bien plus tard avec l'analyse poussée de l'édition intégrale de ses confessions secrètes. L'impératrice les avait léguées aux autorités de la Confédération helvétique avec pour consigne de ne les publier que soixante ans après sa mort « au profit des condamnés politiques les plus méritants et de leurs proches dans le besoin ».

Romy, également préoccupée par les drames politiques de son temps, ébaucha de son côté un journal, *Peggy*, rapidement délaissé, n'abandonnant pour autant une plume alerte qu'à l'ultime seconde de sa tragique disparition en mai 1982, à la saison où doivent renaître les *Lilas blancs*.

La rencontre spirituelle entre ces deux farouches protectrices des juifs n'échappa guère au génie de Visconti lorsqu'en 1972, le maître demanda à Romy d'incarner à nouveau Elisabeth d'Autriche, cousine de Louis II de Bavière, dans *Ludwig ou le Crépuscule des dieux*. L'actrice elle-même convint alors de troublantes et fâcheuses convergences entre elle-même et son personnage, cette autre *Sissi* dont elle découvrait la plaisante spiritualité.

« Je me cogne à ma vie, le bonheur me fuit entre les doigts, comme de l'eau », s'ouvrit un jour Schneider à un ami. La malheureuse semble comme avoir été rattrapée par une Elisabeth furieuse de s'être vue ressuscitée, réincarnée, jetée en pâture à cette humanité voyeuriste tant détestée au cours de son martyre terrestre. « Les Habsbourg, cette engeance dépravée », n'avaient-ils pas déjà obtenu son agonie et jusqu'à sa mort, qu'il ne fut besoin de redonner le spectacle au son de macabres tambours et de sinistres trompettes ? Selon Elisabeth, l'existence n'était rien de moins qu'un atroce fardeau, une « punition de Jéhovah », la destinée ne pouvant s'accomplir que dans la souffrance. Chaque naissance humaine augurait d'un malheur et « il n'y aurait pas d'action plus noble pour des parents que de faire mourir aussitôt chaque nouveau-né ».

Un autre étonnant message de l'impératrice à la postérité accompagne l'une des cassettes scellées qui renferment ses pensées :

*Chère âme du futur,*

*C'est à toi que je lègue ces écrits (...)*

*Car il n'y aura pas dans 60 ans plus de bonheur et de paix, c'est-à-dire de liberté, sur notre petite planète qu'il n'y en a aujourd'hui. Peut-être sur une autre ?*

*Avec mon cordial salut, car je sens que tu me veux du bien.*

*Ecrit en plein été 1890, dans un train spécial qui file à vive allure.*

Dans le sillon de ses naufrages successifs, Romy décela-t-elle un signe, enfin ? *Sissi*-Elisabeth et Romy toutes deux « en état de crise permanent, en état d'anarchie », ont achevé leurs parcours d'ici-bas par un itinéraire semblable, celui réservé aux âmes vagabondes. Officiellement arrêt cardiaque pour une Romy, l'âme en lambeaux, incapable de poursuivre la route ; transpercement du cœur par une lime de cordonnier pour *Sissi* tombée au bord d'un lac sous une main anarchiste. En proie à une misanthropie obsessionnelle et destructrice, depuis longtemps *Sissi* appelait de tous ses vœux cette main criminelle. « Je m'en irai comme la fumée s'envole ; mon âme s'enfuira par une toute petite ouverture du cœur. »

Romy, en dépit de sourires de façade pour répondre aux grimaces et de déclarations d'une volonté d'avenir serein, savait d'instinct ne plus pouvoir aller au-delà de sa destinée. « Je n'y arrive pas. » Ces derniers mots énoncés au téléphone à l'un de ses proches peu avant le drame firent testament ; le constat d'un échec. Ou celui d'une victoire. Imperceptiblement, elle était entrée dans l'ombre d'Elisabeth.

Le 10 septembre 1998, le monde commémora le centième anniversaire du meurtre de l'impératrice à

Genève. A cette date, Romy (née le 23.09.1938) aurait eu très exactement l'âge de *Sissi* (née le 25.12.1837) à l'heure de sa mort : soixante ans.

Si le hasard compte encore ses adeptes, de *Mariengrund* à Boissy-sans-Avoir, des sommets bavarois à la campagne versaillaise, débrouillons l'écheveau et partons.

# I

## *FINIS AUSTRIAE*

*« Ma mère habite une maison à Berchtesgaden, où ce fou vivait ! »*

Romy Schneider

« HEIL Hitler ! Mort aux juifs ! Schuschnigg à la potence ! Au poteau les catholiques ! »

Debout, dans la voiture qui le conduit au centre de la Heldenplatz de Vienne, plus cynique que jamais, Hitler triomphe. En toisant ces milliers de bras levés vers lui de gré ou de force, ce fils de douanier, première « bête politique moderne », né d'une union entre un oncle et sa nièce sur la frontière austro-bavaroise quelque cinquante années auparavant, songe-t-il à sa période d'errance d'avant-guerre dans les rues d'une Vienne cosmopolite qui le rejeta autant que ce pur germanophile put la haïr ? « La ville gigantesque, devait-il écrire plus tard, m'apparaissait comme l'incarnation de la honte du mélange des sangs. Véritable conglomérat de peuples parmi lesquels on retrouvait, comme l'éternel champignon vénéneux de l'humanité, des juifs et toujours des juifs. »

Ex artiste-peintre maudit, timide et déjà révolté, ce 14 mars 1938, c'est en *Führer* d'une Allemagne arrogante qu'il célèbre l'*Anschluss* et sa victoire sur la *Kaiserstadt*, hier encore poumon d'un empire de quarante nations.

Après avoir sauvé par deux fois son pays de la banqueroute et avant son assassinat commandité en 1934 par Hitler, le chancelier autrichien Engelbert Dollfuss, affectueusement surnommé *Millimetternich* en raison de sa très petite taille, s'était opposé avec la dernière énergie à toute idée d'annexion, sollicitant à gauche comme à droite, parfois avec force maladresses, le soutien de la classe politique autrichienne. Après lui, Schuschnigg, son successeur, étudia même l'éventualité d'un retour des Habsbourg sur le trône. Une restauration appelée par les nostalgiques de l'empire mais souhaitée également au sein des milieux populaires et de la bourgeoisie libérale juive. Tous avaient saisi l'intérêt de préserver et l'unité et l'indépendance de la nation autrichienne. En exil avec sa mère l'impératrice Zita, veuve de l'empereur Charles Ier, actif, le jeune héritier Otto s'était tenu prêt. Or, dans les chancelleries européennes, les actes ne suivirent pas les promesses. On demeura évasif, laissant au fil des mois l'Autriche plonger dans l'isolement. Edouard Benès, ministre tchèque des Affaires étrangères, se risqua même à un navrant : « Plutôt Hitler que les Habsbourg ! »

L'Autriche est morte, vive l'Allemagne ! Et les eaux du « beau Danube bleu », ce 14 mars 1938, de se troubler pour longtemps. L'homme au visage sombre, naguère chiné pour sa petite moustache à la « Chaplin », peut se targuer d'avoir réussi un beau coup. Une annexion éclair sans un coup de feu pour l'honneur. Presque le temps d'une valse qu'il compte bien reconduire jusque vers d'autres latitudes. Sous la visière de sa casquette, l'auteur de *Mein Kampf* ne songe-t-il pas déjà Tchécoslovaquie ?... « Plutôt Hitler que les Habsbourg ».

Arrestations, exécutions, tortures et bientôt déportations : très vite, sur la tête des partisans autrichiens, militants catholiques, sociaux-démocrates ou monarchistes qui n'ont pas cru à une telle catastrophe, les représailles tombent. Parmi les juifs prolétariens, originaires de l'Est, méprisés par les grandes familles juives nanties, installées, elles, en Autriche de longue date et intégrées, le suicide fait ses premières victimes. D'autres organisent leur fuite. Dans sa biographie *L'Ami blessé*, Dominique Bona rapporte le témoignage de William Shirer, témoin direct de l'atmosphère qui asphyxia la capitale autrichienne sitôt l'arrivée des nazis : « La conduite des Viennois fut pire que tout ce que j'avais vu en Allemagne. On assista dès les premières semaines à une véritable orgie de sadisme. Chaque jour, on pouvait voir d'importants groupes de juifs, hommes et femmes, gratter le nom de Schuschnigg inscrit sur les trottoirs et astiquer les ruisseaux. Tandis qu'ils s'échinaient à genoux par terre, surveillés de près par des SS ricanants, la foule s'assemblait pour se moquer d'eux. »

Collée à ce goudron d'infamie, l'inquiétude n'épargne pas les milieux artistiques soumis à une sévère censure. Au théâtre, d'où les auteurs juifs ont naturellement été bannis, toute œuvre présentée est disséquée, chaque tirade décortiquée. Et les consignes ne manquent pas d'être scrupuleusement respectées. Quel fantaisiste s'aviserait de voir le nouveau maître de l'Autriche, presque crédible en apôtre de la culture, repartir contrarié d'une représentation au Burgtheater par exemple ?

Pourtant, chaque soir, avec ou sans la présence dans la salle de dignitaires SS, le spectacle – l'expression de la vie par excellence – continue. N'est-ce pas la loi de ce milieu ?

Au début du siècle, dans une ville socialement et politiquement comme en sommeil et à l'abri du monde sous la protection de son infatigable empereur François-Joseph, le flamboyant bouquet des diverses activités artistiques n'avait rien à envier à celui offert par Paris. Valses, opérettes, opéras, comédies, la Vienne de la Belle Epoque faisait la part belle aux artistes de tous bords élevés au rang d'idoles. Au royaume musical des Mozart, Glück, Beethoven, Schubert, Haydn et Strauss, le monde se refaisait dans des cafés littéraires, préférés à l'air confiné des salons. De nouvelles étoiles, celles de Mahler ou de Brahms, se voyaient ainsi élevées au firmament tandis que dans le pays tout entier, les productions théâtrales fleurissaient. L'institution de référence pour tout acteur ambitieux restait toutefois le Théâtre Impérial et Royal : le Burgtheater, temple à l'incontestable suprématie fondé par l'impératrice Marie-Thérèse.

Anciennement situé sur la Michaelerplatz, de nouveaux architectes, Karl von Hasenauer et Gottfried Semper, le réinstallèrent dans la fameuse *Ringstrasse* en 1888, date de l'achèvement des travaux. Une multitude de talents parmi les plus nobles de la sphère artistique viennoise œuvrèrent avec éclat à la finition du vénérable Burg. Entre autres, le sculpteur Rudolf Weyr qui, inspiré du *Triomphe d'Ariane*, une toile de Hans Makart, précurseur du néo-baroque à Vienne, interpréta l'œuvre du maître sous la forme d'un relief en marbre. *Les Noces de Bacchus et d'Ariane* accueille toujours le visiteur au-dessus du portique central du Burgtheater. Cet objet de fierté qui appartenait à la cour et vivait des subventions de la famille impériale s'ouvrit aux pièces modernes et permit à des écrivains et des comédiens de passer à la postérité : Friedrich Mitterwurzer, Rudolf Tyrolt, Steller Hohenfels, Joseph Kainz, dernier favori du roi Louis II de Bavière, Charlotte Wolter et une certaine Catherine Schratt parmi les plus fameux.

« A Vienne, écrit Stefan Zweig, une grande actrice nationale était tellement la propriété collective de toute la cité que même celui qui n'y avait aucune part personnellement éprouvait sa mort comme une catastrophe. Chaque perte, le départ d'un chanteur ou d'un artiste aimé, se transformait irrésistiblement en deuil national. »

Un esprit de possessivité morale, nous le voyons, proche du fanatisme, qui n'ira pas sans répercussions désastreuses sur la vie et la carrière de la future Romy Schneider, née de la bonne tripaille de cette Vienne-ci.

En 1903, une nouvelle venue, fraîchement débarquée du Deutsches Theater de Berlin où elle s'était déjà fait connaître en interprétant des classiques, foula pour la première fois la scène du Burg : Rosa Retty, née vingt-neuf ans plus tôt au sein d'une famille d'artistes, riche de quatre générations. Son père, l'acteur et metteur en scène Rudolf Retty, d'origine italienne (Feretti) et sa mère, Käte, née Schäfer, une chanteuse, avaient fortement influencé sa vocation. La petite Rosa entretint longtemps le rêve de voir un jour son nom briller au firmament du ciel viennois. Mais au sein d'une Autriche figée, seuls l'âge et l'expérience garantissaient l'avancement.

Qu'à cela ne tienne : Rosa attendrait. Et elle attendit ! En mai 1912, vint la consécration : sa nomination par François-Joseph au titre de *Hofschauspielerin*, actrice de la cour impériale et royale, avec l'attribution d'un fiacre personnel et de tous les avantages conférés à un tel statut. On commença à la comparer à Sarah Bernhardt. Sa seule rivale féminine : la frondeuse Catherine Schratt, autre « star » de l'époque qui, de par sa position, imposa longtemps ses volontés aux différents directeurs du Burg. Nul n'ignorait son rang semi-officiel de « compagne de l'empereur ». C'est l'impératrice *Sissi* elle-même, en quête d'un « mieux-être » qu'elle croyait pouvoir trouver loin de la cour et de son époux, qui avait poussé la jeune femme dans les bras du *Franz* de ses jeunes années. Si les deux femmes entretenaient en apparence les relations les plus cordiales, dans son journal intime, l'acide *Sissi* ne manquait pas une occasion de railler « cette femme douée d'un talent de singe malgré ses kilos de graisse ».

Entourée de son époux et de leur petit garçon, Wolfgang Helmut Walter, âgé de six ans en 1912, la comédienne menait une vie choyée. Un bonheur n'arrivant jamais seul, un soir de 1899, au Bal de la Croix Blanche à Vienne, elle fit la connaissance d'un officier supérieur, le lieutenant Karl Walter Albach, de quatre ans son aîné. Follement amoureux, le sémillant officier remit bientôt sa démission à l'empereur aux fins de pouvoir épouser Rosa, évitant ainsi l'éclat d'un scandale. Il deviendrait avocat.

Le petit Wolfgang n'était pas peu fier de parader dans Vienne aux commandes du fiacre de sa mère installée avec ses camarades de scène dans le fond de la voiture. Cocher : voilà son rêve et tout son avenir. Mais très vite, bringuebalé d'une répétition à l'autre dans les coulisses du Burg, Wolfgang se découvrit une fibre plus artistique. Contre la volonté de Rosa, qui souhaitait lui épargner les aléas et les embûches d'un métier déstabilisant, Wolfgang s'inscrivit à l'Académie de Musique et d'Art Dramatique de Vienne. Une comédie, *La Femme célèbre*, de Bisson, suffit à en faire le nouveau jeune premier du Burgtheater où il fut engagé à l'âge de vingt ans. A plusieurs reprises, mère et fils partagèrent la même affiche (*Charmeuse*, et *Mademoiselle Mizzi* d'Arthur

Schnitzler). Cinq ans plus tard, un producteur berlinois de la UFA (Union Film AG) au flair avisé proposa au jeune homme aguerri aux risques de la scène de relever le défi du cinéma. Doté d'un physique ensorceleur, avec un petit quelque chose en plus, Wolf Albach-Retty n'eut aucun mal à faire frétiller le public féminin, confirmant dans le même temps ses réelles prédispositions pour le métier à travers des prestations louables comme sa performance dans *Le Hussard noir.*

A la même époque, une jeune Allemande de vingt-trois ans, native de Pfersee-Augsbourg, commençait à faire parler d'elle : Maria Magdalena Schneider. Sténodactylo de formation, après une discrète carrière de chanteuse et danseuse au théâtre, elle tourna en 1930 son premier film, *Boykott,* de Robert Land. Mais sa véritable chance, c'est le réalisateur Max Ophuls qui la lui offrit trois ans plus tard avec *Liebelei,* d'après une nouvelle signée Schnitzler. Magda sut la saisir et le succès devint mondial. Les propositions affluant, remarquable et remarquée, elle s'imposa solidement comme l'une des nouvelles gloires du cinéma germanique.

Août 1933. Inéluctable accomplissement : Hitler accéda démocratiquement au pouvoir. Dans les studios de la UFA, largement subventionnés par l'Etat et reconnus comme facteur de formation de la conscience nationale, un fort sentiment d'insécurité s'installa parmi les acteurs et réalisateurs juifs, peu à peu contraints à l'exil. Aux autres, le rythme infernal des tournages ne laissa guère le champ à la réflexion politique. Pourtant, de ses projets néfastes et de ses viles intentions, le nouveau maître de l'Allemagne ne faisait presque plus mystère. Inscrit au nombre de ses ambitions maléfiques : l'*Anschluss* : « Le rattachement de l'Autriche à l'Allemagne est le but de ma vie à poursuivre par tous les moyens », est-il écrit dans *Mein Kampf.*

Quant à Wolf Albach-Retty, il y avait sept bonnes années qu'il dévorait son métier sans que le métier le dévorât. Avec la bénédiction de sa mère, il ne songeait à rien d'autre qu'aux femmes et aux voitures de sport sans éprouver la moindre envie de se ranger.

Jusqu'à cette année 1937.

Flairant une fantastique opération commerciale dans la réunion à l'écran de deux acteurs séduisants, talentueux et en pleine ascension tels que Schneider et Albach-Retty, la UFA multiplia les commandes de scénarios sirupeux, propres à captiver le public. *Histoires de la forêt viennoise* (1934) ; *Petite, je me réjouis que tu viennes* (1935) ; *Rendez-vous à Vienne* (1936)... pour ne citer que les plus fameux. Année après année, saison après saison, le truc fonctionna. Le public devint friand de ce duo sur pellicule. Déjà bénis par leurs fans, Magda et Wolf s'engagèrent bientôt devant la loi et devant Dieu. Le mariage civil officié le 11 mai 1937 à la mairie de Berlin-Charlottenburg ; le 2 août suivant, l'église de Saint-Bartholomäe, sur le Königsee, donna asile aux jeunes premiers le temps d'une cérémonie empreinte d'une simplicité de bon aloi. A quelque distance de là, à Schönau, l'année précédente, avec ses premiers cachets, Magda avait ordonné la construction d'un imposant chalet baptisé *Mariengrund* (L'enclos de Maria). Les travaux terminés, Maria et Franz-Xaver, ses parents, quittèrent Augsbourg où Franz-Xaver possédait son propre magasin de plomberie, pour s'y installer.

Edifiée sur un terrain de 4 000 mètres carrés, la bâtisse comprenait à l'origine quatorze pièces dont la future chambrette de Romy au premier étage, avec ses lambris, sa cheminée de briques, ses rideaux rouges et bleus, ouverte sur un long balcon surchargé de fleurs, lieu d'évasion de la petite fille. Derrière ses volets verts, étendue sur son lit, on la devine sans effort esquisser un avenir fragile comme le rêve : « Si je ne rêve pas, je meurs. » L'autorité des montagnes alentour sera pour elle garante d'un équilibre bientôt en sursis.

Aujourd'hui, piquée de prairies et de sommets, la région attire les touristes du monde entier. Confirmés ou débutants, les skieurs viennent éprouver leurs sensations sur le mont Jenner qui témoigna jadis des premiers exploits sportifs de la jeune Romy. Depuis la rue principale de Schönau, de jour comme de nuit, on peut d'ailleurs deviner le tracé du téléphérique qui mène au Jenner grâce aux pylônes fichés sur son versant. De là-haut, le panorama est proprement... renversant ! Les petits villages sortis tout droit de cartes postales avec leurs églises à clochetons s'encaissent dans la vaste vallée. En contrebas, le Königsee apporte une touche turquoise à ce tableau féerique. Autre vestige des lieux pourtant, à seulement trois kilomètres de Schönau : Berchtesgaden, un nom, une mémoire, un abcès.

Après le putsch manqué de Munich, sa peine de prison effectuée, Adolf Hitler, séduit par l'endroit, décida de s'y retirer pour achever la rédaction de son livre, *Mein Kampf.* D'abord hébergé par son ami Dietrich Eckart, il loua une maison rachetée en 1933 lors de son arrivée au pouvoir, bientôt imité en cela par tous les grands pontes du nazisme. Pliant sous la menace, les propriétaires du cru se virent alors contraints de vendre leurs murs et leurs champs et de plier bagage. Maisons rasées, établissements annexés au patrimoine du parti national-socialiste, nouvelles constructions pour hôtes de prestige : l'Obersalzberg devint un vaste et constant chantier d'une dizaine de kilomètres carrés. Au final, près de 400 personnes furent chassées et 27 bâtisses rachetées pour le seul agrément du *Führer* et de ses disciples.

Au cœur de la « montagne sainte », clôturée sur une longueur de 27 kilomètres, le nid d'aigle de Hitler : le *Berghof,* l'un des points de mire de l'actualité politique internationale de l'entre-deux-guerres. C'est là, dans le cadre d'une visite-traquenard organisée par *Vater der Lüge* (le père du mensonge), Von Papen, ambassadeur d'Allemagne à Vienne, que le 12 février 1938, le chancelier autrichien Kurt von Schuschnigg avait appris dans le détail le déroulement de l'invasion de son pays. « Vous allez vous incliner comme le monde entier devra s'incliner, ou je vous brise ! » fut la formule d'adieu d'un Hitler hystérique qui pendant huit heures humilia son hôte, usant de spectaculaires manœuvres de manipulation psychologique. Fortement impressionné mais frondeur, sur les huit « suggestions » de Hitler, Schuschnigg n'en accepta que trois mais non des moindres, parmi lesquelles la nomination d'un national-socialiste, (parti interdit en Autriche depuis 1933) à la tête du ministère de l'Intérieur autrichien (Seyss Inquart) et la libération des agitateurs nazis emprisonnés à Vienne, dont certains avaient participé à l'assassinat du chancelier Dollfuss. Mais lorsque, le mois suivant, le même Schuschnigg soumit à son peuple un référendum sur la question de la réunification avec l'Allemagne SS, anticipant un résultat qu'il savait lui être largement défavorable, Hitler passa à l'action.

La petite fleur de *Mariengrund* poussa ainsi entre veaux, vaches et bannières nazies, engrangeant inconsciemment dans sa mémoire d'actrice de quoi rendre l'horreur plus ressemblante quand viendrait l'heure des faux soleils...

# II

## BERCHTESGADEN

*« Mets ton enfance dans ta poche et sauve-toi car c'est tout ce que tu as à faire. »*

Max Reinhardt

MARS 1938. Carnet rose en vue chez les Albach-Retty : Wolfgang apprend de la bouche de son épouse la venue d'un enfant attendu pour le mois de septembre. Il parie sur une fille. Magda espère un garçon. Fou de joie et dans l'expectative, avant de repartir jouer à Berlin, il étreint la future maman demeurée à Vienne avec ses beaux-parents Rosa et Karl.

Vendredi 23 septembre 1938. 21 heures 45. Une semaine avant le triste leurre des accords de Munich, dans la petite chambre de la clinique viennoise Rudolfin, l'enfant pousse son premier cri. Wolfgang a gagné, c'est une fille ! Pour contenter chacun, on lui attribue le prénom des deux grand-mères Rosa et Maria suivi d'un Magdalena « consolateur ». Mais très vite on donne du « Romy » à cet « angelot joufflu aux grands yeux bleus ombragés de longs cils clairs et aux joues vermeilles creusées d'une délicate fossette, comme ceux qui paradaient au-dessus de l'autel de l'église de Königsee le jour où le prêtre célébra l'union de ses parents ». Lyrique Rosa. N'est pas *Hofschauspielerin* au *Burgtheater* qui veut !

Au terme de quatre semaines d'existence, Romy découvre l'univers de *Mariengrund* et le grand air des Alpes bavaroises, abandonnée déjà par ses parents rappelés en Allemagne par les impératifs du tournage d'*Un souffle de printemps.*

Secondant Maria et Franz-Xaver, *Fraülein Hedwig*, surnommée « Hedy » puis « Deda », entre alors dans la vie de l'enfant.

Deda devient un lien essentiel pour Magda, informée au jour le jour des progrès de sa fille par le biais de lettres et de cartes précieusement réunies dans un album. La première dent, les premiers pas, les chutes ou les caprices : rien de la grande aventure humaine de Romy n'est occulté à la célébrissime maman. Ainsi, le 12 avril 1939, la nourrice fait état d'une rébellion de l'enfant qui n'entend pas se laisser attacher avec un harnais dans son landau : « Elle est furieuse de ne pouvoir bouger dans tous les sens comme elle aime bien le faire. Elle ne le supporte tout simplement pas. »

« Oui, je crois que Romy a gardé ce comportement toute sa vie », annotera plus tard une Magda nostalgique, penchée sur son album.

Même si depuis le matin tous les speakers du monde entier reprennent la nouvelle de la mort de Sigmund Freud, même si la guerre déclarée entre la France et l'Allemagne au début du mois de septembre menace de dégénérer en un conflit mondial, un *Geburtstag* reste un *Geburtstag.* Romy a un an et l'événement est fêté comme il se doit avec une famille au grand complet. Au fond d'elle-même, en dépit de sa passion pour la caméra, Magda déplore ses propres absences professionnelles qui la privent de voir sa fille s'éveiller à la vie. L'année suivante, les circonstances apaisent son remord lorsqu'elle apprend qu'elle est de nouveau enceinte.

C'est un garçon. Né le 21 juin 1941, on l'appelle Wolf-Dieter comme son père. Un père de moins en moins présent à Schönau.

Jugé immature et maladroit mais non dépourvu de tendresse, les rares fois où *Pappi Wolf* daigne honorer *Mariengrund* de sa présence, il prend à cœur de s'occuper de Romy en lui enseignant l'emploi de gros mots « à ne répéter qu'après mon départ ». Au grand dam de Magda à qui Romy et son tempérament vif et cabochard donnent déjà du fil à retordre. Enseignement tout aussi rustique pour la petite fille : la chasse avec son père dans le fin fond de la forêt. L'enfant raffole de ces longues virées en solitaires avec son *Pappi*. Il est difficile de ne pas évoquer ici une autre fille des forêts bavaroises qui, de sa prime enfance jusqu'à son adolescence et à son départ pour la cour de Vienne, vécut elle aussi au contact direct et permanent de la nature et des animaux, intrépide et animée par la même joie de vivre en dépit de fréquents et soudains accès de mélancolie : Elisabeth de Wittelsbach, déjà affublée du diminutif qui fera sa légende : *Sissi*.

Promis, juré, encore un film, un dernier et l'actrice ne laissera plus à d'autres le soin de jouer son rôle de mère et d'élever sa progéniture. Magda ne compte pas récidiver avec « Wolfi » ce qu'elle a manqué avec Romy. Mais, l'instabilité de son époux ne favorise pas ses projets. En 1943, si l'écran, cruel, les réunit encore une fois dans *Deux êtres heureux*, le couple se sépare ou plus exactement Wolf quitte femme et enfants en pleine guerre pour l'actrice Trude Marlen, laissant Magda seule au comble du désespoir avec sa famille à charge.

« Tous les hommes sont faibles, ai-je lu quelque part, Wolf l'était ! » appréciera plus tard Magda. « Heureusement cette époque n'a pas affecté Romy », croira-t-elle bon d'ajouter. Si les douleurs de l'enfance sont secrètes et invisibles, elles restent indélébiles. Dans le cœur de la petite Rose-Marie, la cicatrice s'entrouvre.

Rosa Albach-Retty qui eut souvent la garde de Romy à Vienne se souvint de poignants déchirements lorsque, le soir, elle devait quitter sa petite-fille pour se rendre au Burg. « Ne pars pas ! Ne pars pas ! Le vilain théâtre me prend toujours ma grand-mère !... » hurlait l'enfant en s'agrippant à la robe de la vieille comédienne.

Tandis qu'en septembre 1944, Romy entre à l'école dans un bâtiment de Schönau qui abrite aujourd'hui une banque, Magda reprend son travail et joue *L'Infirmière* pour le théâtre aux armées. Les temps sont durs, très durs. Le mois précédent, Paris a été libéré, prélude d'un dénouement proche et douloureux pour l'Allemagne. De son côté, le couple Schneider/Albach-Retty qui fit rêver tous les foyers s'achemine vers un divorce très difficile. « J'avais espéré que Wolf reviendrait, confia Magda. Voyant que c'était sans espoir, j'ai une fois pris le revolver. La pensée de mes enfants m'a retenue. Le temps aidant, cette affection me réconfortait ; elle m'a aidée à passer le cap. »

En 1957, dans le *Münchener Illustrierte*, Magda Schneider traça pour la première fois un portrait pénétrant de la Romy de *Mariengrund* : « Elle était une fille à part entière. Elle jouait à la poupée et ne s'intéressait pas aux jeux et jouets des garçons. Du reste, elle préférait retrouver des filles pour jouer, mais en réalité elle fréquentait le plus souvent des garçons, nos voisins ayant surtout des fils. Elle finissait par prendre des allures un peu brutales et devenait un petit tyran, en particulier après la naissance de son frère Wolfi. »

Entre chien et chat, les enfants Albach-Retty se réconcilient toujours... jusqu'à la provocation suivante.

Le 25 avril 1945, dans la matinée, une flotte de bombardiers britanniques de type Lancaster appartenant au 617$^{e}$ escadron laboure sans répit « la montagne sainte », détruisant le *Berghof* de Hitler et la quasi-totalité des constructions alentour. Quelques jours plus tard, le 5 mai, le sous-groupement de pointe de la 2$^{e}$ DB fait son entrée dans un Berchtesgaden pavoisé de blanc en signe de reddition et déjà occupé par l'armée américaine. Les Français seront cependant les premiers à accéder au *Berghof*, lieu commanditaire de tant de drames.

Devant ce maelström, on ne peut qu'imaginer la petite Rose-Marie Albach-Retty plaquée au sol par la terreur.

Partout dans le pays, la désolation règne. Comme en France, l'heure des comptes a sonné. Qui a fait quoi pendant ces longues années de guerre ? Dans bien des familles autrichiennes, peu à peu un lourd silence s'instaure, entretenu par les manuels d'Histoire à l'étude. Pour les générations à venir, difficile de s'y retrouver. Nous verrons le rôle prépondérant que jouera dans la vie et dans la carrière de Romy ce cocktail d'ambiguïté et de culpabilité.

A Vienne, réduite pour un tiers de sa superficie en cendres, l'Opéra national (Staatsoper), le Burgtheater et la cathédrale Saint-Etienne ont été gravement endommagés. Onze mille personnes environ ont succombé aux bombardements aériens.

En attendant les gigantesques et coûteux travaux nécessaires à leurs réouvertures prévues pour 1955, Rosa Albach-Retty continue à jouer dans un établissement provisoire. Laissons de nouveau Magda Schneider s'ouvrir à nous : « Ma vie à moi avait changé profondément. Mon métier était au point mort, on ne tournait plus aucun film. Les soucis de la vie quotidienne reposaient uniquement sur mes épaules, en particulier la responsabilité de mes deux enfants. Je sais combien une telle charge peut mobiliser toutes vos forces. Au fond, il s'agissait tout simplement d'une question de survie.

« Et le théâtre dans tout cela ? Pourrait-on un jour remonter sur scène ? Peut-être serait-il indiqué de partir en tournée, à la rigueur comme des baladins, de rassembler une troupe, de louer des salles ? Le monde était incertain. Pour une réussite, on comptait cent échecs. Une fois on décrochait un rôle, puis plus rien. Partout on échafaudait fiévreusement des plans, la plupart d'entre eux échouaient. Il y avait de petites représentations, des soirées de variétés, ensuite c'était de nouveau fini. Mais le courage l'emportait. On s'habitue à tout, même à l'incertitude. »

*Eines Tages* est le quarante-quatrième et dernier film tourné par Magda avant une rude éclipse longue de trois années. De courses au « cacheton » en représentations minables, rien ne semble plus permettre d'espérer. A *Mariengrund*, les parents de l'ex-jeune première ne comptent plus leurs maux. Et les enfants s'agitent. Romy surtout ! Il faut remédier à la situation. En 1948, la décision de Magda est annoncée sur un air d'irrévocabilité : pour son aînée, ce sera la pension ! Bien sûr, Romy reviendra à Schönau... le temps des vacances familiales.

Dès lors, dans le cœur de la petite « Heidi » des alpages bavarois, l'univers de *Mariengrund* avec ses peluches et ses lutins de chiffon devient un peu *Le Monde d'hier.*

# III

## « PEGGY DE MON CŒUR »

*« Je t'aime ! D'un père à sa fille, ces simples mots devraient être tout le courrier du monde, le reste de la littérature. »*

Serge Reggiani

LES quatre nations, américaine, russe, anglaise et française se partagent toujours le territoire autrichien, mais dans maints secteurs, le train économique roule sur la bonne voie. Dans les campagnes également on s'attache à oublier, pour recouvrer la vie d'« avant », stimulés par les exilés du régime national-socialiste qui rentrent pour reprendre possession de leurs terres.

A quelques kilomètres au nord de Salzbourg, à Elsbethen, un château carré dans la verdure et sans harmonie vient de rouvrir ses portes. Converti en pensionnat pour jeunes filles depuis plusieurs années, sa direction est confiée aux sœurs augustines. Elles aussi de retour d'Angleterre, les religieuses vont à nouveau pouvoir dispenser leur enseignement dans la tradition qui fait le sérieux et la bonne réputation de *Goldenstein* depuis près d'un siècle.

1er juillet 1949. Parmi les nouvelles admises, tremblante d'appréhension : la petite Rose-Marie Albach-Retty, fille du célèbre couple d'acteurs qui fit les heures bleues du cinéma allemand d'avant-guerre. Pour les sœurs, une « petite comme une autre ». Leur opinion évoluera sensiblement...

Après un séjour d'une année chargée en mauvais souvenirs à Gmunden (1948-1949), près de Bad Ischl, ex-résidence d'été des Habsbourg où *Sissi,* victime d'un malheureux quiproquo, fut demandée en mariage par François-Joseph un jour d'été de 1853, voici notre fougueuse Romy internée une fois encore loin des siens trop préoccupés pour lui faire la faveur de visites régulières. Quelque peu livrée à elle-même, solitaire, obstinée, d'humeur inégale, fort désordonnée et résolument hostile aux chiffres, elle réussit son intégration auprès de ses camarades par l'unique magie du théâtre. Chez elle, jamais ses parents ne parlèrent « boutique » devant les enfants, un consensus établi entre Magda et Wolf. Mais la tripe de Romy est la plus forte en dépit de souffrances qu'elle ne confie qu'au bon Dieu dans la lumière grise de la chapelle du couvent. Sœur Esmelda, chargée du réfectoire, se souvient d'une enfant « sensible et adorable mais en désaccord intérieur avec elle-même ».

« Elle avait le don des langues et une mémoire extraordinaire pour apprendre par cœur. Je la défendais toujours lorsqu'elle avait des difficultés avec d'autres professeurs. »

Romy éprouve une affection particulière pour sœur Augustina. Par amour pour elle, on la voit se surpasser en anglais, en dessin d'application, en musique. Là s'arrêteront les éloges de ses professeurs ; la couture ou la broderie requièrent une patience et une discipline dont le volcan de *Mariengrund* n'a pas été doté à sa naissance !

Instinctive, Romy a déjà trouvé sa propre thérapie pour soigner les plaies de sa frêle existence : monter sur scène, se déguiser, jouer la comédie, sortir d'elle-même, vibrer par d'autres émotions, donner, offrir, sans rien exiger d'autre que de pouvoir recommencer le lendemain. Devenir comédienne. Bon sang ne saurait mentir ! La vocation familiale de saltimbanques deviendrait-elle pérenne ? La flamme qui sommeille en elle se rallume à chaque évocation de pièce. Il s'en joue généralement six ou sept dans l'année et chaque fois, juchée sur *ses* planches, Romy devient maîtresse du monde. Lorsqu'elle fait part à sa mère de sa volonté de suivre sa voie, plus que réticente, Magda s'alarme en mettant sa fille en garde contre les « côtés noirs du métier ». Mais pour rien au monde, elle n'essaiera de contrarier les élans naturels de son incorrigible mouflette. Le moment venu, même, elle les stimulera.

Le 23 septembre 1951 marque une date importante pour Romy, une rencontre amoureuse, platonique certes, mais amoureuse : *Peggy !*

*Peggy* est rouge et or, couleurs du théâtre. Il écoute et entend sans jamais promettre la déchirure de l'abandon. Dès le 14 octobre suivant, Romy relate dans ce journal intime ainsi baptisé un incident avec la mère supérieure qui, l'ayant surprise pendant l'étude à confier à son nouvel ami quelques faits, le lui a provisoirement confisqué : « Ah, mon Dieu, tu m'as été enlevé ! Mon trésor ! Et maintenant je t'ai à nouveau. Que je suis contente et heureuse ! Plus jamais tu ne me quitteras. »

Le 1er décembre, c'est à sa grand-mère de *Mariengrund,* Maria Schneider, disparue quatre mois auparavant que vont les pensées de l'enfant : « Ma petite mamie, aujourd'hui j'ai mis ta belle jupe chaude ! Elle est si chaude, tricote-m'en une autre ! Mon Dieu, tu n'es plus là. Comment ce sera cette année, à Noël ?

J'aimerais tant te faire un cadeau de Noël ! Je te le ferai, et je te l'apporterai sur ta tombe, tu veux ? »

Une autre confession révélatrice est datée du 5 décembre : « Il y avait une fois un couple d'amoureux assis sur un banc. Soudain il dit : "Chérie, je t'aime tellement aujourd'hui !!!" (Mais peut-être que demain il ne voudra plus la voir ! Les hommes sont rarement fidèles !) » Cette opinion, Romy n'a pu se la forger seule, à un âge aussi innocent. Contrairement à ce que Magda, dans un souci de déculpabilisation et de surprotection mêlées, a bien voulu laisser croire, l'échec entre ses parents a bel et bien traumatisé l'enfant. Marianne et Eugène, la tante et l'oncle, font souvent office de parents auprès d'elle. Une fois par mois, ils s'emploient à faire le voyage depuis Salzbourg pour venir la chercher et l'emmener au cinéma où Romy rêve devant l'écran : « J'aimerais bien voir un studio de cinéma, un jour, un vrai. Mais quand ? »

Parfois, l'internée de *Goldenstein* se surprend à frôler le fantasme. Là encore, seul *Peggy* entre dans la confidence : « Oh, j'ai bien envie de me sauver cette nuit. Ce serait chouette, une gentille petite aventure de jeune fille. J'en serais capable, et même personne ne s'en apercevrait ! Alors j'irais à Paris ou à Mexico et je jouerais un *cow-boy* dans un théâtre ! »

Curieuse équipée...

Au printemps de 1952, « Romy/Rose-Marie » (sa jeune signature varie au gré de ses humeurs) fait sa communion à *Mariengrund.* De retour à l'internat, elle continue de confier à *Peggy* ses joies et ses chagrins, mais aussi, avec une franchise attendrissante, toutes les bourdes qui lui valent des sanctions conséquentes : « Hier, j'ai à nouveau provoqué un remue-ménage. Mais cette fois-ci ce n'était pas ma faute. Comme chaque soir, la lumière avait été éteinte à huit heures. Je m'étais tout de suite endormie. Je préviens : j'ai une habitude stupide, je parle en dormant. *Mammi* m'a dit que j'ai hérité ça de *Pappi.* Quelque chose a dû se passer avec moi. Soudain tout le monde criait, riait, et on a allumé. La grosse Warsel, si barbante, qui dort depuis quelques jours dans le lit à côté de moi, hurlait comme une possédée. Je m'étais levée en dormant et j'avais balancé ma cuvette d'eau glacée sur son lit. Les autres pensaient que je l'avais fait exprès. La mère supérieure est arrivée immédiatement. Elle était de garde et avait tout de suite entendu le bruit. Et me voilà avec un blâme de plus ! »

Après trois années d'internat à *Goldenstein,* Romy exprime à *Peggy* son souhait de s'en évader pour aller rejoindre son frère Wolfi à *Mariengrund,* mieux connaître Vienne, sa ville natale, s'ouvrir enfin au monde, loin des fastidieux rituels de la vie en collectivité. En attendant, elle s'applique à décorer avec force originalité des assiettes en bois qu'un menuisier de Salzbourg lui a confectionnées. Et puis le théâtre, toujours avec *Faust* dans lequel elle tient le rôle de Méphisto. A cet effet, son père Wolf lui a envoyé un costume du Burg. Romy doit se faire prier pour le restituer.

La « quille » arrive pour elle le 12 juillet 1953 : « Formidable ! Une date à retenir, je quitte l'école. Avec pour bagage, comme on dit ici, "le petit bac" (*Mittlere Reife,* équivalent du BEPC). Je n'ai presque plus rien écrit depuis Noël mais maintenant que cette idiotie d'école est terminée, j'ai plus de temps. Je vais tout rattraper. Nous avons eu un magnifique bal de Mardi Gras, et une fin d'année formidable. Mon bulletin est bon ! Je suis folle de joie ! »

Elle ignore tout encore de la « surprise » qui mitonne...

# IV

## *SISSI & CO...*

*« Les rêves ne sont si beaux que parce qu'ils ne durent pas. »*

William Faulkner

FAIT mineur, le 22 janvier 1953, un jeune Réginaborgien célibataire de dix-huit ans répondant aux nom et prénoms d'Alain Fabien Delon s'est porté volontaire pour sillonner les mers, voir du pays. A une époque où le voyage est encore un luxe, ils sont pléthore dans sa situation. Le contrat du jeune homme stipule qu'il devra donner cinq années à la marine française. Delon devient apprenti-marin sous le matricule Numéro 1203 T 53.

A mille lieues de là, *Mariengrund* fête en sépia la nouvelle « quillarde » de *Goldenstein.* Franz-Xaver, le grand-père, difficilement consolable depuis le départ de sa femme, Wolfi impatient de se chamailler avec sa « vieille *Schwester* » et Magda : presque toute la famille est regroupée. Seul Wolf brille par son absence dans les cœurs et les rancœurs. Et pour Romy ce n'est pas ce

Hans-Herbert Blatzheim dont sa mère s'est amourachée depuis maintenant plusieurs mois au point de vouloir l'épouser à Noël (le beau cadeau !), qui fera pousser des fleurs où il n'y a que ronces. Magda prétendit toujours que ses enfants avaient adopté celui qu'elle appelait « Daddy » devant eux. Pour ce qui est de son aînée, tout porte à croire le contraire. L'antagonisme explosa dès la première rencontre à *Mariengrund.* Romy le confirma à Daniel Biasini, son second époux.

Premier jour de liberté pour Rose-Marie, mais juillet 1953 ne va pas la laisser très longtemps à son oisiveté. A peine a-t-elle défait ses bagages que sa mère déserte le foyer ; un contrat de dernière minute dans un film à Munich, le premier depuis de fort longues années. Le soir même de son départ, depuis la capitale bavaroise, Magda, excitée, téléphone à *Mariengrund* :

– Vite Wolfi, passe-moi ta sœur. Romy, sors ta valise et fais-toi belle. Viens me rejoindre demain par le train du matin.

Pourquoi tant de hâte et que cachait hier soir au téléphone l'état d'extrême nervosité de maman ? Dans le wagon-restaurant, Romy, rongée par le suspense, est tendue comme un arc. Enfin l'entrée du train en gare de Munich, l'accueil chaleureux de sa mère, le taxi – « J'adore les taxis surtout quand ils sont vieux » –, l'hôtel, puis un hôpital, un interminable couloir d'hôpital. Qu'est-ce que tout cela peut bien vouloir signifier ? Où donc *Mammi* veut-elle en venir ?

– Ah, voilà la petite !

Un homme allongé sur un lit dévisage Romy. Cet homme, c'est Hans Deppe, le metteur en scène qui a engagé Magda dans son nouveau film *Quand refleuriront les lilas blancs.* Il cherche en vain une jeune fille pour un rôle secondaire.

Dans la tête de Rose-Marie, la nuit commence à se faire jour. Ça y est cette fois, elle va faire du cinéma, être une vedette comme ses parents, comme sa grand-mère Rosa de Vienne ! Emportée par l'enthousiasme, elle oublie la loi du milieu ; un film coûte de l'argent. Le producteur Kurt Ulrich est bien placé pour le savoir ; une simple erreur peut être fatale. Avant toute chose, il va falloir que Romy se rende à Berlin pour y effectuer quelques bouts d'essai. Comme tout le monde ! Soit, Romy ira à Berlin ! Elle consent à beaucoup de choses, pourvu que la victoire soit au bout de l'effort. « Ça marche ! Ça marche !!! hurle-t-elle le 6 septembre 1953 aux oreilles de *Peggy*. Ça commence ! Je fais du cinéma ! C'est dingue, absolument dingue !!! »

Romy comprend-elle la difficulté qui sera la sienne de faire oublier le nom de sa mère, celui de son père ? Et cette grand-mère, Rosa Albach-Retty, qui reste encore LA référence du théâtre autrichien ? En 1974, dans le cadre d'entretiens avec José Luis de Villalonga, Grace Kelly devenue princesse de Monaco porta un jugement pertinent sur le poids des héritages artistiques au sein d'une même famille : « Le métier de comédienne est un métier infiniment dur, infiniment difficile. Moi, à mes débuts, personne ne me connaissait dans le milieu professionnel. J'avais le droit de me tromper, d'apprendre à petits pas, de récidiver dans mes erreurs. Mais démarrer dans cette profession lorsque l'on porte un nom célèbre pour quelque raison que ce soit, alors là, croyez-moi, c'est vraiment dur, vraiment difficile. Un père ou une mère célèbre, cela vous ouvre beaucoup de portes, oui, c'est vrai. Mais... et après ?

« Eh bien, après, dès que vous aurez franchi le seuil de cette porte fermée pour tant d'autres, dès que vous aurez foulé le tapis rouge d'une renommée qui n'est pas la vôtre, vous vous retrouverez tout seul, mais vraiment tout seul. Chacune de vos paroles, chacun de vos gestes, sera épié, controversé, méjugé, déformé. Rien, pas la moindre petite faute, ne vous sera pardonné. Et ceux qui se disent vos amis vous attendront au tournant, prêts à vous donner le coup de grâce si cela peut servir leurs intérêts. Pourquoi cette cruauté ? Parce que rien n'est jamais plus cher payé que la facilité de certains débuts de carrière. »

Deux mois plus tard, le 9 novembre, le dernier clap de *Quand refleuriront les lilas blancs* est donné ! Le film devient un succès. De cette première expérience, Romy, qui a définitivement choisi d'adopter à l'écran le patronyme de sa mère, ressort absolument sublimée. Voilà qui est encore plus fort que tout ce dont elle a toujours rêvé sans trop oser y croire. Sur le plateau, aux compliments de Willy Fritsch, son partenaire, qui s'est émerveillé chaque jour davantage de la puissance de son talent, Romy a caché son état extrêmement flatté derrière de grands assauts purpurins. La modestie, déjà, et le doute. Pourtant elle possède cette magie et ce mystère qui ne s'apprennent pas. Empruntant la métaphore à un célèbre metteur en scène américain, Henri Verneuil déclara un jour qu'une star se révélait lorsque la caméra était amoureuse d'elle : *The camera is in love.* Ainsi devait-il en être pour Romy.

Magda a applaudi à l'essai concluant des *Lilas blancs*, mais à présent place aux choses sérieuses. Comme elle l'a prévu de longue date et ne l'a déjà que trop retardé, elle inscrit à l'Ecole des Arts Appliqués de Cologne une Romy songeuse qui ne respire plus que cinéma. L'ambiance rebute le *tomboy* de Schönau. Inexorablement sa voie est ailleurs.

Trois mois plus tard, après les longues vacances de l'adolescente à *Mariengrund,* au milieu « des vaches que j'embrasserais si je le pouvais, lorsqu'elles gambadent avec leurs grosses cloches qui tintent », *Peggy* nous transporte sur le plateau du tournage de *Feu d'artifice,* une opérette filmée avec entre autres Lili Palmer. La proposition du réalisateur Kurt Hoffmann que Romy, par superstition, avait tenue secrète, s'est concrétisée.

Le 20 mai 1954, c'est une comédienne en herbe, mais déjà lucide, avertie et consciente des paradoxes et des risques de son travail qui s'adresse à un journal intime qui, lui, ne suit plus la cadence : « A vrai dire c'est un sale métier d'être actrice de cinéma. Actrice ! Il faut s'y donner de tout son cœur. Et, à un autre moment, il ne le faut pas. On est assis ou debout, on crie, on pleure. Il faut se laisser aller, vivre la situation si on veut bien la rendre. En même temps, il faut garder ses distances, ne pas perdre la tête. Je sais que je peux m'identifier à un personnage que j'interprète. C'est comme un poison qu'on avale, auquel on s'habitue et qu'on maudit en même temps. »

« C'est avec moi, dans *Feu d'artifice,* que Romy a échangé son premier baiser de cinéma, raconta Claus Bierderstaedt. La perspective de devoir le faire en public la troublait tellement qu'elle mit longtemps à se décider. Quand elle se fut enfin exécutée, elle s'enfuit en courant. Un peu plus tard, elle me demanda timidement : "Tu m'aimes encore ?" Une attitude que je n'oublierai jamais. »

Ce témoignage peut prêter à sourire au regard des scènes que l'actrice candide aux joues rosées tourna plus tard. Mais le contexte et l'époque rendent cette confession à chaud d'un bucolisme délicieux.

Nouveau succès avec *Feu d'artifice* pour la jeune Romy ! Une notoriété croissante qui, forcément, ne manque pas d'aiguiser la curiosité d'un vieux loup du métier. Né à Vienne en 1893, Ernst Marischka fit ses classes au cinéma muet avant de devenir en 1912 le spécialiste de l'opérette dans la tradition viennoise en écrivant de nombreux livrets. Puis, de nouveau, le cinéma le tenta. Il y revint en tant que scénariste, passant définitivement à la réalisation vers 1940.

Ivre de romantisme et de baroque, le patriarche du cinéma autrichien imagine déjà la fille de ses amis Magda et Wolf tournoyant dans les crinolines de la reine Victoria d'Angleterre ; un projet qui virevolte dans sa tête depuis un certain temps. Le nom d'une actrice a même été retenu. Mais quelle autre taille plus seyante que celle de Romy pourrait redonner la sienne à la « grand-mère de l'Europe », à une époque où son jeune cœur ne battait que pour Albert de Saxe-Cobourg, son amour de prince trop tôt disparu ? Pour le public, Magda et Romy reformeront à l'écran le couple qui fit tant rêver les foules d'avant-guerre. Marischka les réunit donc dans *Les Jeunes Années d'une reine* tourné à Vienne à l'automne 1954, puis dans *Mam'zelle Cri-cri.* Bingo ! La formule fait miracle ! Ne changeons pas un duo qui gagne et qui fait gagner son équipe, pourrait renchérir *Pappi Marischka* !

Entre les deux films, comme il le lui a promis, Blatzheim offre à sa nouvelle starlette de belle-fille un voyage en Italie. Dans l'avion pour « la ville éternelle », un nom qui devrait lui porter chance, Romy remarque une autre actrice, pour elle inaccessible, qui la laisse subjuguée : Audrey Hepburn. La même année, Sofia Scicolone, une jeune Napolitaine rescapée des taudis de Pozzuoli, commence à faire parler d'elle. Chaperonnée par le producteur Carlo Ponti, surveillée de plus près encore par une mère garde-chiourme, elle tourne sous la direction de Vittorio De Sica, et sous le nom américanisé de Sophia Loren, son premier film jugé d'importance : *L'Or de Naples.* Elle ne passera pas inaperçue.

De retour à Cologne, Romy prend conscience qu'il n'est pas de paradis sans serpent. Dans la rue, les gens la reconnaissent, l'épient, la jugent. Naît alors en elle un sentiment de malaise, qui ne la quittera plus. Elle se demande ce qu'« ils » peuvent bien penser de « cette Romy Schneider qui se prend pour quelqu'un ou non » ? Plus que tout, elle désirerait devenir une grande et véritable actrice mais sans pour autant se délester de son identité : « Je suis encore jeune et je peux tout apprendre ! Et je le ferai ! Je veux faire du théâtre au besoin en province sur une pauvre scène de troisième ordre. Je débuterai par le rôle d'une bonne qui n'a qu'à dire : "Oui madame !..." Je le ferai s'il n'y a pas d'autre moyen. Pour le moment je me contente d'apprendre tout en étant moi-même dans le rôle. Et même si c'est la Reine Victoria, c'est moi. Que viennent d'autres variations, avec un texte toujours différent. C'est moi, et je resterai moi-même ! »

Dans l'intervalle de projets qui s'annoncent (Marischka a de nouveau pointé le bout de son nez), *Peggy* enregistre de nouvelles confessions pertinentes de Romy : « Nous avons vu Marina Vlady dans *Le Blagueur*. Je la trouve mignonne. Elle a mon âge : seize ans. Mais quelle démarche ! Que dis-je ? Marilyn Monroe est une pâquerette effeuillée à côté d'elle. Il vaut mieux que je m'arrête. Je commence à délirer ! »

Un jour de 1955, Marischka franchit le seuil de *Mariengrund*, convaincu de détenir de quoi rabattre le caquet des pisse-vinaigre qui ont haché menu le cinquième film de Romy, *Mon premier amour*.

# V

## L'OMBRE D'ELISABETH

*« La jeunesse est l'âge où l'on ne doute de rien parce que l'on ne se doute de rien. »*

Suz. March

« On vivait bien, on menait une vie facile et insouciante dans cette vieille ville de Vienne », écrit Stefan Zweig dans *Le Monde d'hier*.

En 1955, après l'hémorragie de la guerre, la nostalgie de l'Empire austro-hongrois de François-Joseph, chacun l'éprouve à sa manière. L'époque à jamais révolue de la monarchie gagne forcément en comparaison avec la situation actuelle d'une Autriche qui, après dix ans d'humiliations, vient à peine de recouvrer sa liberté. Les anciens racontent aux plus jeunes ce qu'ils ont connu du faste des Habsbourg et un certain culte de la majesté impériale semble renaître dans les cœurs autant que dans les esprits.

Marischka comprend ce désir des Autrichiens de retrouver leurs ombres disparues. Avec le choix d'Elisabeth d'Autriche, dite *Sissi*, le vieux renard ne se trompe pas de spectre. Ni d'interprète avec Romy Schneider. Une Romy qui ignore tout ou à peu près du personnage d'Elisabeth, encore surnommée «l'enfant de Noël». Le petit Ernst n'avait pourtant que cinq ans lors du décès de l'impératrice, mais toujours son mythe le poursuivit. En 1932 à Vienne, n'a-t-il pas déjà consacré à Elisabeth une opérette, avant d'écrire en collaboration avec son frère Hubert un texte porté à la réalisation par Joseph von Sternberg, *Sa Majesté est de sortie* ? Aujourd'hui son impatience gagne des sommets.

A la fin de l'été 1955, Romy déclare peu ou prou le même âge que *Sissi,* à la date de son mariage. Le choix par Marischka de son époux d'opérette n'est pas du dernier goût, qui cadre parfaitement avec le personnage du jeune François-Joseph. L'homme porte beau, il est grand, racé et, ce qui ne gâche rien, son père, l'illustre Karl Böhm, partage sa baguette de chef d'orchestre avec Karajan à l'Opéra National de Vienne. Un couple idéal que la presse va s'empresser de fiancer.

«Contrairement à certaines rumeurs, Romy n'avait pas une très haute estime de son partenaire Karl-Heinz Böhm et n'éprouvait d'ailleurs aucune attirance pour lui», affirmera Daniel Biasini. En vérité, de dix ans son aîné, Karl-Heinz représente pour la jeune Romy un élément du monde adulte. Tout ce qui la dépasse en âge mérite le surnom puéril d'«oncle» ou de «tante». «Oncle Karl-Heinz» n'a qu'à bien se tenir ! Romance ou pas, les acteurs ont été engagés non pour noircir de leurs frasques supposées les pages des magazines «glamour», mais aux fins de donner une vie crédible et un mouvement au scénario de Marischka.

Les premières scènes du tournage débutent en grande pompe sur quelques-uns des lieux foulés par «l'impératrice anarchiste»: le château de Schönbrunn, la cathédrale Saint-Etienne. A Possenhoffen, on a préféré le château privé de Tuschl sur le Fuschlsee, près de Bad Ischl, aujourd'hui l'hôtel Austria.

Romy affirme se sentir plus à l'aise au contact des équipes de tournage et de figurants qu'elle commence à bien connaître maintenant.

Le 26 septembre néanmoins, geignante, elle met son journal intime dans la confession : le port de sa perruque, lourde de plusieurs kilos, relève pour elle d'un véritable calvaire : « J'aurais bien voulu laisser pousser mes cheveux, mais on s'est moqué de moi. Comme si, pour un film, on pouvait s'amuser à attendre que les cheveux soient assez longs ! Je suis donc obligée de porter une perruque et je ne me sens pas à l'aise. C'est un sacré poids que je traîne en permanence avec moi ; si on n'a pas l'habitude on attrape vite un torticolis comme quand, au cinéma, on se trouve assis au premier rang. »

Remarque pertinente qui nous conduit jusque dans l'antichambre d'une Elisabeth à la spectaculaire chevelure. Les mèches de la souveraine qui caressaient son talon, sous la main de Fanny Angerer, sa coiffeuse attitrée, devenaient des chefs-d'œuvre de sculpture tels que nous les a restitués le peintre officiel des cours européennes, Winterhalter. Par crainte de décevoir une opinion internationale qui l'avait élevée au rang de déesse de la beauté, *Sissi* se soumettait à une discipline capillaire absolument inconcevable de nos jours. Bien pis qu'une Romy perruquée de façon sporadique pour les besoins d'un film, elle en souffrait au quotidien. « Je sens ma chevelure, avoua-t-elle un jour à l'un de ses proches, c'est comme un corps étranger sur ma tête. » Ce après quoi son interlocuteur osa un : « Votre Majesté porte ses cheveux comme une couronne, à la place de sa couronne. »

« A cela près qu'on se décharge plus facilement de n'importe quelle autre couronne », trancha Elisabeth.

Lorsque la douleur devenait insupportable, vecteur d'épouvantables migraines, *Sissi* se retirait chez elle, loin des yeux inquisiteurs et, assise, se faisait suspendre les cheveux avec des rubans.

30 septembre 1955. Tandis que sous l'œil des caméras de Marischka, Leurs Majestés l'Empereur François-Joseph et l'Impératrice Elisabeth, alias Böhm et Schneider, descendent le Danube sous les clameurs de leurs peuples en délire, les authentiques Habsbourg en exil, Zita, impératrice d'Autriche et reine de Hongrie et ses enfants, sont toujours interdits de séjour sur un territoire qui fut durant sept siècles administré par leurs ancêtres. Infamie du sort, plus qu'ironie, l'homme qui, devenu chef de l'Etat en 1945, avait reconduit la loi anti-Habsbourg de 1919, était le même qui en 1938 avait appelé à voter oui au plébiscite nazi de 1938 : Karl Renner !

Sitôt le dernier clap du film, à la fin de l'année 1955, Romy, sa mère et son beau-père partent en villégiature semi-professionnelle à Paris en attendant le raz de marée international que ne va pas tarder à générer *Sissi*. Outre son éblouissement, en dépit d'« une ligne de métro souterraine pas trop belle, même sale », Romy raconte à *Peggy* sa rencontre avec Luis Buñuel et son refus à contrecœur d'un rôle offert par le maître mexicain dans *La Mort en ce jardin*, aux côtés de Simone Signoret et de Charles Vanel.

A peu de semaines près, la providence en avance d'un tour de roue aurait pu placer sur son chemin, au hasard d'une rue parisienne, le regard anonyme et froid comme l'hiver d'Alain Fabien Delon, engagé trois ans auparavant dans la Marine Française et débarqué administrativement pour « Expiration de lien, après Maintien au Service » de la Compagnie de Garde de Toulon. Le 30 avril 1956, le jeune homme se retrouva prématurément libre de réintégrer « ses foyers » à Bourg-la-Reine en banlieue parisienne, au 103, avenue du Maréchal-Leclerc, ainsi que l'atteste l'ordre officiel de débarquement numéro 15 EQ, signé par l'Officier Cuny, adjoint à l'Officier Principal des Equipages. Un retour à la vie civile qui pour lui, après cent jours d'arrêt, s'annonce bien mièvre.

Le destin se montre moins chiche envers Romy. Engouement du public, éloges de la presse, interviews, déclarations d'amour par milliers, photos, soirées, représentations ici et là, et la notoriété qui galope, galope et rattrape la jeune fille jusqu'à *Mariengrund* où Magda Schneider, sous le regard brillant de cupidité de son époux, la livre aux journalistes. *Sissi* est un véritable triomphe ! En terme de fréquentation des salles, le succès dépasse largement en Allemagne celui d'*Autant en emporte le vent* ; la performance n'est pas mince ! Puis ce sont la Hollande, le Portugal, la Finlande, la Suisse et Paris qui célèbrent le « chef-d'œuvre » de Marischka. « Comme le disent les sportifs, Vienne vient d'envoyer Hollywood au tapis », ose même Paul Reboux, journaliste à *Cannes-Midi*.

Consciencieuse, Romy joue son rôle, mais en elle la révolte trouve ses marques. Sous couvert de sa jeunesse et de son immaturité, trop de décisions se prennent à son insu : « Je ne suis ni charmante, ni délicieuse et j'aspire à prouver mes qualités et mon tempérament d'actrice, qui refuse de se laisser enfermer dans une catégorie bien typée de rôles concoctés pour elle. Je ferai tout ce qui est en mon pouvoir pour me libérer au plus vite de cette Image-de-Sissi qui me colle à la peau. »

On veut la cristalliser dans une bonbonnière quand déjà d'autres ambitions la dévorent. Peu à peu, elle se met à abhorrer le rôle de *Sissi* et *Sissi* elle-même, tant, dans les pays germanophones surtout, le phénomène d'identification créé autour de ces deux Bavaroises a pris des proportions propres à la déstabiliser.

Quand arrive à *Mariengrund,* sur la table des négociations, le contrat pour un *Sissi II,* elle explose ! Puis s'incline. Non sans avoir imposé un film qu'il lui tient à cœur de tourner sitôt les tournages de *Sissi II (Sissi impératrice)* et *Kitty* terminés : *Un petit coin de paradis* avec Horst Buchholz.

En outre, le dégoût pour la parade anime déjà une Romy née libre et indépendante, à la recherche de remparts pour protéger sa vérité. En son temps, Elisabeth fut en proie aux mêmes déchirements entre son rôle de représentation savamment négligé et l'épanouissement de sa propre personnalité qu'elle ne pouvait trouver que loin de la cour et de ses contraintes. « Jouer la comédie est le triste sort de ceux qui portent une couronne. »

Si Elisabeth cultivait jusqu'à l'obsession le culte de sa beauté, elle souffrait de l'engouement des foules à son égard, des attroupements proches de l'émeute qui se créaient les rares fois où elle sortait dans Vienne. « A chaque apparition publique, l'impératrice devait affronter les regards curieux et critiques de l'assistance, tout à fait comme une actrice (c'est une comparaison qu'elle faisait elle-même) », explique la biographe Brigitte Hamann.

« Les gens sont heureux quand ils aperçoivent Votre Majesté », assura un jour à sa maîtresse la comtesse Marie Festetics. Sans ciller, *Sissi* lui répondit : « Oh, ils sont plutôt curieux ; ils courent voir n'importe quoi, aussi bien le singe qui danse au son du piano mécanique que moi. Voilà ce que c'est que l'amour ! » Une réflexion qu'aurait pu laisser échapper Romy, agoraphobe et méprisante face aux « devoirs » de la représentation.

Dans son journal intime, la jeune actrice fait référence, à l'époque de la saga des *Sissi,* à une dispute avec un journaliste qui entendait lui dicter sa conduite vis-à-vis du public. Pour elle, comme jadis Elisabeth, le statut écrasant de « femme publique » creusera sous ses pieds un fossé sans cesse grandissant, l'écartelant sans douceur entre sa notion du bonheur d'être et sa propre difficulté à s'y adapter.

Romy reprend le chemin des studios. Entrée dans son métier comme en religion, sur le tournage de *Sissi impératrice,* la jeune actrice ne laisse rien paraître de ses tourments, de ses humeurs et se plie à toutes les exigences du réalisateur. Pour les besoins d'un documentaire publicitaire autrichien, elle va même assurer avec un humour frais le commentaire sur les conditions de travail ardues de l'équipe, au cœur des montagnes tyroliennes. Installés à Innsbruck, chaque jour tous devaient partir à la conquête du mont Karwendel (2 000 mètres d'altitude), en téléphérique, puis à pied. « Quel remue-ménage avec tous ces vacanciers ; ils ont dû nous maudire ! »

Jamais doublée, travaillant sans filet, la digne petite-fille de Rosa Albach-Retty, gênée par le soleil et le vent, empêtrée dans ses cinq jupons que recouvrait une longue jupe en loden, devait se livrer à de véritables acrobaties pour escalader un rocher, en redescendre à vive allure, recommençant autant de fois que le réclamait la perfection.

Le moindre faux pas et c'eût été le grand vide. « Ne regarde pas en bas », se rassurait la petite Rose-Marie. Saura-t-elle toujours écouter sur son chemin de vie cette voix de prudence ?...

L'accueil du public pour *Sissi impératrice* est une seconde ovation. Du *Sissi I* en couleur !!! Jamais encore on n'a vu cela au cinéma. Définitivement, à son grand dam futur, Romy entre et se fige en costume d'époque dans la prestigieuse histoire du 7$^{e}$ art. Ni Marischka, ni Magda Schneider, ni son époux ne sont résolus à se priver à nouveau de cette bénédiction. Il faut absolument une suite aux *Sissi* ! En attendant, on ménage « la petite » en lui offrant deux autres films récréatifs, *Kitty,* avec Karl-Heinz Böhm, mais surtout *Monpti,* aux côtés de son partenaire d'*Un petit coin de paradis* : Horst Buchholz. Le beau et ténébreux Horst Buchholz au charme ravageur, encore surnommé « le James Dean allemand » par la presse d'outre-Rhin.

Aventureux et rebelle, depuis son rôle d'un soldat russe dans *Himmel ohne Sterne* (*Ciel sans étoiles*) qui lui valut un prix d'interprétation en Allemagne, ce grand garçon svelte et « un peu fou » de vingt-cinq ans est devenu le blouson noir des « demi-sel » et autres voyous. Loin des fastes reconstitués par Marischka de l'ancienne cour impériale, Buchholz incarne les aspirations d'une certaine jeunesse égarée de l'après-guerre germanique. Issu d'un milieu pauvre, sa fougue et sa passion l'ont porté vers le théâtre qu'il vénère, comme le vertige des planches et le vrombissement des belles décapotables le captivent. Les filles ne le laissent guère indifférent. Elles non plus, qui ne semblent pas se détourner de lui. Aux yeux de Magda Schneider, aguerrie aux mœurs légères et parfois cruelles de la profession, le jeune acteur berlinois n'est pas sans lui rappeler le père de Romy. Attention danger ! Au vrai, à l'origine, Horst se montra rétif à toute rencontre ou collaboration avec Romy, pour lui « jeune fille d'une autre époque ». Puis, encouragé par Georg Richter, son producteur de *Ciel sans étoiles,* il se laissa gagner à cette idée et signa, en même temps que le contrat d'*Un petit coin de paradis,* l'une de ses plus belles histoires d'amour.

« Bien que généralement ignorée, la romance entre Romy et Horst fut bien réelle, précise Daniel Biasini. Le tout jeune acteur fut son premier véritable amour, donc, probablement, le premier homme dans sa vie. » Le film se tourne à Munich pour le studio et en extérieur à

Paris, dans une ville que Romy aime déjà instinctivement, avec force !

> *« A Paris dans chaque faubourg,*
> *Le soleil de chaque journée,*
> *Fait en quelques destinées,*
> *Eclore un rêve d'amour. »*

A-t-elle deviné qu'avec ce bon vieux Paname, grouillant d'imprévisible et qui, après les horreurs de la guerre, ressuscite un peu partout, du vieux Montmartre aux caves de Saint-Germain, le flirt ne fait que commencer ? Un critique du *Montagsecho* du 7 octobre 1957 résume, laconique, l'atmosphère fort émouvante, au final déchirant, du film d'Helmut Käutner : « *Monpti* est un sujet qui prête à sourire en essuyant des larmes ; au souffle délicat de la brise venue de la Seine. Pour les amoureux et les autres, ceux qui y croient encore. »

Blatzheim plus que Magda Schneider rompt subitement les liens entre sa belle-fille et l'insatiable Horst Buchholz, godelureau déclaré ; Rose-Marie est bien trop jeune, la carrière avant tout ! Quelle carrière invoque-t-il, celle de Romy ou la sienne propre ? Nouveau bleu au cœur pour la « petite impératrice ».

Ce jour-là, des hurlements font vibrer *Mariengrund* ; Romy vient d'apprendre qu'après *Mademoiselle Scampolo,* une « œuvrette » contemporaine d'Alfred Weidenmann, elle va devoir ingurgiter pour le mieux rendre un *Sissi III (Sissi face à son destin)*. Une fois encore, elle va devoir s'incliner mais non sans avoir prévenu : il n'y aura pas de quatrième « illustration de divertissement clinquant du peuple » !

L'intervention du ministère de l'Education autrichien, qui considère la série des *Sissi* d'une « haute valeur historique et apte à valoriser l'âme autrichienne », n'a pas été étranger à sa « coopération ».

« A force d'interpréter le même personnage, pour la deuxième ou troisième fois, il finit par vous faire un effet comparable à celui d'une camisole... », se lamente l'actrice.

Infâme Elisabeth !!! Occultera-t-elle indéfiniment de son ombre et de son augure chaque échappée de la jeune fille ? C'est, semble-t-il, le vœu pieux de Marischka. Sous les géraniums de *Mariengrund,* revoici le vieux monsieur bedonnant frappé d'un nouvel accès de génie. Il n'ignore rien de l'extrême réticence de Romy vis-à-vis de la *Sissimania,* mais dans sa besace, rassemblées : rien de moins que des années de confort en un million de marks. *Sissi IV !* Las, aucun moteur ne démarra. Boudeuse et résolue, *Fraülein Sissi* s'en alla se verrouiller dans sa chambre pour tenter d'y accoucher une bonne fois pour toutes de Romy Schneider. Dût-elle le répéter à l'envi jusqu'au jugement dernier, jamais plus on ne l'y reprendrait !

*« The show must go on ! »* N'est-ce pas dans l'univers de la balle, *Liebe Herr* Marischka, le décret qui rudoie larmes et regrets ?

# VI

## VERS L'ÉMANCIPATION

> *« Le jour où je me rendrai compte que je ne peux plus rendre une femme heureuse comme je le conçois et je le souhaite, je me supprimerai. De la façon la plus propre, la plus saine, la plus rapide. Juste un petit trou. »*
>
> Alain Delon

L'ÉCHO du triomphe des *Jeunes années d'une reine,* celui des *Sissi* ont résonné de l'autre côté de l'Atlantique. Sollicitée par les productions Walt Disney pour un rôle dans *Le Troisième Homme sur la montagne,* le 13 janvier 1958 Romy s'envole vers New York. Naturellement, *Mammi* est du voyage. Surprise : à Idlewild, l'accueil n'a rien d'une parade ! Seule une poignée de journalistes, quatre ou cinq tout au plus, ont daigné se mobiliser pour celle qui, « là-bas », soulève l'enthousiasme des foules.

Nous sommes loin, très loin de l'hystérie médiatique provoquée deux années auparavant par la sortie d'un film commis lui aussi sur le vieux continent et révélateur d'une autre actrice, française celle-là, dont l'« immoralité » et le naturel déconcertant transpercèrent les esprits puritains de part en part : Brigitte Bardot ! Selon une certaine Amérique, le seul film *Et Dieu créa la femme* parvint à détruire dans les consciences des décennies de prosélytisme puritain. Tandis que le film de Vadim pulvérisait les records d'entrées au box-office, une campagne sans précédent s'organisa pour stopper cette ruée jugée désastreuse pour les corps et les âmes.

Avec Romy, rien de tout cela. Les agents du FBI pourront dormir sur leurs deux oreilles. La « petite fille à sa maman » ronronne encore dans sa panière. Ce séjour américain est en fait le second que s'offre Romy, mais cette fois-ci, il ne s'agit pas tant de villégiature que d'un voyage d'investigation professionnel. Walt Disney n'est pas la dernière des références. Ce qui n'empêche guère, entre deux réceptions, trois émissions télévisées ou radiophoniques et autres interminables corvées médiatiques, d'inciter mère et fille à se fondre dans la masse des touristes venus découvrir « *The Big New York* ». Le 18 janvier, le Metropolitan Opera donne *Le Chevalier à la rose*. « *Sissi* » s'y rend pour y applaudir le talent du papa de son « *Franz* » d'opérette : Karl Böhm.

*Sissi...*

Si, selon Coco Chanel, Hollywood est « le mont Saint-Michel de la fesse et du sein », Romy, dans son journal, use d'une littérature moins avertie pour relater le gigantisme des studios Disney, ceux de la Metro Goldwin-Meyer et ses rencontres-phares avec Curd Jürgens qui, à son tour, la présente à Kim Novak, Frank Sinatra et... Sophia Loren. La petite famélique de Pozzuoli a su arriver à bon port. Pourquoi pas elle ? Mais pour l'heure, de Romy et de Magda, la plus ambitieuse reste la mère ! En dépit de l'échec de son bout d'essai chez « l'oncle » Disney, c'est une Rose-Marie finalement soulagée et heureuse de retrouver son pays qui quitte la patrie de l'Oncle Sam trois semaines après son arrivée.

Mademoiselle Schneider n'a pas vingt ans lorsqu'elle se prête aux premiers plans d'un treizième long métrage, *Jeunes filles en uniforme,* sous la houlette du Hongrois Geza Radvanyi, entré dans le cercle des grands en 1947 avec son fameux *Quelque part en Europe.* Habilement filmée, l'histoire mettait en scène des bandes d'enfants livrés à eux-mêmes dans une cité détruite par la guerre. L'heureuse association Geza Radvanyi/Michel Simon permit, six ans plus tard, à *L'Etrange Désir de monsieur Bard* de passer la rampe d'un autre succès tout en confirmant l'originalité d'un style que l'épidémie des remakes entamera par la suite.

Pour *Jeunes filles en uniforme,* Romy ne cache pas sa satisfaction d'avoir à retrouver sa partenaire de *Feu d'artifice* : Lili Palmer. Le film est une réadaptation de la première version datant de 1931. Le sujet : les rapports particuliers entre la douce Manuela von Meinhardis, nouvelle élève d'un pensionnat prussien du début du XXe siècle et l'un de ses professeurs, mademoiselle von Bernburg (Lili Palmer), touchée par la sensibilité exacerbée de la jeune fille et prête à tout pour la soustraire à la rigidité de l'établissement. La méthode enseignée à ces futures mères de soldats s'appuie sur une devise cerclée d'inviolabilité : « Etudes, mariage, enfants » ! Seuls le soutien de mademoiselle von Bernburg et la perspective d'une pièce de théâtre prévue pour l'anniversaire de la vieille directrice aident Manuela en deuil de sa mère à ne pas sombrer. Mais c'est précisément le jour de la pièce que le drame éclate.

« Il couvait dans le croassement des corbeaux et le vent d'hiver », commentera quelque quarante années plus tard Alain Delon dans le cadre de son émission hebdomadaire : *Les Lundis d'Alain Delon.*

Puisant dans ses souvenirs de Goldenstein, Romy prépare son rôle jusqu'à l'épuisement. Se sent-elle une dette envers ses compatriotes irrités par son refus d'un *Sissi IV* ?

Peu avant la première du film, le réalisateur se montre confiant : « L'âpreté un peu acide de Romy confrontée à la souveraine féminité de Lili Palmer ne décevra pas le public, si exigeant soit-il. Le petit jeu lesbien qui en résulte demeure dans les strictes limites d'une décence et d'un bon goût d'excellente facture. En un mot : une réalisation élégamment ficelée à laquelle on aurait mauvaise grâce à ne pas reconnaître beaucoup de qualités. »

Le public en effet ne peut pas ne pas se rendre à l'évidence et s'abstenir d'aller applaudir une Romy tout en charme et en subtil bouleversement. Mais il redemande du *Sissi.*

Dans les coulisses de *Jeunes filles en uniforme*, Marthe Mercadier, l'une des comédiennes françaises du film avec Paulette Dubost, observe d'un œil averti le phénomène Schneider qui frappe à la coquille d'une reconnaissance plus large, dans un métier où les vastes horizons ressemblent aux rêves d'une petite fille les joues rosies par la rigueur des hivers bavarois. « Le tournage à Berlin fut très émouvant, commente Marthe Mercadier (madame Aubert). J'apprenais aux petites Allemandes à jouer Roméo et Juliette en français. C'était drôle !

« Thérèse Giehse, la directrice dans le film, tenait en Allemagne les mêmes rôles que notre Marguerite Moreno. Je la savais très européenne, très raffinée. Avec elle, Lili Palmer, ainsi qu'Hardy Krüger et Horst Buchholz, nos voisins de plateau, nous avions des conversations chaleureuses. Tout ce petit monde bien sûr était antinazi, comme tous les gens cultivés n'ayant de comptes à régler avec personne, n'ayant aucune envie d'exterminer qui que ce soit. Quant à notre Romy, je me souviens tout d'abord de sa mère, l'exquise Magda, qui n'était que sourire et gaieté. Son mari Blatzheim guidait formidablement la petite. Nous n'en étions pas encore au temps des escroqueries. Il lui volera par la suite l'équivalent, je crois, d'un milliard de francs. Ce qui constituera pour la pauvre Romy son premier grand souci financier. Cet argent, elle l'avait gagné avec tellement d'honnêteté et de talent !

« Mais à l'époque de *Jeunes filles,* tout était encore beau, neuf et insouciant. Romy débutait et elle était extraordinaire. Quel amour ! Elle apprenait le français et je me souviens que la première chose qu'elle me demanda fut : "On dit votre ventre ou ventre votre ?" N'est-ce pas mignon ? Je la trouvais extrêmement sensible. Lili Palmer l'affectionnait beaucoup elle aussi ; "Mon Dieu, me disait-elle, cette petite c'est de la graine de vedette, elle sera sûrement un jour une grande, grande vedette." Romy avait déjà autour d'elle à cette époque tout un *staff* de secrétaires qui accédaient à ses moindres désirs. Plus tard, je l'ai retrouvée à Paris et nous sommes devenues amies. Lorsque nous évoquions ensemble nos souvenirs d'Allemagne et que nous en arrivions à *Sissi,* elle piquait des colères :

– "Je sais, je sais, toi tu m'aimes dans *Sissi* !!!

– Oui chérie, je t'aime dans *Sissi,* je t'aime aussi dans Visconti, mais je t'aime dans *Sissi* parce que tu nous as enchantés en nous donnant le meilleur de toi-même, un éblouissement, une jeunesse, une grâce ; c'était extraordinaire !"

« On ne se détache pas d'un tel succès », termine Marthe Mercadier.

Apre conclusion et sombre prémonition.

Les remakes semblent résolument dans l'air du temps chez les réalisateurs. Le Français Pierre Gaspard-Huit songe de son côté à réadapter *Liebelei,* l'œuvre de Max Ophuls qui révéla Magda Schneider en 1931. Rebaptisé *Christine,* le rôle de Magda irait cette fois-ci, initiative originale mais non sans risques, à sa propre fille : Romy Schneider ! Pour l'entourer, une vedette confirmée : Micheline Presle, la discrète Sophie Grimaldi et encore deux jeunes acteurs français débutants : Jean-Claude Brialy et surtout Alain Delon. Voici donc par l'effet de moult concours de circonstances notre Alain Fabien Delon de marin devenu acteur, comptant déjà deux films à son actif !

Entre le moment de sa rupture forcée de contrat militaire et *Christine,* Brialy dans son sillage, on l'a beaucoup vu sur la Côte d'Azur écumer certains lieux cannois où il est opportun de se montrer. A Paris ensuite, il a mené une vie de bâton de chaise pour se fixer enfin à dessein dans le Saint-Germain fécond de Sartre et de Gréco, carrefour des rencontres « utiles ». Son instinct et sa bonne étoile firent le reste.

Sur ce roublard, forte tête que rien n'effarouche, courent et convergent les bruits les moins flatteurs. Sa beauté trouble, unique et insolente, celle du diable, ne suffit-elle pas à les nourrir ? Jean Cocteau en profite pour le légender : « Delon est libre de moral et d'immoral. » « Au vrai un sentimental et un grand timide », plaide aujourd'hui le fameux commissaire priseur, maître Pierre Cornette de Saint-Cyr, ami intime de l'acteur. « Delon a toujours su se souvenir des services que j'ai pu lui rendre dans le passé », affirma quant à lui Maurice Bataille, propriétaire de Potel et Chabot, quelque temps avant sa disparition.

Venus accueillir Romy Schneider à l'aéroport d'Orly, beaucoup de photographes entourent Gaspard-Huit. Brialy et Delon se sont cotisés pour acheter un bouquet de roses rouges. Le protocole a décidé ; c'est Delon qui jouera les ambassadeurs auprès de la star.

Soudain, fraîche, radieuse, éclatante de vie et d'envies, Romy apparaît au sommet de la passerelle. Quelques secondes plus tard, son talon foule le tarmac de la piste. Un pas timide vers l'inconnu. Contrairement aux allégations de Brialy qui, selon Bernard Violet, danse souvent « avec un pas d'avance sur la mesure », dès le premier regard, la première impression, une antipathie réciproque s'installe entre la capiteuse Romy et Delon-la-Frime. Pas de coup de foudre attendu pour parfaire la légende, mais selon le concept de Sénèque, « le mal n'engendre-t-il pas le bien, la mort la vie et la haine l'amour » ?...

« Je dois confesser qu'avant de rencontrer Romy, je croyais en savoir long sur toutes les choses de l'amour et avoir fait à peu près toutes les tentatives intéressantes en ce domaine, témoigna Delon. Et j'en étais venu à me persuader de cette vérité fâcheuse : à vingt-deux ans, j'étais incapable de m'attacher. En fait, j'étais sûr d'une chose : j'étais trop avide et occupé par ma carrière pour me laisser mettre le grappin dessus, serait-ce par la plus belle fille du monde. Le destin allait me donner un démenti qui me fit d'abord l'effet d'une gifle magistrale. »

Au vrai, les deux êtres semblent aussi éloignés l'un de l'autre que le néant de l'espoir. Très vite, sur les lieux du tournage des disputes éclatent, s'apaisent, pour se rallumer aussitôt, au grand malaise de Brialy et de Sophie Grimaldi déjà aux prises avec l'antagonisme du producteur Michel Safra à leur égard. Tous les soirs, au moment de la projection des rushes de *Christine*, tous deux souffrent de mille humiliations. « Dès le début, Safra ne voulut ni de Jean-Claude ni de moi, racontera Sophie Grimaldi à Jean-Pierre Lavoignat : “Mais qu'est-ce que c'est que ces pruneaux ?” s'écriait-il, chaque jour plus furieux. »

Dans ses jeunes années, Romy s'appliqua à « flirter outrageusement », l'expression est de la dame, avec la plupart de ses partenaires. La dérogation à la règle cette fois-ci semble bien en place pour être respectée. Pourtant, d'autres éléments vont rapidement se déchaîner.

Il va falloir dire adieu à la France car les prochaines scènes du film se tourneront à Vienne. Entre-temps arrivent de Belgique des invitations pour le traditionnel Bal du Cinéma à Bruxelles. Delon et Romy, qui a réalisé d'énormes progrès en français, sont amenés à voyager ensemble par le rail. Durant le trajet, les deux partenaires apprennent à si bien se connaître et à s'apprécier qu'à l'arrivée du train en gare de Bruxelles, le danger mesuré, Magda fustige Romy d'une réflexion désobligeante. Elle a tout deviné. Peu après, une querelle filiale s'ensuit qui s'achèvera presque en incident diplomatique le soir du bal. Les montagnes ont fini par se rencontrer.

*Mammi*, confortée par Blatzheim, n'éprouve pour le jeune Français « mauvais genre » et cynique, constamment sur la défensive, qu'une méfiance viscérale. Rien chez lui ne lui renvoie l'image d'un garçon sain. « De la graine de voyou », murmurent les uns, « un gigolo » tranchent les autres, certainement « compromis » pour être aussi catégorique sur le dernier chef d'accusation ! Ainsi, le spectacle de son enfant prête à s'abandonner au rêve dans les bras de ce présumé opportuniste porte Magda au désespoir. Mais elle sait en outre que Romy – ne l'a-t-elle pas déclaré l'année précédente au *Münchener Illustrierte* ? – « a horreur des contraintes et des interventions dans ses affaires. Mon mari et moi nous gardons bien de la mettre sous une cloche de verre. »

Comment agir pour que la raison l'emportât ?

Trop souvent l'Histoire a chargé la possessive Magda, lui faisant grief d'avoir voulu tout régir, contrôler, surveiller. Replacés dans leur contexte, ses agissements et ses interventions dans la vie de la jeune Romy paraissent on ne peut plus légitimes. D'une part, parce que c'est pour une mère véritable un rôle naturel que d'avertir et de prévenir avant d'avoir à consoler. D'autre part, parce qu'aguerrie aux rigueurs et aux crasses du métier et de l'existence, qui d'autre mieux qu'elle aurait pu guider une Romy née de l'avant-dernière pluie ? Le beau métier du vedettariat vous arrache une à une toutes vos plumes. Il promet même le fatal aux âmes non ignifugées. Ainsi, l'attitude de rejet vis-à-vis de Delon provenait chez Magda de ce qu'elle avait parfaitement saisi l'incohérence de cette relation vouée dès le départ à l'échec.

Pour l'heure, le tournage de *Christine* se poursuit à Vienne dans une ambiance euphorique. Magda s'en remet au destin ; l'idylle entre sa fille et le Français, croit-elle, ne saurait tarder à se dénouer. Mais ses souhaits font la sourde oreille. La romance dure et perdure. Toutes les prises autrichiennes de *Christine* terminées, carrière oblige, Delon doit reprendre l'avion pour Paris. C'est le drame. Sanglots de part et d'autre. Romy et Alain s'aiment « pour de bon ». N'y tenant plus, Romy ne tarde pas à rejoindre à Paris l'homme de sa vie. Entre de fréquents allers et retours, elle revient tourner son dernier film avec sa mère *Eva ou les Carnets intimes d'une jeune fille*. Puis elle quitte son pays natal. Définitivement cette fois.

Elle l'a annoncé aux journalistes allemands, foulant aux pieds, ô sacrilège, la couronne de *Sissi* ! Un crime de lèse-majesté qui la poursuivra toute sa vie. Les réactions dans les médias mais aussi parmi le public sont violentes. On n'enlève pas à un enfant un gros dessert en pleine phase de dégustation. Les amis allemands et autrichiens, devant l'irrévocabilité apparente de la décision de

Romy, la tiennent pour folle. « Tu ne peux pas faire ça, la tannent-ils avec l'insistance du désespoir, tu refuses l'argent, tu tournes le dos à un public énorme qui est gentil et qui t'aime comme ça. Pourquoi changer et puis qui sait si tu peux faire autre chose ? »

La presse germanique met en branle contre la jeune actrice une machinerie diabolisante. Magda Schneider qui, quelque part, abonde dans leur sens ne bronche pas. Espérant sans doute un revirement de situation, elle laisse faire. C'est avoir fort mal mesuré la force morale et les ressources d'orgueil de sa fille. Seules quelques personnes isolées montent au créneau pour défendre l'infortunée. Parmi celles-ci, le metteur en scène Axel von Ambesser : « Elle s'est détournée de l'Allemagne parce qu'une bande d'imbéciles ignorants et illettrés l'a humiliée dans sa fierté. » Egalement metteur en scène, l'acteur Gründgens : « Je ne comprends pas l'inqualifiable brutalité avec laquelle on traite cette toute jeune fille. Et je ne serais nullement surpris si elle en restait traumatisée pour la vie. »

Quelques jours avant sa tragique disparition, amère, la petite fille de *Mariengrund* avouera : « Je crois qu'ils ne m'ont pas pardonné, qu'ils ne pardonneront jamais "mon abandon", comme ils disent. »

En 1958, après des années de bons et loyaux services à la gloire des Habsbourg, Romy veut devenir Romy, être une actrice avant de devenir idole, accomplir sa destinée. Et manifestement, celle-ci n'est plus en Allemagne, mais près de cet homme dont elle s'est entichée et pour qui elle donnera tout, puisqu'elle est ainsi gouvernée : « J'étais bien prête à me livrer à ce métier que j'aime corps et âme, mais ça m'a fait penser qu'à un moment tout peut s'arrêter. Surtout pour une femme. Un jour on n'est plus jeune, on n'est plus jolie. Et puis si ça s'arrête on n'a plus rien si on n'a pas quelqu'un, une vie, ou un coin où aller, ou un enfant. Non ! Maintenant, j'ai quelque chose au-dessus de ce métier. Je m'accroche et je veux le garder ! »

Une Romy au firmament de ses illusions amoureuses.

La jeune femme ne se sent appartenir ni à l'Allemagne, ni à l'Autriche, ni à son public, moins encore à ce rôle mille fois honni d'Elisabeth qui plus que jamais lui donne la nausée. C'est par elle que tout a commencé ; elle est l'autre raison de sa fuite.

Nerveusement, la situation est aux limites du supportable pour Romy qui prend à cœur la déception de tout un peuple, celle d'une famille aimée, qu'elle adore en retour. Elle pense à Rosa Albach-Retty, sa grand-mère ; à quatre-vingt-quatre ans, l'irréprochable petit soldat du théâtre autrichien vient de tirer sa révérence au public du Burgtheater. Blatzheim pleure sur d'autres airs : tant de marks qui s'envolent ainsi en fumée ! La fortune rapportée par « la petite » est en effet considérable. A titre indicatif, pour *Sissi,* Marischka avait offert un premier versement de 20 000 DM avant le début du tournage, auxquels vinrent s'ajouter 10 000 DM, puis la même somme avant la fin du film et un reliquat de 5 000 DM à l'issue de la synchronisation. Au final, 45 000 excellentes raisons de ne pas descendre du train en marche.

Quand ce ne sont pas d'interminables et éprouvantes communications téléphoniques, une correspondance sans concessions est échangée entre Paris et Cologne où Magda et son époux se sont installés. La mère tente de repêcher sa fille qui, déchirée, finit par douter mais s'accroche à son rêve de métamorphose avec Alain à ses côtés. Chacune des missives de Romy à sa famille porte l'aveu de sa détermination.

« L'eau ne désaltère que celui qui l'a tirée du puits. »

Sur l'instance de Magda et de Blatzheim, pour sauver ce qui peut l'être encore auprès de la presse, des fiançailles officielles sont organisées le 22 mars 1959 dans la maison familiale de Morcote, sur le lac Lugano. Une opportunité pour Delon de régler ses comptes avec « beau-papa » : « Alain lui avoua qu'il le considérait comme un fichu con, confiera Romy en 1982 au journal allemand *Stern.* Je l'avais aussi déjà dit, mais pas si brutalement. »

Après quoi, la nouvelle « promise » honore trois contrats déjà signés : deux films germano-français, *Mademoiselle Ange,* avec Henri Vidal dans sa dernière prestation cinématographique, puis *La Belle et l'Empereur* aux côtés de Jean-Claude Pascal et enfin *Katia,* une superproduction française qui lui offre comme partenaire son « demi-compatriote », Curd Jürgens, « hexagonal » par sa mère.

Jean-Claude Pascal se souvint avec émotion de sa « prodigieuse rencontre avec son sosie d'âme et de cœur ». Issus d'un même milieu bourgeois, très tôt heurtés par l'incompréhension des leurs quant à leur choix de vie, leur volonté commune de s'extirper de l'image qu'ils donnaient pour accéder à celle qu'ils revendiquaient les vit s'unir et se réunir. Souvent, le soir à Hambourg, après le tournage en studio, on les apercevait dans des restaurants du bord de l'Elbe, lorsque Delon, bien sûr, ne faisait pas à Romy les faveurs d'une visite tenue on ne peut plus secrète pour écarter les opportuns. Elle, prisonnière de *Sissi,* lui, entravé par la série des *Caroline chérie,* Schneider et Pascal s'entendirent à vouloir déchirer leur masque.

« Derrière cette beauté apparemment sereine, notera l'acteur, sous ce front haut, nul ne pouvait supposer la présence de tempêtes. Les orages n'étaient pas visibles. Elle avait trop de volonté pour laisser deviner ses angoisses et trop d'orgueil pour permettre à qui que ce soit de non autorisé à le faire d'aborder un sujet qui la tourmentait sans cesse. Ses yeux clairs qui savaient si bien sourire laissaient parfois échapper des éclats d'acier lorsqu'elle se sentait contrariée, contrecarrée dans ses desseins. Guerrière, elle éprouvait un immense besoin de tendresse, mais supportait mal qu'on le sache. Dans son âme, la femme se battait avec la petite fille, et la comédienne ne savait plus à laquelle des parts d'elle-même il lui fallait avoir recours. »

Maintenant libre de toute contrainte professionnelle, l'impératrice démissionnaire regagne la « Ville lumière » pour y vivre l'amour fou avec Delon.

*Auf wiedersehen Sissi !!!...*

Avant de prendre ses quartiers dans un hôtel particulier au 22 de l'avenue de Messine, au cœur du VIIe arrondissement, le jeune couple s'installe d'abord quai Malaquais, chez Georges Beaume, ami et « protecteur » de Delon. « Un fait qui contraignit tous les fabricants de potins à faire des heures supplémentaires », nota Romy, bien des années plus tard. Au vrai, dans le giron du monde élitiste parisien, la vie privée est affaire de famille. Chacun alors d'extravaguer sur les circonstances de la rencontre entre le zonard et l'esthète. Plus tard, interrogé sur ces rumeurs d'homosexualité par Olivier Todd du *Nouvel Observateur*, « le Guépard » prendra de vitesse son agresseur : « Si j'avais envie d'avoir des aventures avec des hommes, de quoi serais-je coupable ? En amour tout est permis. Vous connaissez la formule de Michel Simon : "Si j'ai envie de ma chèvre, je m'enverrai ma chèvre." » A bon entendeur...

En acceptant de se placer sous l'aile professionnelle de Beaume, Delon néanmoins n'avait pas manqué de flair. Pendant plusieurs années, producteur des émissions Madeleine Renaud-Jean-Louis Barrault, l'homme œuvra en effet avec dextérité à l'écriture, l'adaptation et la mise en scène de pièces pour le théâtre. Si son *Carnaval à perpétuité*, en 1953, ne devait pas rester comme un chef-d'œuvre du genre, il eut au moins le mérite d'accueillir les balbutiements d'un dénommé Jean-Pierre Mocky. Quelques noms encore parmi les plus glorieux du patrimoine théâtral et cinématographique français associés à celui de Georges Beaume : Gérard Philipe, Sophie Desmarets, Danielle Darrieux, Alain Cuny.

Bientôt, accrochée à ce palmarès professionnel, la petite Romy fera merveille dans un fantastique quatuor formé d'elle-même, de Delon, de Beaume qui devient leur agent commun et d'un certain Visconti, maître à bâtir de sa seconde carrière...

# VII

## LA VOIX DU MAÎTRE

*« Du chaos naît une étoile. »*
Charlie Chaplin

La France de 1958 est incontestablement celle du « Général ». Après douze années silencieuses en partie consacrées à la rédaction de ses *Mémoires de guerre,* de Gaulle reprend du service au sommet de l'Etat. Au loin, les maux de l'Algérie tonnent et résonnent mais, forte du traité de Rome, l'Europe, patiemment, emboîte ses cubes et construit ses institutions.

Delon voue au « Grand Charles », à l'homme et au « Père de la Patrie », une admiration sans bornes. En 1970, après des pérégrinations presque rocambolesques, c'est lui, « l'acteur le plus populaire de France », ému et fier, qui remettra à la Nation le manuscrit de « l'Appel du 18 juin », « subtilisé » à Londres quelque trente années auparavant par un compagnon de la Libération. Dépassés par la générosité d'un tel acte, les malveillants le censureront : « Une façon comme une autre de se désembourber de "l'affaire Markovic". »

Quel tandem plus représentatif que celui formé par Schneider et Delon pour conduire, quinze ans après la fin des hostilités, à la grande réconciliation ? Dès lors, sur toutes les couvertures des magazines les « Fiancés de l'Europe » laissent éclater sans retenue un bonheur rayonnant d'authenticité. Les heurts et les éclats sont réservés au huis-clos de leur appartement parisien. Incompatibilité d'humeur ? Non ! Déraison passionnelle entre deux êtres diamétralement opposés ? Où vont-ils ? Leur amour danse en équilibre sur une corde raide et fragile au-delà de laquelle ils ne veulent point lancer leurs yeux. Eviter le vertige. Les amoureux de l'Europe sauront bien le jour venu s'ils sont tombés ou s'ils ont tenu.

Pour l'heure, malgré les doutes qui la rongent, Romy laisse le vent de la fortune tourner les pages de son beau roman auprès d'un amant imprévisible et déroutant tant dans sa façon de donner que dans celle de reprendre. « Pour parler de Delon, écrit le journaliste François Chalais, il faudrait tout en dire, car se limiter à la moitié de ce que l'on sait, et qui doit correspondre au quart de ce qu'il est, ce serait n'en rien dire du tout. Ombre et lumière ? Certes. Mais cherchez sa lumière, vous serez vite le prisonnier de sa zone d'ombre. Et c'est quand vous vous croirez perdu dans son ombre que sa lumière vous aveuglera. »

Delon envoûte Romy, Delon la sublime : « Quand je fais l'amour avec lui, je goûte au rêve », s'ouvre-t-elle à son ami Marc Dantzer, patron de l'Elysée-Matignon. Elle est pétrie de lui et lui de sa *Puppele*. Entre éros et mystique, sans anneaux bénis à leur doigt, ils s'entendent à constituer les maillons d'une même chaîne sacrée. A l'occasion, pour sa belle, Delon se fait conteur, rouvrant chacune de ses blessures secrètes ; père déserteur d'un foyer éclaté puis mal reconstitué, enfance turbulente... Tous deux sont des victimes du divorce avec cette sensation parfois d'avoir été largués dans une grande pièce, pleine de jouets pour Romy, sans même un sac de billes pour Alain, sur un parquet où résonne l'absence. Mais au cheminement chaotique d'un Alain Fabien Delon trimballé de famille d'accueil en pension religieuse, s'oppose la bienveillance apaisante et régulière dont put bénéficier Romy, par l'entreprise de grands-parents omniprésents. Une différence qui les poursuit et les divise.

A l'âge où, dans des palais viennois, la petite fille riche était installée sur le trône virtuel d'une impératrice revisitée, dans sa banlieue parisienne le « voyou à la gueule d'ange » plongeait ses mains dans la tripaille sur un étal de charcuterie.

De plus en plus sollicité, le beau et généreux Alain tient maintenant l'heure de sa revanche sans doute méritée. Evoluant sur un fil qu'il prend soin de brûler derrière lui, il devient le héros de la fête. Partout on le réclame. A mesure que sa gloire s'étale, le soleil de Romy se dissipe. Quand elle ne le suit pas sur les lieux de tournage, elle qui n'a jamais connu de répit professionnel s'ennuie. Chômeuse de luxe, *Puppele* s'est vite rendu compte qu'au regard des gens du métier en France, elle n'incarne rien d'autre qu'une « vieille » actrice déjà oubliée, un pion décalé. Aucun d'entre eux n'a encore saisi la source vive qui coule en elle, un « spleen allemand » où se niche sa sensibilité, une photogénie rare, un talent pur gorgé d'émotions luisant déjà comme un diamant. Elle révise alors son jugement sur la conception de l'amour et du métier. Et si jouer était le nerf de sa vie, que l'abnégation amoureuse n'avait justement pas l'importance, que dans le feu de sa flamme, elle lui avait conférée jusqu'ici ? Elle veut évoluer, revenir dans la course. Las, tout manifestement joue en sa défaveur ; une ascension trop rapide dans un genre dépassé, son étiquette meringuée qui ne se veut pas décoller, un curriculum vitae où manque l'expérience d'une audace, une étrange malédiction transparente qui la cloue à son sort, mais aussi peut-être et surtout, ce dérangeant cyclone qui souffle depuis peu sur le cinéma français.

« Nouvelle vague » : le terme a été lâché comme une pouliche débridée ! On parle d'un cinéma révolutionnaire, une lame de fond qui pourrait emporter tout ce qui fut jusque-là ! Les réactions sont violentes. Gabin, Morgan, Marais, la vieille garde, qui pense que l'élastique rompra de lui-même, minimise ; si c'est une mode il faudra bien qu'elle passe. En 1959, en pleine turbulence, Fernandel prisonnier n'envoie-t-il pas sa vache Marguerite brouter dans les champs du triomphe ? L'une des plus longues et brillantes carrières qui sera offerte à un film. Quant à Gérard Philipe, malade et bientôt enseveli dans son costume du Cid, à peine percevra-t-il les bruits de la tourmente. Nul vivant ne comprend vraiment au fond le symbolisme du nouveau mouvement et son futur et curieux impact dans l'histoire du 7e art.

A l'origine invention journalistique, dans laquelle Françoise Giroud porte sa part de responsabilité, (*L'Express*, 1957), l'appellation « nouvelle vague » se calqua sur le besoin des Français de changer d'ère et ce, dans tous les domaines. Sous l'impulsion de Vadim et de sa « femme créée par Dieu », une BB attendue par l'époque, le cinéma entra malgré lui dans la danse pour porter le mouvement et s'en faire le dépositaire. Truffaut, Tati, Godard, Chabrol, Belmondo, Charrier, Léaud, Lafont : autant de personnages issus de cette période.

Face à toutes ces pointures françaises : Schneider toujours entravée dans ses kilomètres de falbalas impériaux d'antan, victime de sa couronne épineuse. Quelle place peut-elle lui échoir en France sur l'échiquier professionnel ?

« C'était comme si Shirley Temple ou la compagne de Tarzan avaient voulu se recycler dans *Phèdre* sans sombrer dans le ridicule. » Ainsi François Chalais perçoit-il cette soif absolue de reconversion.

En proie aux plus horribles doutes, entre crises de nerfs, scènes conjugales et remords, Romy menace de laisser le navire sombrer. C'est alors que, fidèle à leur serment d'éternité sur fond de vallée autrichienne dans *Christine,* Delon va donner à Romy toute la mesure d'un amour à stigmates. « Sans lui, je crois que j'aurais fait une connerie » (à savoir replonger dans l'univers sucré des rôles faciles), assurera plus tard l'actrice consacrée.

Chaque jour, le fiancé aux éternelles promesses de mariage tente d'apaiser sa compagne nerveuse et lasse à la fois devant une vie qui ne l'attend pas : « Calme-toi, tu es jeune, tu as le temps, tu n'as pas quatre-vingts ans, l'existence est devant toi. » Jeune ! le temps : tous des arguments violemment réfutés et renvoyés à la face d'un Delon qui d'un film à l'autre s'envole vers la gloire. Romy s'emporte, s'écroule, se redresse et retombe, mais la présence d'Alain est d'or et sa passion pour lui encore et toujours victorieuse.

Contactée par Fritz Kortner qu'elle avoue admirer, l'actrice désœuvrée accepte de revenir en Allemagne en 1960 pour tourner sous sa direction un téléfilm, *Lysistrata,* d'après une comédie d'Aristophane. Y sera-t-elle reçue en enfant prodigue ? La télévision ouest-allemande censure l'œuvre, refusant de la diffuser sur les émetteurs de Munich, Stuttgart, Baden-Baden et Cologne. Les raisons de cette mesure pour le moins partiale mais approuvée par les partisans d'Adenauer ne sont au vrai que purement, sombrement, sottement politiques. « Immoral ? s'insurge Romy, mordue à l'âme, voilà bien la plus grosse bêtise que j'ai entendue. Je me demande où l'on a pu trouver quelque chose d'immoral dans ce texte. Et l'on dit qu'il serait antimilitariste ? Est-ce possible ? Mais c'est merveilleux ! »

Retour en France pour « l'ex-*Sissi* » dépitée par la rancune ordinaire de ses compatriotes. Puis le silence à nouveau. Pourtant, fans et midinettes rêvent encore de Romy. Par milliers ! Tout ne peut s'arrêter maintenant, cela relèverait de l'irréel ! Forte de cette conviction, une certaine Bernadette Rey décide de fonder une amicale pour rassembler tous les amoureux de la belle. Annoncée officiellement dans *Jeunesse Cinéma,* la création du « Club Romy Schneider-Sissi » voit le jour le 1er janvier 1960. Une annexe est également créée à Lyon. Le Club parisien s'installe au 3, rue Lincoln, dans le VIIIe arrondissement. Romy se déclare ravie et reçoit favorablement cet engouement et cette ferveur discrets mais efficaces.

« Dès *Feu d'artifice,* j'ai éprouvé un flash pour Romy, un véritable coup de foudre, se souvient Jacqueline Demanest, alors secrétaire du Club. Puis ce fut le grand éblouissement avec *Sissi.* Adolescente, je collectionnais les cartes postales et les articles de presse que je collais sur des cahiers. Quelle joie, le jour où je reçus ma première carte de membre du Club avec l'insigne bleu et rouge aux initiales CRS (!). Dans l'enveloppe se trouvait également une photo dédicacée de "ma" Romy dans son costume de *La Belle et l'Empereur* : le *must* ! L'ambiance au Club était formidable. C'était le début du twist et des "yé-yé". Nous avions ordre de nous tutoyer et de ne pas flirter pendant les réunions. Ce qui n'empêcha pas quelques aventures de se terminer par d'heureux mariages ! Souvent, les membres du "Club Jean Marais" se joignaient à nous pour les sorties. Au bout de deux années, un journal d'une dizaine de pages vit le jour, qui renseignait les adhérents sur les activités de Romy et de Delon. Nous y mêlions diverses rubriques : “courrier”, “opinions”, “humour”, “recettes”, “bon à savoir”. Le tout se faisait dans une atmosphère et une décontraction bon enfant. Je rencontrais souvent Romy pour lui remettre des photos à signer ou pour reprendre celles qu’elle avait bien voulu parapher. Nos entrevues avaient lieu autour d’un verre au Pam-Pam à l’angle de la rue Lincoln et de l’avenue des Champs-Elysées. Elle était toujours en retard et toujours pressée mais d’une fraîcheur et d’une gentillesse incomparables.

« Assez rapidement, Bernadette Rey entra au service de Romy et de Delon et devint leur secrétaire particulière. Le Club continua donc à tourner sans elle, jusqu’en 1965. Bernadette aujourd’hui s’active toujours chez Adel Productions, la boîte de *son* Alain. »

« Ton *Rocco*, ne le cherche plus, je le tiens ! Une chose est sûre, cet homme est un futur Bardot ! » Madame Olga Horstig-Primuz, imprésario des plus grandes stars internationales de cinéma, un personnage singulier dans le métier, est catégorique lorsque au cours d’un déjeuner à Paris elle évoque Delon avec un Luchino Visconti désespéré de n’avoir pu débusquer tant en France qu’en Italie l’acteur qu’il recherche pour un film encore à l’état de projet : *Rocco et ses frères.* Son instinct infaillible, cette fois encore, ne trahira pas « Mama Olga », ainsi surnommée par Brigitte Bardot, sa fille de cœur.

« Luchino a ri gentiment et ne m’a évidemment pas crue, se souvient-elle. Peu après, j’ai emmené Alain à Londres pour assister avec moi à la première de *Don Carlos,* mis en scène par Visconti à Covent Garden. Alain était très impressionné. Nous sommes ensuite allés voir Visconti tous les deux. Luchino l’a regardé quelques instants et m’a dit ces simples mots : “J’ai vu Rocco !” C’est mon amie Edwige Feuillère qui la première m’avait un jour parlé de Delon. Il avait débuté à ses côtés dans *Quand la femme s'en mêle.* Edwige ne tarissait pas d'éloges à son sujet. “Il faut absolument que tu viennes voir ce garçon pendant le tournage ; on ne laisse pas échapper un tel pur-sang !” J'ai accédé à son désir et en voyant évoluer Delon devant la caméra j'ai compris que nous tenions là, plus qu'un pur-sang, un véritable fauve ! Dans ce métier, je n'aurai de cesse que le répéter, le facteur le plus important est bien celui de la chance. Le reste, tout le reste vient ensuite. Mon aubaine fut de rencontrer Michèle Morgan qui me demanda un jour, moi, petite journaliste, de m'occuper de sa carrière. A mon tour, et ce contre l'avis de tous, je pris plus tard sous mon aile la toute jeune Brigitte Bardot juste après son premier film, *Manina fille sans voile.* Luchino, par l'intermédiaire d'Edwige Feuillère, puis du mien, fut la providence d'Alain Delon. »

Coup de foudre entre Visconti et Delon ; une passion dont on dira beaucoup de choses. Qu'importe, l'histoire est belle. Romy ne veut entendre parler de rien ; ni des racontars, moins encore d'une rencontre avec le maître ! Pendant l'été 1960, après le tournage de *Rocco,* Delon assure à Ischia quelques scènes de *Plein soleil.* Romy le rejoint le temps d'un week-end, acceptant de figurer quelques secondes dans le film. Delon en profite pour lui reparler de Visconti et ne désarme pas. Romy non plus, jusqu'à cette nuit romaine magique et enchanteresse, Via Salaria, dans l'hôtel particulier dont le réalisateur hérita en 1941 à la mort de son père.

On a beaucoup relaté l'art de vivre viscontien ; Madame Horstig-Primuz, l'une des meilleures amies du maître, nous le restitue mieux que personne : « Sa maison était un endroit exceptionnel. Chez lui, les murs étaient recouverts de tissus brochés d'or sur lesquels des tableaux de maître étaient suspendus. Ils représentaient pour la plupart les illustres ancêtres de Luchino.

Les pièces étaient pleines de meubles florentins provenant de sa famille et croulaient d'objets de grande beauté. Il y avait partout des bouquets de fleurs qu'il faisait changer chaque jour par ses valets. C'était étourdissant ! Ses convictions politiques de gauche ne l'empêchaient pas de vivre comme un seigneur. Sa fortune personnelle et ses revenus professionnels y pourvoyaient très largement. Il n'aimait rien tant que de combler ses amis et les recevait avec un faste d'un autre âge. Lorsque nous dînions chez lui, nous étions toujours servis par quatre ou cinq valets en gants blancs, dont l'un m'intriguait particulièrement à cause de son crâne parfaitement rasé. Curieuse, je demandai à Luchino s'il en connaissait la raison. Il eut cette réponse qui me laissa sans voix : "C'est moi qui lui ai ordonné de se raser le crâne. Autrement, il était trop beau !"

« Qu'elle soit féminine ou masculine, la beauté le désarmait et là résidait le principal défaut de cet homme au demeurant exceptionnel. Il n'en avait que trop conscience. »

Quant à Romy : « Je me revois encore dans le hall de sa maison somptueuse, sotte et timide comme une petite fille. Alain à mes côtés, je me dirige vers Luchino. C'est l'un des hommes les plus beaux qu'il m'ait été donné de connaître. Il est assis au salon, dans un gigantesque fauteuil de cuir, près de la cheminée, et il me regarde l'air de dire : "Ah, la petite amie d'Alain ! Je saurai bien lui enlever ses illusions." »

Les appréhensions de Romy ne lui mentent pas. Visconti veut faire de Delon sa « chose » et, si délicieuse soit-elle, la petite péronnelle bavaroise ne saurait être entre eux qu'un élément perturbateur au sein d'une relation voulue exclusive. Habituée aux égards, l'ex-impératrice de cinoche ne s'avoue pas vaincue. Mais on ne gagne pas au bluff en deux sourires et trois palabres l'estime de l'héritier du comte Giuseppe Visconti di Modrone.

Né en 1906, le petit Luchino a grandi dans le luxe prodigieux des palais familiaux de Milan, selon un rituel parfaitement réglé d'ordre et de rigidité. Après avoir vendu des plantes médicinales sur des charrettes dans la rue, les ancêtres de Carla Erba, sa mère, se sont retrouvés à la tête d'un empire industriel, une fortune colossale dont bénéficia Giuseppe Visconti, préféré au roi Pierre de Serbie, lui-même fou de Carla, mais éconduit car moins proche de ses sensibilités artistiques. A Milan, lorsqu'on ne lui offrait pas la « une » des magazines de mode, de par son amour immodéré pour les arts et son érudition riche et éclectique, la jeune femme régnait telle une souveraine du savoir sur la haute société de la ville. Puccini et Toscanini, entre autres, comptaient parmi ses amis. Les enfants issus de cet heureux mariage eurent ainsi la chance de bénéficier d'une éducation exceptionnelle où la musique et la littérature se taillèrent la part belle. Néanmoins, le respect et la rigueur, toujours, gouvernèrent la méthode. Chaque chose a un prix et se gagne par l'effort : « Mon père m'avait enseigné que je ne pouvais revendiquer ni droit ni privilège par ma naissance, dira Visconti. Ma noblesse, je ne l'ai jamais étalée. Jamais. Je n'ai pas été éduqué dans la perspective de devenir un crétin d'aristocrate engraissé et amolli sur l'héritage de la famille. »

Enfant, les prédispositions de Luchino pour l'écriture et la mise en scène de pièces de théâtre éblouissaient sa mère. Entre eux, des liens très étroits existaient, plus tard consolidés par le divorce de Carla et de Giuseppe en 1924. Jamais Visconti ne se sépara du piano de Carla légué par celle-ci juste avant son décès. Rebelle, orgueilleux, indépendant et volontaire, à quatorze ans, fort éveillé à la grande littérature, il pouvait réciter tout Shakespeare. La Scala de Milan lui servait de second foyer. Observateur et spectateur assidu, il y apprit le perfectionnisme obsessionnel, le sens de l'absolu auprès de ses idoles. Combien d'heures dépensa-t-il encore dans les greniers des résidences familiales à dévorer Stendhal, Balzac ou Proust, la révélation de sa vie, campant ainsi les décors de ses prochains films et réalisations théâtrales ?

Puis la vie l'appela. Ivre de tout, il prit ses places pour le spectacle du monde. Londres, Paris. Grâce à Coco Chanel, sa « maîtresse de cœur » qui vivait alors avec le duc de Westminster, il devint l'assistant de Jean Renoir le temps de deux films : *Les Bas-Fonds* et *Une partie de campagne*. De retour en Italie où la guerre faisait rage, il signa *Ossessione (Les Amants diaboliques)*, un manifeste du néo-réalisme, moyennement reçu par le public. En 1945, la mise en scène des *Parents terribles* lui arracha cette confession : « Le théâtre est une tribune d'où l'on peut dire des choses susceptibles de heurter. » Une allusion à la censure fasciste dont il fut victime. Dès lors, entre deux films, sa carrière s'ouvrit davantage au théâtre ; là était son royaume et ses acteurs des rois ! Dans *La Traviata* de Verdi, sous l'égide du « maître », la Callas même trouva un trône digne de son prestige.

Et aujourd'hui Delon, la lumière de sa vie, flanqué d'une intruse nimbée de sa gloire de guimauve. Quand son charme n'agit plus, Romy sait faire montre de caractère et alors rien ne saurait lui résister. Amoureux des défis, le grand aristocrate succombe, qui se met à lui donner du *Romina*. Quelques jours plus tard, autour de la table de l'amitié, devant un Delon irradiant, « *Il Maestro* » déballe son jouet extraordinaire, une pièce de théâtre avec dans les rôles principaux Alain, c'était acquis, mais également Romy, et quel jouet : *Dommage qu'elle soit une putain* de John Ford !

Annabella, jeune noble plantée dans la Parme cruelle et dépravée de la Renaissance, aime son frère le beau Giovanni, un amour partagé qui les crucifiera sur l'autel de l'inceste. « Dans ce temps-là, dira Visconti, on n'était pas embarrassé pour représenter l'inceste, car on prenait modèle sur un théâtre qui avait été très violent et très fort, qui était le théâtre grec et plus tard le théâtre romain. C'est en s'inspirant de ce théâtre-là que les élisabéthains ont créé ces pièces de grands excès de sentiments. »

Il semble que, dans une ère où il n'est question que d'amour libre, le maître se plaise à traiter de l'amour interdit, un penchant déjà remarqué chez lui, qui ne fera que se confirmer au fil de ses créations.

Le rôle dévolu à Romy, audacieux et troublant, par un Luchino peu regardant quand arrive l'addition, semble un tremplin providentiel. Visconti donne tout, tout en retour lui est dû !

Le sujet est tentant mais l'aventure périlleuse car, sans expérience aucune de la scène, la jeune actrice doit en outre assimiler en un temps record les subtilités de la langue de Molière. Lorsque Magda prend connaissance du projet, par-delà les Alpes, elle hurle dans le combiné téléphonique ; le pari n'est que pure folie, sa fille court à sa perte : « Je ne te permettrai jamais cela ! » Hargneuse et indignée, le soir même Romy donne son feu vert à Visconti. Rendez-vous à Paris en janvier 1961 pour les premières répétitions au Théâtre de Paris, dirigé par Elvire Popesco.

Mise en scène viscontienne oblige, il ne saurait être question d'attenter au sublime en mégotant sur les moyens. Des travaux sont sitôt entrepris pour transformer la salle et le plateau du théâtre. Sur les 60 millions de budget, 600 000 francs sont consacrés à l'achat de toiles peintes, de bijoux, d'étoffes, de fourrures et de kilos de tissus somptueux. Delon prend le risque de participer au financement de l'entreprise à hauteur de 15 millions d'anciens francs. 58 acteurs, danseurs, acrobates et jongleurs sont encore engagés pour entourer

Annabella et Giovanni, tous professionnels, en pleine possession de leur art. Pour ne pas négliger la valeur du détail, le metteur en scène exige qu'au moment de l'assassinat d'Annabella par son frère, le bout de l'épée soit recouvert d'une flamme de mousseline couleur sang.

Pendant ce temps, Romy se soumet à des cours intensifs de phonétique et de diction dispensés par mademoiselle Guyot, perfectionne son français avec l'acteur et metteur en scène Raymond Jérôme et, contre l'avis de Visconti, secrètement, en compagnie de Georges Beaume, adaptateur de la pièce, commence à étudier les dialogues de *Dommage*.

Dès le début des répétitions, la pauvre *Romina* livrée corps et âme à la volonté d'un metteur en scène exceptionnel prend conscience de l'avalanche qui risque de l'ensevelir. Domptant ses acteurs à l'image de ces fauves qui, griffes rentrées, plient devant le fouet de leur maître, dans le travail le Milanais ne traîne pas une réputation d'enfant de chœur. Son centre d'intérêt : « Les situations extrêmes, les moments où une tension anormale révèle la vérité des êtres humains. J'aime affronter les personnages et la matière du récit avec dureté, avec agressivité. »

Despote et pygmalion tout ensemble, orchestrant le moindre détail, jamais Visconti ne souffre la discussion. Il ordonne, tout doit ensuite s'exécuter, selon ses vœux, selon sa mode ou sa folie ! Delon même ne confia-t-il pas : « Plusieurs fois, j'ai eu envie de ruer dans les brancards, mais je serrais les poings. » Romy associe le manque de courage à un crime et rien ne saurait la faire renoncer à son choix, mais son angoisse est au moins à la hauteur de sa paralysie lorsque le premier jour elle paraît devant « *Il Maestro* » pour dire un texte qui ne se résout pas à sortir. Les séances suivantes ne sont guère plus encourageantes. Elle balbutie, recommence, hésite, se trompe encore, au bord des larmes, rate à maintes reprises une scène pseudo-acrobatique avec Jean-François Calvé, rebondit au milieu de la scène quand elle doit sortir à l'autre bout. Tout ainsi concourt à la déstabiliser devant un Visconti silencieux, carré dans un fauteuil d'orchestre de la cinquième rangée.

Le cauchemar alors gagne en psychose et s'empare des nuits de Romy : « Je me rendais compte que je n'y arriverais pas. De désespoir, à la perspective de mon renvoi, je ne trouvais plus le sommeil. Jour et nuit je pensais à l'autre interprète, à la fille que Visconti tenait en réserve depuis longtemps pour me remplacer (un stratagème du maître, elle l'apprit plus tard). Je pensais : quelque part, une jeune actrice réellement douée attend une sonnerie de téléphone, la voix de Visconti lui disant : "Venez mademoiselle ! Comme prévu, Romy n'est pas à la hauteur." Et alors tous ceux qui m'avaient mise en garde auraient raison. Tous. Ma mère, Daddy, Wolfi, les journalistes, les collègues. Tout Paris. »

Sans compter le faisceau de honte qui balaiera la petite-fille de Rosa Albach-Retty et fille de Magda Schneider s'il lui fallait retourner vaincue au pays. Elle serait la risée du métier.

Un après-midi, comme elle décide de rendre une visite de courtoisie à Visconti sur le plateau du Théâtre de Paris, Olga Horstig-Primuz, affreusement confuse, surprend son ami dans l'un de ses grands numéros de prédilection. A une Romy fatiguée, hésitante car complexée par mille regards inquisiteurs et qui souhaite remettre au lendemain son interprétation d'un refrain en italien pourtant parfaitement rodé avec un musicien, le metteur en scène charbonneux jusque dans les yeux, le visage comme tordu par la rage, clabaude haut et fort : « Si tu ne chantes pas cette chanson maintenant, tout de suite, tu n'auras plus jamais à la chanter. Plus jamais de ta vie. Tu pourras faire tes valises et rentrer chez ta mère en Autriche !!! » En de tels instants l'ami redevient le maître !

Alors, devant l'impatience de Visconti qui bat nerveusement le sol de sa canne d'infirme provisoire (une mauvaise chute), le sourcil ombrageux, *Puppele* comprend qu'elle va devoir franchir un cap pour se libérer et s'envoler rejoindre cette Annabella qui la refuse encore. Elle y parvient avec l'aide de Luchino qui a décelé ses possibilités, fier de son noble atavisme. Dans l'épreuve se révèle le champion.

Au fil des jours, la métamorphose de Romy force l'admiration des autres cabots de la troupe auparavant sceptiques, voire moqueurs envers « *Sissi* chez Visconti », et volontiers ségrégationnistes : « L'Autrichienne. »

Reste à convaincre le public.

Dès le début de mars, le metteur en scène s'estime prêt à appliquer encore une fois les préceptes de Jean Cocteau, son ami : « Ne donner aux artistes et au public aucune chance de reprendre haleine. » Après la « couturière » très applaudie du 6, la grande générale est annoncée pour le 9.

De générale, il n'y aura guère ce soir-là. Admise d'urgence à la clinique Ambroise-Paré de Neuilly-sur-Seine, Romy montera sur la table d'opération dès le lendemain. Officiellement péritonite aiguë, fausse couche selon d'autres sources ; toujours est-il qu'au Théâtre de Paris, c'est l'affolement. Pour Popesco et Hubert de Malet, ses codirecteurs, une catastrophe financière s'annonce si Romy ne se rétablit pas au plus vite.

Le 29 mars, voilà notre Annabella, le ventre bandé très serré, domptant à nouveau le poids de ses robes brocardées ; démontrer enfin à Paris que, bon sang, on ne lui a pas ôté ses tripes ! Dans la salle, hasard ou stratagème, Magda Schneider, qui est venue comme l'on se rend à une cérémonie d'obsèques, se retrouve installée aux côtés d'un critique à la réputation de prédateur :

Jean-Jacques Gauthier du quotidien *Le Figaro*. D'autres personnalités et non des moindres se sont déplacées en supporters ou en curieux, parmi lesquelles Ingrid Bergman, Curd Jürgens, Cocteau, Marais, Shirley MacLaine. Arletty fait sensation en arrivant dans une Rolls blanche au bras de son grand ami Dubeux. Et aussi celui que l'on néglige trop souvent : le Public.

*Vasquès* (Daniel Sorano) : *« Jamais l'inceste et le crime n'avaient fait une si tragique rencontre. D'une femme si jeune, si riche de tous les dons de la Nature, qui ne dirait à présent : Dommage qu'elle soit une putain ! »*

Fin de la scène X, deuxième et dernière partie de la pièce de John Ford. Au Théâtre de Paris, le rideau vient de tomber. Puis se relève. A l'heure des bravos, les acteurs viennent cueillir leur pitance ; Pierre Asso, Lucien Baroux, Daniel Sorano, Sylvia Monfort, Valentine Tessier.

Soudain, une immense clameur monte de la salle, redoublant d'intensité : Romy paraît. Elle a gagné car, à l'évidence, ce succès est le sien ! Les roulements de sifflets perdus dans les ovations ? A peine lui parviennent-ils. Lorsqu'elle se précipite en coulisse pour aller chercher Visconti, qu'elle en revient, sa main dans la sienne, la foule exigerait presque qu'ils se séparent pour n'avoir à acclamer qu'elle. Quarante-huit minutes d'applaudissements ; la performance de Romy est un exploit ! Les critiques les moins conciliants ne s'y trompent guère, approuvant son jeu comme l'élément salvateur d'une pièce jugée « vide et grotesque ». Aigre-douce est la pastille pour Visconti, épinglé avec le reste de son équipe. Quelque quinze ans plus tard, pour son mari Daniel Biasini, Romy exhibera de ses archives un film amateur de *Dommage...*, tourné en 8 mm et en noir et blanc. « Rarement, je l'ai entendue rire d'elle-même d'aussi bon cœur, affirme Biasini. Parmi ses séquences favorites, il en était une où elle tentait désespérément d'emplir l'immense salle de théâtre de sa voix stridente. Il y avait aussi ces quelques scènes (qui se voulaient pourtant pathétiques), où Alain Delon apparaissait en collant et brandissait sa dague en gesticulant comme un fou. "Mon Dieu, ce que nous étions mauvais !" s'exclamait-elle. Et elle riait tellement que des larmes coulaient sur son visage. »

Parmi les admirateurs à s'être faufilés dans la loge de Romy ce 29 mars : Elise Lebourgeois. De père français, suisse par sa mère, cette quadragénaire pratique un allemand courant qui lui permet de chuchoter quelques mots à l'oreille de Romy avant de lui tendre un compliment rédigé en vers dans la langue de Johann Wolfgang Goethe. Qu'elle n'est pas sa surprise de recevoir quelque temps plus tard une lettre de la jeune actrice datée du 8 avril :

*« Ma chère Elise,*

*J'ai honteusement oublié votre visage, pardonnez-moi, pas votre sourire cependant, et garde une pensée attendrissante du petit compliment à la première de la pièce de Luca (Visconti). J'étais morte de trac !!! Je n'ai pas pensé qu'un simple autographe vous donnerait ce "grand bonheur", cela devient pour moi si machinal.*

*Je suis heureuse, nous sommes heureuses et j'espère bientôt, peut-être, pouvoir vous écrire en français. Je travaille beaucoup pour corriger mes erreurs. Je dois bien cela à mes amis, aux admirateurs et à Paris que j'aime, à la France.*

*Encore merci pour vos applaudissements, votre délicatesse. Bien sincèrement. Romy ! »*

Cette lettre de *Romina* est la première d'une longue correspondance entre la star et son admiratrice de l'ombre. A chaque moment important de la vie de l'une ou de l'autre, les vents se firent les messagers de leurs peines mais surtout de leurs joies. Romy comparait Elise à Magda Schneider ; « vous lui ressemblez tellement. » Celle qui par l'âge aurait pu être sa mère lui avait touché le cœur et dès lors entra au sein de sa famille affective.

Le Théâtre de Paris enregistre une extraordinaire affluence. Critique exécrable pour *Dommage...*, mais succès de saison qu'il se doit à chacun d'aller goûter. « Romy vient enfin de trucider *Sissi* », entend-on çà et là. Ce serait sous-estimer encore le nombre de spectateurs venus expressément admirer de plus près chaque soir l'ex-petite poupée couronnée...

# VIII

## DES ANNÉES DE DÉSIR

*« On ignore tout du cinéma, de l'art de jouer la comédie si l'on n'a pas tourné sous la direction de Visconti. Un film avec lui c'est l'enfer, mais sous la férule d'un dieu tyrannique et bienfaisant, qui vous apprend tout, et tout d'abord, vous révèle à vous-même. »*

Annie Girardot

LA douche écossaise reçue par Visconti n'empêche en rien *Il maestro* de regagner sa Rome d'adoption, l'esprit serein ; les « petits » ont accompli du bon travail, *Romina* notamment, qui n'a pas taché son honneur. Et puis, désormais, *Dommage...* a pris sa vitesse de croisière. Alors.

L'hôtel Berkeley, à Paris, est choisi pour la « réception d'adieu ». Oh, rien de très mondain ; juste *Romina,* Alain et *Luca,* le diminutif-tendresse adopté par Romy. Au cours de la conversation, le maître parle de projets et évoque brièvement un film à sketches qui devrait être tourné dans le courant de l'été : *Boccace 70.* Il mettra en scène le deuxième de ces sketches : *Il Lavoro* (Le travail), une adaptation moderne de *Au bord du lit,* la nouvelle de Maupassant. « Qui tiendra le rôle principal ? » s'enquiert innocemment Romy. Visconti a déjà déterminé son choix, mais il désigne à *Romina* le mannequin Bettina, attablée un peu plus loin en compagnie de son fiancé, le prince Ali Khan : « C'est ainsi que je me représente la comtesse, froide, discrète, sachant se dominer, pas trop jeune », argumente-t-il, détaché. Le chapitre est clos. Chacun alors de retourner à ses affaires, Visconti dans son laboratoire de la Via Salaria au cœur de la Ville éternelle, Alain et Romy vers le Théâtre de Paris où le rythme des réservations laisse augurer de longs mois d'heureux labeur au service de *La Putain.*

Entre-temps, parvient d'Autriche et d'Allemagne une foule de propositions de films, jugées par l'ex-*Sissi* aussi inintéressantes les unes que les autres. Elle finit par tout refuser. « L'insolente fait la fine bouche », commente-t-on Outre-Rhin. Et cette ingratitude ! On l'accuse de renier son pays, d'être passé à l'ennemi. « C'est la vieille chanson sur une nouvelle mélodie », soupire Romy, meurtrie par cette campagne de diabolisation.

Non, son prochain metteur en scène ne sera pas un Allemand mais un latin qu'elle apprécie plus que quiconque pour le connaître maintenant mieux que quiconque : Luchino Visconti ! Maître dans l'art des turpitudes, une semaine après le dîner du Berkeley, *Luca* télégraphie à Romy stupéfaite pour lui annoncer qu'il la veut pour incarner *Pupé* dans son sketch de *Boccace 70* !

« Alors, au travail !... »

Le 17 juin, Popesco décide d'une longue relâche estivale et ferme les portes du Théâtre de Paris. *Dommage qu'elle soit une putain* y a fait un carton ; la pièce reprendra au début du mois de septembre pour une série de quarante-cinq représentations.

L'été 1961 sera romain ou ne sera pas pour « les Fiancés de l'Europe ». A peine extirpés des draperies de *Dommage...*, en dépit de sempiternelles rumeurs de séparation, tous deux s'envolent joyeux vers une cité du pape bouillonnante à l'aube de l'ouverture du IIe concile. Michelangelo Antonioni attend Delon pour le tournage de *L'Eclipse* et Romy y assumera son contrat signé avec Visconti au mois d'avril. Pour leur confort, le maître met à leur disposition l'une de ses villas au bord de la mer, une promesse de cadeau pour le grand jour de leur mariage. Sur la plage, les jeunes gens les plus convoités du moment se prêtent docilement aux exigences des photographes ; toujours l'image du bonheur.

*Boccace 70* annonce pour Romy plus qu'un premier grand retour au cinéma : un test capital. Certes, la *Pupé* du *Travail* est encore une « aristo », autrichienne de surcroît, mais dans la haute société milanaise de 1960, celle d'Ottavio, son comte de mari, celle de Luchino également qui en est issu, moderne et perverse car malheureuse en ménage, elle va voler au-delà des conventions. Trompée par un époux amateur de call-girls grassement rémunérées, et dont, toujours amoureuse, elle veut reconquérir le cœur, la comtesse sage lui propose de devenir son unique prostituée en lui soumettant ses propres tarifs. Le rôle demande de l'aisance, du raffinement et des talents de femme fatale. Qui mieux que Coco Chanel pourrait draper les courbes sensuelles de Romy tout en lui dispensant l'art de les découvrir le moment venu par la vieille et savante technique du *strip-tease* ?

« La grande demoiselle » répond présent à son vieil ami Visconti. Romy lui vouera son éternelle reconnaissance :

« Elle m'a donné une discipline alimentaire et, de petite Allemande trop bien nourrie, je suis devenue Parisienne. » De même qu'à Alexandre, le coup de ciseaux le plus aristo de Paris, amoureux déclaré de *Sissi,* qui métamorphosa et sophistiqua sa princesse à la mode de Visconti : « Je lui avais fait une coupe légère et naturelle pour des cheveux mobiles, explique le coiffeur. Nous avions également changé son maquillage. Romy était exigeante en ce qui concerne le maquillage et la forme de ses yeux. Elle avait compris que tout devait faire corps. »

Or, les « autres » aussi attendent Romy qui ne disposera que de dix-huit minutes pour convaincre. Toujours en mal d'assurance, la belle n'est pas sans le savoir. Métier cruel qui ne pardonne rien, auquel il faut tout arracher. Quand on lui avait reproché son faste tapageur et dispendieux dans *Dommage...*, Visconti s'était dédouané d'une repartie seigneuriale : « La vérité est que les accusations de gaspillage et de complaisance hédoniste me sont toujours venues de gens qui croient que c'est encore un luxe de manger au wagon-restaurant ! » Fort de la générosité respective des producteurs Carlo Ponti et Antonio Cervi (le fils du fameux Peppone du *Petit monde de Don Camillo*), pour *Bocacce 70,* il remet le couvert. Dans la presse, le film est annoncé comme l'un des plus coûteux de l'année (1 milliard 200 millions de lires) : une orgie de magnificence au service de l'authentique !

Depuis les meubles les plus raffinés loués hors de prix à des antiquaires de Lucques, Milan et Naples, jusqu'aux portes antiques dorées à l'or blanc qu'il fait venir spécialement de Florence et à ces centaines de roses importées chaque jour des Pays-Bas, Visconti donne dans le Visconti. Un camion spécial transporte même sur les lieux du tournage ses tapis orientaux et une partie des tableaux de maître de la Via Salaria, qui viennent magnifier l'ensemble. Rien n'est trop beau pour son héroïne à laquelle il donne pour partenaire un jeune acteur cubain, Thomas Milian. Le bellâtre définira ainsi son rôle de bouffon auprès du roi Visconti : « J'étais fourbe et opportuniste, je ne méritais pas l'amitié qu'il me donnait car je ne pensais qu'à faire carrière. Mais j'étais mignon et je le divertissais. »

Une confession d'échange de bons procédés qui a au moins le mérite de la franchise.

Les choses sérieuses ont commencé depuis plusieurs jours sur le plateau du *Travail* aux studios « de Paolis », lorsqu'en présence de Delon venu en voisin et de Carlo Ponti qui, le soir même, rapporte la scène à son épouse Sophia Loren, un faux contact entre Schneider et Visconti manque de compromettre irrémédiablement leur amitié. Comme il matera bientôt Burt Lancaster sur le tournage du *Guépard,* le fils du comte de Modrone fait peser sur Romy la même pression que lors des répétitions de *Dommage...* C'est LUI qui dicte, LUI qui impose, LUI seul qui intervient dans le choix des répliques ou celui des silences.

Ce jour-là, Romy ose réfuter un argument du maître, puis un autre. Mutinerie en la demeure ! Le metteur en scène libère une ire longtemps contenue : « Tu feras exactement ce que je te dis et rien d'autre ! » hurle-t-il. Consciente et désireuse d'apprendre avec lui les subtilités du métier et farouche dans sa volonté d'aller au bout de l'expérience, Romy s'exécute lorsqu'elle surprend le clin d'œil vainqueur de Visconti à Delon qui semble signifier : « Vois-tu, c'est comme ça qu'il faut la traiter ! » Contre-tempête : au nom de sa fierté de comédienne, de maîtresse, de future épouse, de femme tout simplement, elle explose ! Jusqu'à la fin, le tournage reste tendu. Schneider n'adresse presque plus la parole à Visconti ; juste pour l'essentiel.

L'absence de perspicacité n'est pas le talon achilléen du maître. « Regarde cette bague, murmure-t-il quelques jours plus tard à Romy de son ton le plus suave, elle me vient de Carla, ma mère. Je te l'offre. » Et il passe au doigt d'une comtesse maintenant libérée de son rôle et dont il ne cache plus sa fierté, un anneau en bois des îles serti d'un diamant. Pieusement, sa vie durant, Romy conservera le présent du gentleman-tyran, comme un symbole de ses premières amours. Singulier destin pour ce précieux bijou qui croise un jour celui d'un certain Robert Enrico. Le jeune homme en est à ses balbutiements dans l'art du court-métrage lorsque Romy et Alain le rencontrent au Moulin de Vendée, lieu de convergence pour artistes en mal d'inspiration.

« C'était la grande époque Delon/Romy, et on était tous fort intimidés, se souvient le créateur du *Vieux Fusil*. Quand ils sont arrivés, très en retard, j'ai serré la main de Romy en lui disant que j'étais flatté, j'ai dû la serrer un peu fort, car on a entendu un craquement terrible et Romy a poussé un cri : j'avais cassé la bague offerte par Visconti. Le drame ! Je me suis mis à quatre pattes pour retrouver le diamant. Quand elle s'est calmée, elle m'a juste dit : “Vous, je ne suis pas près de vous oublier !!!” »

Un autre précieux talisman : le somptueux solitaire offert par Alain dans leur appartement de Monte Carlo, le 23 septembre 1961, à l'occasion d'une escapade pour son vingt-troisième anniversaire.

Seule ombre au tableau pour Romy : Berlin. Dans la nuit du 12 août, un mur a été élevé dans la cité allemande, destiné à retenir les Allemands de l'Est contre leur gré dans leur pays. « Communisme et barbelés », titre *Paris-Match*. Romy Schneider, que tant de souvenirs lieront à Berlin, se sent directement concernée et affligée. A la veille de sa mort en 1982, elle fera la déclaration suivante en direct à la télévision : « Berlin.

Berlin représente une honte pour tout le monde, une honte qu'on traîne depuis trente ans. Imaginez Paris, ou toute autre ville, coupée en deux. »

Les représentations de *Dommage...* reprennent à Paris et déjà, tous les magazines affichent et commentent le nouveau look de *Sissi.* L'onde de choc est unanimement ressentie par les professionnels qui ont visionné *Boccace 70.* « Physiquement, elle a, c'est incontestable, gagné en féminité, sans pour autant perdre de sa fraîcheur, se félicite le journaliste Yves Salgues. Sa blondeur candide, sa grâce naïve et désarmante ont fait place à une séduction décisive, à un charme adulte et sensuel. Minceur de la taille, majesté de la gorge, silhouette épurée : la collégienne attardée qui se complaisait naguère dans ce prolongement indéfini de l'enfance est à présent une créature au sex-appeal troublant, efficace. » On prétend encore de la petite Autrichienne dont le *« strip-tease* au téléphone*»* a soufflé les Américains, que dans le film elle fait la pige à « la Sophia », vedette principale du troisième sketch : *La Loterie,* mis en scène par Vittorio De Sica.

Suprême vexation pour celle qui va remporter l'Oscar de la meilleure actrice de l'année en raison de sa magnifique prestation dans *La Ciociara,* un film encore réalisé par son compère napolitain De Sica, d'après une œuvre d'Alberto Moravia. Quant à Anita Ekberg, protagoniste du premier épisode de *Boccace* dirigé par Federico Fellini : *Les Tentations du Président Antonio,* elle nage loin derrière.

*Le Travail* apparaît comme le plus abouti des trois épisodes du film. Tour à tour ange doré ou diablesse en collant, griffes sorties ou patte de velours, furieusement cynique, mêlant son miel à d'inquiétantes virevoltes, dans un tailleur du plus beau fil ou sans la pudeur d'une étoffe, la larme toujours prête à jaillir, Romy/*Pupé,* femme bafouée, mène le jeu avec une maîtrise totale. Le tribunal de Grasse ne s'y trompe pas, qui demande la saisie du film ! Seul, Henri Chapier, dans *Combat,* semble bouder le concert d'éloges général : « Visconti autant que Fellini côtoie sans cesse l'artifice et la provocation. De ces astuces de mise en scène il ne reste qu'une gêne profonde et l'envie de chercher, au moins pour un instant, un accent de sincérité. Hélas ! On ne le rencontre guère sinon chez De Sica à son habitude enjoué, commercial, démagogue. »

Les Allemands ne sont pas les derniers à se laisser séduire. Là-bas aussi, les critiques et les réactions pleuvent, dithyrambiques ! On veut récupérer *Sissi* pour un projet de long métrage aussi flou que son titre : *Nouvelle vague.* Hollywood surenchérit en lui proposant de l'inviter avec un sujet de son choix.

Pour l'heure, Romy travaille au scénario d'un prochain film : *Le Combat dans l'île* du Français Alain Cavalier avec, entre autres, Jean-Louis Trintignant. Les premières prises de vue extérieures débuteront en novembre sur les bords de la Seine normande, au Moulin d'Andé.

Le 22 octobre 1961, les néons du Théâtre de Paris s'éteignent pour la dernière fois sur le désormais mythique *Dommage qu'elle soit une putain.* Cent vingt représentations pour des recettes record qui ont placé le palais de « la Popesco » en tête de tous les théâtres de comédie de Paris. Qui aspirerait à mieux ? Romy ! Ivre d'inaccessible, elle rêve à d'autres sphères ; multiplier les risques et succomber à la tentation de se brûler aux feux de la rampe. Elle a choisi : ce sera *La Mouette,* une œuvre parmi les plus ardues de Tchékhov. Ou plus exactement, c'est Sacha Pitoëff qui, l'ayant appréciée dans *Dommage...,* lui en a fait la proposition : « Les organisateurs de la tournée voulaient absolument un "nom" pour *La Mouette* en province. J'ai pensé que Romy pouvait avoir la grâce, la pureté, le talent et le nom que je recherchais. Je ne me suis pas trompé. » La première fois qu'elle lit le rôle, elle éclate en sanglots : Nina c'est elle !

Cette fois-ci, foin du parisianisme ! La pièce est servie durant plusieurs semaines à des publics variés, bien après que les projets portugais, marocain et libanais, préalablement inscrits au programme, ont été abandonnés. Bien sûr, c'est la province française que *Romina* veut privilégier. Elle se montre d'autant plus enthousiaste qu'Alain Delon lui donnera chaque soir la réplique. Cinq mois d'extase à ses côtés.

A la mi-janvier, *Le Combat dans l'île* est dans la boîte, mais lorsque commence la tournée, c'est sans son Eros que Romy prend la route. Alain a signé pour un film à grand spectacle qui se révélera *in fine* l'un des plus grands gouffres financiers de toute l'histoire du 7e art et conduira peu à peu son producteur, Raoul Lévy, heureux parieur de *Et Dieu créa la femme,* jusqu'au suicide quatre ans plus tard : *Marco Polo.*

« Il faut avoir été petit au théâtre pour y être grand », écrit Henri Tisot.

Farouchement déterminée à changer de registre pour se détacher de son image, avec la pièce de Tchékhov Romy semble avoir visé juste. Par le décor d'abord : l'austère et rude campagne russe de Nicolas II battant encore pavillon « Moyen Age ». Par le sujet ensuite, une fresque non moins euphorisante, l'histoire de la jeune Nina, rêveuse impénitente, étourdie de lumières, qui veut renaître sur les planches d'un théâtre et pourquoi pas y mourir. Mais Nina vénère aussi Trigorine, fascinant homme de lettres, et rejette les appels au bonheur de Constantin Treplev. Le dénouement de la trame sera le suicide de Treplev et la petite mort de Nina, brisée par son métier. Reste que, sur un fond d'amours contrariées, Tchékhov, servi par une Nina/Romy aussi vraie que nature, a souverainement abordé dans *La Mouette* le problème de la création artistique, création de l'écrivain, de l'acteur, repris des années plus tard par Pirandello dans les *Six Personnages*. Dans le programme de la pièce, Sacha Pitoëff le souligne.

Cette fois encore, Alexandre est de la partie, qui assure la fabrication des postiches portés par Romy. Rita Bayance signe les costumes.

Trois coups pour *La Mouette* !

Entamée sur les chapeaux de roue à Lyon, la tournée apporte à l'actrice des plaisirs jusqu'ici inconnus : « L'esprit d'une troupe, sa discipline m'étaient nécessaires après la gloire vite acquise par les films. J'ai voulu casser avec cette gloire. Je ne le regrette pas. L'expérience est merveilleuse. La vie d'une compagnie comme celle des Pitoëff est fascinante. Le contact direct avec le public des petites villes me passionne. »

Chaque soir, le spectacle est d'abord dans la rue ; devant les guichets, partout, des spectateurs se battent pour enlever une place. A Lille, les 14 et 15 janvier 1962, dans un froid sibérien, Tchékhov et sa *Mouette* font quatre cents déçus pris de cours par l'affluence des réservations. L'avant-veille, le scénario a été le même à Reims. Cette fois-ci, ô bonheur, Alain a pu se libérer pour rejoindre sa « petite reine » et la joie à la fin de la représentation a été celle de deux enfants trop souvent séparés et qui se retrouvent en se promettant, en se jurant de se ménager des lendemains moins solitaires. « Qu'évoque Reims pour vous, s'enquiert un journaliste de *L'Union de Reims* ?

– Bah ! Je suis comme tout le monde vous savez ; le champagne, pardi, et la cathédrale », réplique une Romy rieuse dans la lumière de son bonheur.

Las, la gaieté n'est pas tous les soirs au rendez-vous ! « Nous étions allés avec quelques membres du bureau la voir à Orléans, se rappelle Jacqueline Demanest, secrétaire du "Club Romy Schneider-Sissi", devenu "Club Romy Schneider" par la volonté de l'intéressée, pour des raisons évidentes. Lorsqu'elle nous vit entrer dans sa loge, encore sous le charme triste, cruel et feutré de cette pièce si douloureuse, elle nous sauta au cou : "Oh ! vous êtes là ! Je suis si heureuse de vous voir !"

« Toute menue dans son joli tailleur Chanel, avec ses cheveux mi-longs et son maquillage discret, elle irradiait, mais l'on sentait qu'il lui manquait une présence : celle d'Alain. Au mur était épinglé, en évidence, un télégramme : "Partout et toujours avec toi. Signé : Ton mari." Nous étions en train de plaisanter lorsque, s'esclaffant à l'une de mes farces, elle me permit de la photographier avec mon petit appareil à trois sous. Par la suite, elle me demanda un agrandissement du cliché, "pour montrer à Alain que ma réputation de tristesse pendant la tournée n'est pas toujours fondée. Je ne suis pas toujours triste et nostalgique !" »

Bien des années après la mort de Romy, un double de cette photo fut remis par Sylvie Amédro, Présidente de la nouvelle « Amicale Romy Schneider » à Magda Schneider elle-même au crépuscule de son existence. Touchée de retrouver sa fille dans l'éclat de sa plénitude, la vieille dame serra l'image sur son cœur et ferma les yeux, songeuse.

« A Orléans, avant de partir, vers une heure du matin, toujours assise à sa table de maquillage, Romy décida d'accorder quelques autographes, poursuit "Jacquotte". Comme un homme d'une quarantaine d'années venait de lui présenter une photo déjà signée elle se retourna en montrant quelque humeur : "Mais qu'est-ce que c'est que ça, c'est déjà signé monsieur, je ne vois pas pourquoi je signerais une deuxième fois ? !

– C'est pour voir si c'est vraiment votre signature", se vit-elle répondre. Inutile de vous dire qu'elle ne mit pas longtemps à persuader le bonhomme qu'il n'obtiendrait rien de plus ! »

Pendant ce temps, à Venise où il tourne quelques scènes de *Marco Polo* sous la direction de Christian-Jaque, entre une assiettée de spaghettis et un plat de *scampi* frits, Delon s'applique à esquiver les questions embarrassantes des reporters de *Cinémonde.*

« – Allez-vous épouser Romy ?

– Je ne répondrai jamais à ce genre de questions. Et toutes les déclarations qu'on a pu me prêter et publier à ce sujet sont fausses. Ce que je peux vous dire, c'est que Romy a ses films, moi les miens. Il n'est évidemment pas question de lui demander de sacrifier sa carrière. Romy est une tragédienne extraordinaire, vous l'avez constaté dans *Dommage qu'elle soit une putain* et dans *La Mouette.* Alors ?... »

Quelques jours auparavant, terrassée par le rythme, inhabituel pour elle, des tournées théâtrales, Romy a été admise aux urgences de l'hôpital de Nice. Et Alain a volé à son secours : « L'alerte a été chaude », dira-t-il.

« Romy Schneider n'aura pas gagné d'admirateurs avec *La Mouette.* La bonne affaire reste pour le directeur de la tournée », peut-on lire le 30 janvier dans *Les Dépêches.* Si les foules se pressent en masse pour applaudir le spectacle, il n'en reste pas moins vrai qu'un sentiment de déception s'installe très vite dans le public, relayé par la presse de province où se promène la tournée. Les gens sont venus voir *Sissi* et se retrouvent désorientés par un spectacle d'une tout autre nature avec une actrice diaphane dans la sobriété de ses deux costumes, un noir et un blanc et dont on se demande si elle ne s'est pas trompée de ville et de théâtre. A Nancy, on entend une dame s'interroger à l'entracte : « Pourvu qu'elle soit mieux habillée au dernier acte. Dans ces petites robes “sans rien”, ce n’est pas elle ! » Cette opinion, presque tous la partagent. Pour renverser les préjugés, Romy a encore beaucoup de grains à moudre.

Les premiers films d’auteur rencontrent généralement maintes difficultés avant de pouvoir être exploités dans les salles. En dépit de critiques favorables, *Le Combat dans l’île* en est la parfaite illustration. Pourtant, de l’avis général, cette œuvre politique coup d’essai-coup de maître, visionnée à Cannes en mai 1962 mais non présentée, aurait mérité meilleur sort. Anecdotique ou significatif d’un professionnalisme rare, exemplaire et d’une volonté acharnée, quatre ans après ses premiers balbutiements en français, pour la première fois, Romy n’est pas doublée. Elle ne le sera plus. Qui ne conserve dans un coin de son grenier affectif la voix haut perchée, les intonations puériles et le timbre fluet de notre *Sissi* hexagonale ? Cette voix appartenait à Gilberte Aubry. Devenue religieuse, celle-ci est entrée au Carmel et aujourd’hui ne suit plus que la voix de Dieu.

En 1962, à l’œuvre d’Alain Cavalier, le festival préfère un *Boccace 70* présenté hors compétition. Romy et Alain, désignés couple de l’année, sont naturellement invités, ainsi que Sophia Loren venue promouvoir son apparition dans l’épisode de *La Loterie,* un rôle qui n’ajoute rien à sa gloire internationale. Schneider déclare peu ou prou autant d’années de métier que Loren et ne se laisse pas décontenancer par la stature de la plantureuse italienne. Cannes pour Romy est déjà un vieux pèlerinage puisqu’en 1957, 1958 et 1959 elle y a défendu les couleurs de l’Autriche avec, successivement, *Sissi impératrice, Sissi face à son destin* et *Eva ou les Carnets intimes d’une jeune fille.*

Sitôt la tournée de *La Mouette* achevée, juste après le baptême, en mai 1962, d'une rose à son nom à Bagatelle, en compagnie de Raymond Marcillac, Romy se penche sur le scénario expédié par un monument du cinéma mondial : Orson Welles, icône de ses toutes jeunes années, encore appelé « le Bouledogue » ! « Pour Welles, j'aurais fait n'importe quoi ! déclara Romy, j'étais gonflée à bloc d'avoir été engagée par lui. » C'est aux studios de Boulogne, au mois de juin, sur le tournage du *Procès,* cinglée dans la blouse blanche de Leni, son personnage dans le film, que Georges Chimère retrouve la jeune vedette. La charge du travail accompli de façon ininterrompue depuis maintenant une année et demie commence à peser sur la santé de l'actrice, déjà tenue en état de nerfs permanent par la complexité de sa vie amoureuse. Au cours de l'interview, Chimère fait part à Romy de sa surprise devant une hargne à la limite de l'agressivité. Une réplique, fournie, concise et péremptoire fuse aussitôt : « Vous cherchez encore en moi la douceur de *Sissi* ! *Sissi* était douce parce que le rôle le demandait, moi je ne suis que Romy Schneider et comme je suis une femme bien vivante et non une poupée comme *Sissi,* j'estime avoir le droit de "faire la gueule" surtout lorsqu'on me pose pour la cent millième fois la question : "Pourquoi ne voulez-vous plus être *Sissi* ?"... »

Avec Orson Welles la complicité n'est pas feinte, mais dans son genre « l'armoire normande » n'est pas un commode ! « Même quand je ne tournais pas, j'allais regarder, j'étais toujours là, rapporta Romy au journaliste Marc Esposito. Et pourtant, Welles n'était pas des plus faciles : Je me souviens, un jour, juste après le début d'une prise, je m'étais arrêtée de parler car il me semblait que quelque chose n'allait pas. Il hurla : "*Shut up and say it !*" (Tais-toi et dis-le !) »

Faut-il que l'influence et la discrète emprise de « la Mouette viennoise » sur « le Bouledogue hollywoodien » ait été réelle et consistante pour que le maître accepte d'endosser l'un des rôles principaux du film, celui de l'avocat ! Il ne l'avait pas envisagé et ce n'est qu'après de multiples assauts de la part de Romy, insistante, qu'il se laissa convaincre.

Lorsqu'on visionne *Le Procès*, aujourd'hui, malgré la présence de Jeanne Moreau et d'Anthony Perkins, il faut à peine s'étonner du raté de l'association Kafka-Welles auprès du grand public. Romy, dirigée de façon magistrale comme ce fut le cas avec Visconti dans *Boccace*, tire néanmoins ses marrons du feu.

A l'été 1962, sous un soleil torride, le tournage du *Guépard* réunit en Sicile Burt Lancaster, Claudia Cardinale, Alain Delon, Serge Reggiani et des milliers de figurants. Visconti, fidèle à lui-même, alternant coups de gueule et de génie, dirige et manipule d'une main de fer sa prestigieuse brochette d'acteurs quelque peu dissipée. Mais n'est-ce pas avec sa complicité, sa bénédiction presque, que Delon, son petit protégé, s'est lancé sans succès à la conquête de « la Cardinale » ? Un jeu plus qu'autre chose entre les deux hommes complices, aux idées résolument bien arrêtées sur la gente féminine.

Mais bientôt voilà que chacun regagne son rang ; la visite de Schneider est annoncée. Une apparition qui en ravit plus d'un selon Delon lui-même, qui confiera bien plus tard à Jean-Pierre Lacomme dans l'édition du *Journal du dimanche* du 23 octobre 1994 : « Lancaster la trouvait formidable. Il avait une grande faiblesse pour elle, et comme actrice, et comme femme. Romy y était également très sensible. »

Quelques mois plus tard, au début de l'année 1963 Romy atterrit à LA, Californie. Le cinéma américain et la Columbia l'attendent de « contrat ferme » !

Hollywood, royaume du rêve et des retours de manivelle. *La patria del cinema* pour les Italiens. Tout y reluit en surface ; les réalités sont moins dignes. Sevrée au cidre de *Mariengrund*, la petite Schneider n'échappe pas aux réceptions pantagruéliques où il est de bon ton de s'autocongratuler avant de se planter des poignards dans le dos, à l'ivresse illusoire de limousines sans dimensions avec chauffeur bien fagoté, à ces piscines, indispensables éléments de décor de résidences seigneuriales.

Néanmoins, si de toute sa vie, jamais elle ne consentit à bâtir sa carrière sur les feuilles de chou, la petite autrichienne provoque un premier électrochoc en adoptant des prises de position en totale contradiction avec le puritanisme américain. Si l'Oncle Sam peut convoler, divorcer, puis se remarier autant de fois que bon lui semble sans heurter l'opinion, le concubinage est une valeur dépréciative, voire un huitième péché capital. Or, à une époque encore pieusement conservatrice, Romy, « sans-papier » de l'amour, affiche ouvertement son bonheur de vivre sous le même toit qu'un « fiancé-presque mari ».

Le clou est enfoncé lorsqu'un père-la-pudeur s'enquiert de savoir si elle éprouve de la gêne à apparaître nue devant la caméra, comme ce fut le cas dans *Boccace 70* : « Les acteurs et les actrices ne devraient jamais avoir de vêtements ; nous n'avons pas le droit d'être bourgeois », le fustige-t-elle dans une langue anglaise parfaitement maîtrisée, qui lui permet de convaincre ou de se rebeller sans plus d'efforts que cela.

Pour les acteurs non américains, le défi professionnel n'est pas facile à relever car une seule règle, un seul émir régit la communauté hollywoodienne : le dollar ! Un second handicap, l'absence de culture générale chez les cinéastes américains qui ne voient dans la vieille Europe qu'une forme géographiquement et culturellement homogène.

« Lorsqu'à Hollywood on m'apostrophait : “Vous êtes italien ? Ah ! *Buenas noches !*” Je répondais : *Yes !* » La confession aigre-douce de Vittorio Gassman à la journaliste Viviane Le Ray, nous parvient on ne peut plus synthétique. D'entrée de jeu, Romy est gratifiée par tous les beaux parieurs du titre à peine enviable, parce que vide de sens, de « nouvelle Autre » (en l'occurrence Marlène Dietrich) ! Outre-Atlantique, le manque d'imagination n'est pas un moindre mal et, lorsqu'il s'agit de mettre en scène un acteur européen, les clichés empreints de lourdeur pèsent de tout leur poids. La Viennoise nourrit d'autres ambitions. Les premiers films produits par la Columbia auxquels elle accepte de collaborer sont, pour le premier : *Les Vainqueurs*, de Carl Foreman, tiré du récit d'Alexander Baron, *The Human Kind* et pour le second *Le Cardinal*, une future réjouissance signée Otto Preminger.

Entourée d'immenses comédiennes européennes plus âgées et plus expérimentées qu'elle, telles Jeanne Moreau, Melina Mercouri ou encore Santa Berger, Romy qui développe un talent multiple fait plus qu'amende honorable dans *Les Vainqueurs*. Ce qui fera regretter à Foreman de ne pas lui avoir laissé davantage de champ libre. Mais le grand rendez-vous attendu par la Bavaroise est celui avec Preminger. Ami de longue date de la famille Albach-Retty, dans un élan de bienveillante impartialité, le plus célèbre des Viennois d'Hollywood, petit génie du film noir, s'exclame, comblé : « Je connais son père, sa grand-mère, Romy cumule leurs talents et quelque chose en plus ! » Usant de la même admiration, elle sait saisir chaque opportunité pour rendre hommage à son nouveau mentor. A un journaliste français inquiet de savoir si Otto Preminger aurait pu tourner *Sissi*, hilare, enflammée, presque moqueuse, mais sans un soupçon de méchanceté, rehaussant Preminger, elle soufflette celui qui fut le levier initial de sa jeune gloire : « C'est pas possible !!! C'est comme si vous demandiez à monsieur Marischka qui a tourné les trois *Sissi* de faire *Carmen Jones* !!! »

Le vieil Otto traîne derrière lui une fâcheuse réputation de réalisateur ombrageux et acariâtre, mais la petite-fille de Rosa, tout à la fois espiègle et angoissée, (« Miss Worry » la surnomme-t-on dans la coulisse hollywoodienne) semble être appelée par les rapports sadomasochistes. Tout jusqu'à présent dans sa carrière l'a démontré. La suite ne le démentira pas. Gagnée parfois par d'étranges paradoxes, la femme ne fut jamais très loin de l'actrice : « J'ai besoin d'un homme qui me fait violence, qui me jette à genoux. Jusqu'ici je ne suis tombée que sur des faibles. Nous étions deux à japper ! Il faudrait qu'un plus fort me prenne en main, qu'il me mate, qu'il me brise jusqu'aux os. Mais un tel homme existe-t-il ? »

Favorablement accueilli par la critique parisienne, *Le Cardinal* ne bat pas des records au box-office mais la prestation de Romy lui vaut d'être sacrée meilleure actrice étrangère de l'année 1964. Cette « Victoire du Cinéma français » lui est remise par une rescapée d'Hollywood : Michèle Morgan. L'Inoubliable de *Quai des brumes* s'acquitte de cette tâche avec enthousiasme. « Je la trouvais éminemment sympathique, témoigne-t-elle aujourd'hui, très belle aussi, charmante, ravissante, talentueuse, dotée d'un tempérament extraordinaire. Sans pour autant devenir des intimes, nous nous revîmes quelquefois à Saint-Tropez, puis à Paris, chez Alexandre où elle demandait toujours à être coiffée dans un salon particulier, à l'écart des autres. Elle ne souhaitait pas être vue. A travers nos conversations, je l'ai perçue comme un être très fragile, cristallin, vulnérable, en manque d'équilibre. Une ou deux phrases d'elle ont suffi à me faire comprendre qu'elle avait vécu, qu'elle vivait encore et qu'elle redoutait pour l'avenir des déchirures sentimentales. J'en ai été bouleversée. Qu'il est triste de voir des êtres aussi exceptionnels s'en aller vers de mauvaises directions sans que l'on puisse agir pour eux. »

## *LA VÉRITABLE ROMY SCHNEIDER*

Nouveau film, nouveau genre, une comédie : *Prête-moi ton mari.* La tragédienne en herbe modelée par Visconti abandonne ses acquis pour s'ouvrir à de nouvelles exigences. Cette fois, elle est bel et bien tombée dans le piège de la sur-sophistication hollywoodienne. Sinon une distraction, une « bagatelle » aurait-on dit en d'autres temps, elle ne s'offre et n'offre rien d'autre dans ce film que la capacité de prouver qu'elle peut aborder sans risque majeur tous les styles.

Si des deux côtés de l'Atlantique, on le sent, le monde du bluff et des chimères semble exalter les ambitions de Romy, la tragédie va la ramener à la « vraie vie ».

# IX

## LA FRACTURE

*« Car celui qui vit plus d'une vie doit mourir plus d'une mort. »*

Oscar Wilde

LA nouvelle fait en Europe l'effet d'une bombe. Sur le cœur de Romy une tache noire, indélébile, s'inscrit : avec Alain, c'est terminé ! Le mot FIN a résonné, accordant le triomphe facile aux cénobites spéculateurs, ces jeteurs de bromure qui jamais ne connaîtront « l'amour à s'offrir en partage ». Gorgée de récits sulfureux, la petite famille du grand public pousse de hauts cris : « Ce gâchis !... Comment est-ce possible ?... Ils étaient si bien assortis. » Pour détruire sans un bruit ce qui s'est édifié dans le rire et les pleurs, le malheur loue ses armes à la stupidité des hommes. Et quand l'homme est preneur...

On l'appelait Nathalie. Beaucoup d'autres femmes avant elle avaient jeté leur option sur « le Guépard ». Elle seule sut comment le dompter. Sa stratégie ? Une troublante ressemblance avec l'acteur. Elle en joua entre membres d'un petit comité savamment choisi, créditant Alain d'une sœur jumelle à la mode de Bretagne. Il n'en fallut pas davantage pour piquer la curiosité du « jumeau » bientôt incestueux. Un scénario fort à émoustiller Visconti...

Un soir, dans les volutes de fumée bleue d'une boîte de nuit parisienne, averti de la présence de la belle menteuse par l'un de ses amis, Delon tenta de la confondre. Quelques mois plus tard, enceinte du héros, l'audacieuse maman d'une petite fille de quatre ans remportait la bataille.

En Amérique, Romy est prête à tourner les premières scènes de *Prête-moi ton mari*, lorsque lui parviennent les rumeurs d'une liaison entre Alain et une certaine Nathalie Barthélemy, née Canovas, de trois ans sa cadette. Habituée aux frasques de son Don Juan, elle évite l'esclandre. Mais la rumeur enfle et s'amplifie. Dans les rues de Paris et bientôt sur le tournage de *La Tulipe noire*, en Espagne, les « jumeaux » ne prennent même plus la peine de s'abriter des photographes. Au téléphone avec Romy, Delon calme le jeu et assure que ce ne sont là que billevesées de journalistes en mal de scoops. Les *paparazzi*, elle devrait connaître, non ? La preuve de son démenti : une visite surprise qu'il lui réserve dans sa villa de Beverly Hills pendant l'été 1963. Sa *Puppele* rassurée, l'amour à nouveau triomphant, il rejoint l'Espagne... et Nathalie.

Octobre et Rome voient s'aimer une dernière fois les « Fiancés de l'Europe ». Peu de temps après, à Hollywood, Romy lit une lettre d'adieu d'Alain, une liturgie de quinze pages glissée dans les papiers de l'ami Georges Beaume, accompagnateur de l'actrice aux USA. Après la mort de celle-ci, le réalisateur Claude

Sautet placera Delon sur la sellette : « Pour moi, l'image du "couple parfait" Alain/Romy n'était que de la confiserie. Je suis sûr que monsieur Delon n'aspirait pas à rencontrer une personne aussi romantique et éprise d'absolu que Romy. Il était trop jeune et bien trop ambitieux pour être capable de vivre avec elle. Malgré son enthousiasme, elle était trop vulnérable. C'était trop difficile et trop restrictif pour lui. » Analyse libre d'un observateur aigu.

Marlène Dietrich, protectrice de Schneider, révéla nombre de secrets à son dévoué Louis Bozon, « l'homme de sa vie », le seul à qui elle taisait les choses plutôt que d'avoir à les enjoliver. « Entre autres accusations, Marlène rendait Delon responsable du naufrage de Romy. Toutes les deux se téléphonaient très souvent. Les jours de désespoir, sa "petite compatriote" lui confiait qu'à l'époque de sa liaison avec Alain Delon, celui-ci ne la touchait presque jamais ; ce qu'elle aurait vécu comme un drame absolu ! »

Marthe Mercadier témoigne, elle, d'un bonheur total à l'époque entre les deux jeunes gens. « Mon mari, qui était d'origine allemande, et moi possédions une maison à Tancrou à côté de celle de Romy et Alain. Nous en avions les clés et lorsqu'elle et lui s'absentaient, Romy me répétait avec son délicieux accent : "Surtout tiens bien la maison chaud !!!" Je peux attester de leur adoration réciproque. Tancrou, c'était la maison de l'amitié et de l'amour. Je me souviens de pot-au-feu mémorables avec notamment Georges Beaume, un homme merveilleux qui était là, qui organisait tout. »

Si la vérité est un droit, elle n'appartient qu'aux intéressés : « Romy vient de la classe sociale que je hais le plus au monde. Elle n'y peut rien, mais malheureusement elle en est marquée. En cinq ans je n'ai rien pu effacer de ce qui lui avait été inculqué pendant vingt ans. De même qu'en moi il y a deux, trois ou bien quatre

Alain Delon, il y avait en elle toujours deux Romy Schneider. »

Avec le recul, la blessure d'amour-propre effacée, Romy en conviendra : « Je vois les choses de la même façon. Personne ne peut se renier. Peut-être ne peut-on tout simplement pas faire tomber en se secouant toutes les influences qui ont marqué une enfance. Alain ne le pouvait pas, je ne le pouvais pas non plus. C'est pourquoi, dès le début de nos rapports, la fin était inévitable. Parfois je me sentais envahie par le désespoir en voyant combien nos relations dégénéraient en tourments. Je voulais y mettre fin, tirer un trait. »

Madame Olga Horstig-Primuz se souvient parfaitement de l'enfant capricieuse que Romy était alors : « Toute jeune, elle logeait la plupart du temps chez moi. Lorsqu'ils savaient qu'elle allait arriver, mes domestiques demandaient leur congé : "Si elle revient on part ! Elle ne nous adresse jamais la parole, ni 'bonjour', ni 'merci', ni 'au revoir'." Ce n'était de sa part ni de la méchanceté, ni vraiment du dédain, tempère « mama Olga », ce devait certainement être inscrit dans l'état d'esprit de cette adolescente portée trop jeune au firmament. Un jour je la pris à part et me fis fort de lui expliquer que les gens qui travaillaient chez moi n'étaient pas des objets mais tout simplement des êtres humains comme elle et moi. Cette discussion entraîna des effets positifs car, dès la fois suivante, elle sut mettre de l'eau dans son vin. »

Dans ses *Mystères Delon*, Bernard Violet revient à l a charge en se montrant lui aussi sceptique quant à l'engagement de Delon envers une Romy prête à tout sacrifier pour vivre un bonheur définitif avec lui. Le biographe va plus loin puisque dans le tout dernier chapitre de son œuvre, comme une amande amère sur le gâteau, il révèle l'existence d'un « enfant caché », fruit d'une idylle entre l'acteur et la chanteuse Nico Papatakis, de son vrai nom Christa Päffgen. Au vrai un secret de polichinelle ! Né en août 1962 à Neuilly-sur-Seine, l'enfant fut conçu à la fin de l'année 1961, à une époque où la romance Delon-Schneider alimentait les chroniques pastel dans toutes les gazettes du Vieux Continent. Entre Delon et Nico, tout avait commencé à Ischia, sur le tournage de *Plein Soleil*. Les amants se revirent à New York, où entre deux apparitions dans des cocktails, ils firent un bref séjour à l'ombre d'un poste de police pour « excès de vitesse » à bord d'une Ferrari. Selon la chanteuse disparue tragiquement en 1988, Delon lui avait promis de l'épouser, mais consciente de ce que jamais cela ne se réaliserait, elle traîna son amant-parjure devant le Tribunal pour le contraindre à reconnaître la paternité de son fils. Delon contesta le fait et c'est sa propre mère Edith Boulogne qui recueillit l'enfant et l'éleva à Bourg-la-Reine.

Un journaliste de *Cinémonde*, statuant sur le « cas Delon », entérina ainsi la fin du couple mythique : « Après avoir tremblé qu'elle fût fade, nous avons aimé ce qu'il y a eu, dans sa romance avec Romy Schneider, de déchiré, de pas facile. Fi ! pour eux des soirées devant l'âtre, en parlant de placements immobiliers ! C'étaient des amants tumultueux, terribles. Mais leur passion a eu, aux yeux du monde, quelque chose d'exaltant. »

Romy, sourde de l'explosion qui a décomposé son cœur, survit par la seule force de souvenirs heureux. L'amour s'est enfui, mais que dire, que faire ? Hurler le soir à la pleine lune, déraciner des baobabs ? Pendant qu'une autre qu'elle joue de ses charmes dans la vie de l'aimé, le spectre du malheur entame sa danse névrotique. Son travail peu à peu va être sa planche de salut et l'éloigner de ses démons, mais la balle perdue dans son cœur fragile se promènera et cognera encore, douloureuse, au fil des trahisons de l'existence. Lorsqu'elle rentre à Paris, nouveau soufflet : sur une table de ce qui reste pour elle leur appartement, avenue de Messine, un mot d'adieu, simple, presque ordinaire de Delon accompagne un bouquet de roses encore fraîches. Tous les repères d'hier deviennent soudain odieux à *Puppele*, chaque meuble, chaque objet, chaque recoin de la maison où elle crut recevoir l'amour. Où puiser les ressources pour faire taire le désir qui se mêle à la rancune ? Effacer et gommer sans ratures, être une Romy plus forte en son jardin que toutes les amnésies. Il le faut !

Lors d'un entretien accordé à Bernard Violet au mois de janvier 2000, l'amie France Roche offrit la pénible révélation suivante : « Elle est d'abord restée un certain temps sous tranquillisants. Elle tremblait du matin au soir d'une manière incroyable. Pendant des mois, elle est restée amoureuse de lui. Elle allait mettre des mots sur les rétroviseurs de sa voiture. Elle sortait en même temps avec n'importe quel chevalier servant qui lui faisait la cour. Sans doute sa façon à elle de prouver qu'elle était désirable. » France Roche à qui Romy avait un jour confié : « Pour moi le comble du bonheur c'est d'aimer, d'aimer complètement et toute une vie. »

« Tu ne peux pas empêcher l'oiseau noir de planer au-dessus de ta tête, mais tu peux l'empêcher d'y faire son nid. » L'impératrice Elisabeth avait un jour remarqué une mouette noire qui suivait son bateau et qu'elle s'était prise à aimer comme on apprivoise son propre malheur. De la même manière, *Puppele* reprend son envol. Le cœur brisé, elle se réfugie à Saint-Jean-Cap-Ferrat, dans une maison qu'elle connaît bien : celle de son ami Curd Jürgens. Là, elle retrouve quelque semblant de forces. En aura-t-elle besoin ? Survient Clouzot-la-Terreur qui lui propose un voyage en *Enfer* ! Une première fois, Romy l'avait rencontré lors de son hospitalisation au temps de *La Mouette*. Ses prédispositions n'avaient point échappé au réalisateur qui donna à Bardot sa *Vérité* de tragédienne.

A Nice, lors des essais pour *L'Enfer*, Romy émet les mêmes réserves que sa camarade française à l'égard de Clouzot. Mais à la différence d'une BB dilettante par choix, elle privilégie et se complaît dans la difficulté, la rigueur et le perfectionnisme à l'extrême, n'exigeant pour être dirigée rien de moins qu'une solide main de fer. Des bouts d'essais après onze ans de métier et un curriculum vitae tel que le sien ! Le climat n'est pas encore aux franches revendications. Son orgueil de comédienne bien rangé au fond de ses valises, Romy répond oui à Clouzot, à ses diktats, à son mystère, oui à tous les ailleurs possibles sans Alain.

« Essais Romy Schneider, plan numéro 1, clap, moteur ! » Le buste d'une jeune femme rigide et comme spectrale, visiblement prisonnière sous son voile de mariée, apparaît à l'écran. De ses deux mains gantées, l'immaculée tente un dégagement ; les gestes sont lents, décomposés, presque virtuels. Son image s'efface. Suivent d'autres scènes qui nous rendent une fumeuse invétérée, le visage pommadé et tout en ruissellement, offert à un jeu d'ombres et de lumières. Puis, du sursaut de surprise à l'expression d'épouvante, pleins feux sur les yeux de l'actrice, sa bouche, sa langue, le reflux muet de sa salive. Clouzot s'amuse, Clouzot s'emballe et donne libre cours à ses fantasmes ! Il multiplie maintenant sur la pellicule le visage de Romy : des dizaines de paupières, de lèvres qui s'imitent et s'animent telles des dunes mobiles. Mais revoilà notre mariée-plastique, captive sous la Cellophane d'un emballage peu rassurant. Soudain, une paire de mains sans corps surgissent par surprise derrière elle et l'étranglent.

Au récit d'une entrevue insolite entre Romy et Henri-Georges Clouzot, dans son ouvrage *Ma Romy*,

Daniel Biasini laisse supposer un « joli penchant » du réalisateur pour celle qu'il invita « dans une suite luxueuse, aux murs tendus de velours rouge et au plafond orné de miroirs ». Le rendez-vous « tourna court, plus court en tout cas que ne se l'était imaginé le grand homme ». Sans doute faut-il puiser dans cette frustration pour comprendre les exigences perverses du « grand homme » avec son « actrice à l'essai ». Dans les derniers plans, apparaît en effet une Romy stupéfiante de perversité, alanguie sur un lit de plaisir, jouant et abusant d'un ressort métallique comme d'un énorme sexe !

Le contrat paraphé n'empêche pas Schneider de douter : résiste-t-on à dix-huit semaines de sacrifices pour un collectionneur de chefs-d'œuvre ascendant génie-manipulateur ? Le premier tour de manivelle est donné au printemps 1964 sur les lieux du viaduc de Garabit en Auvergne. Entourant Romy : Dany Carrel et... Serge Reggiani. Le tournage prend des « allures cauchemardesques ». « On dit que l'enfer est pavé de bonnes intentions ; grâce à Clouzot, il est désormais tapissé de pellicule ! » constatera Reggiani. Préféré à Raf Vallone, Burt Lancaster, Yves Montand et bien d'autres encore, tous de la même trempe, celui-ci va payer les conséquences de sa « villégiature » auvergnate : « Malmené de scène en scène, je finis par m'effondrer, victime d'un petit infarctus qui m'envoya quelques jours en résidence forcée à l'hôpital de Saint-Flour. Une fois rétabli, je demandai à mon médecin si j'étais en état de reprendre le tournage. J'eus la mauvaise surprise de l'entendre répondre : "Vous, oui, mais pas Clouzot : il a fait un infarctus à son tour, mais grave, très grave." »

Plus que compromises, les prises de vues sont interrompues et reportées aux calendes grecques. Catherine Allégret, également engagée dans l'aventure « infernale », se souvient d'une équipe désorientée qui « attendait sur place des nouvelles de la santé de l'un et de l'autre en espérant que le film puisse reprendre. Romy continuait à traîner son chagrin dans l'hôtel avec ce sourire et cet humour qui n'appartenaient qu'à elle. De temps en temps, elle allait au bar demander une "Marie Bizard" (*sic*), entre deux éclats de rire désolés. »

*L'Enfer* ne sera jamais terminé. Une histoire meurt, une autre pointe. La rencontre entre Romy et Reggiani, vue par l'acteur, mérite au moins que l'on s'y arrête : « Romy semait elle aussi des flammes sur son passage, mais pas des flammes infernales. » Quelle interprétation faut-il faire de la *Lettre à Romy* signée Reggiani dans son ouvrage *Dernier courrier avant la nuit* ? Il y est question d'un scénario posthume dans lequel les deux protagonistes désabusés de *L'Enfer* se retrouvent pour jouer à l'amour. Un amour comme calqué sur une époque et une aventure tantôt présumés réels, tantôt démentis avec comme énigme finale un troublant : « Peut-être n'as-tu vécu que dans l'imagination de quelque amoureux à la recherche de l'actrice parfaite ? Rêve ou réalité, je t'embrasse au-delà de la mort, des rêves et des souvenirs. »

Entre Romy et « Sergio », le film va reprendre, quelques années plus loin, quelques pages.

Le 13 août 1964, dans la plus stricte intimité et devant deux témoins, Pierre Mahias, maire de Ville-aux-Clercs, une petite localité de Loir-et-Cher, en vertu des pouvoirs qui lui sont conférés, déclare son ami Alain Fabien Delon et mademoiselle Nathalie Barthélemy, née Canovas, unis par les liens du mariage. Le jour même, de l'autre côté des Alpes, Romy goûte à la solitude dans le chalet familial de *Mariengrund* lorsqu'elle apprend la nouvelle par un télégramme d'un ami « qui lui veut du bien » : Georges Beaume. Peu après, Delon, sa jeune épouse et leur suite embarquent sur le *France* à la conquête des Etats-Unis. De son côté, en attendant son prochain tournage, mademoiselle Schneider décide de sillonner la Méditerranée avec des amis sur le yacht du producteur Sam Spiegel. Autour d'elle, on tente de la préserver des *paparazzi* qui, à chaque escale, lui rappellent la rudesse de son naufrage sentimental.

A supposer que la nymphomanie fût un crime, Romy en est la coupable désignée sans plus de décence que de discernement par une presse spécialisée : Maximilien Schell « raflé » à la Princesse Soraya, Claude Terrail, propriétaire de La Tour d'argent, Eugène Lerner, ami et agent de Romy. Dans les journaux allemands surtout qui usent et abusent de procédés d'histrion, la liste est longue et visqueuse. La France en fait une illustre cocue qui tue ses heures à se lamenter en espérant le retour du guerrier. Onze années de métier et d'expérience n'ont cependant pas desservi Romy : « Très honnêtement, ce que disent de moi les gens qui ne peuvent me souffrir m'indiffère totalement. Je dois rester moi-même et préserver mes qualités essentielles, comme la noix de coco dont la chair est blanche, tendre et souvent sucrée à l'abri d'une écorce dure. »

« Calomniez, il en restera toujours quelque chose. »

A la fin du mois de septembre 1964, la naissance d'Anthony Delon est annoncée à grand renfort de manchettes dans les journaux européens. Nouvel acte de non-réjouissance inscrit au calvaire amoureux de l'infortunée Romy. Georges Beaume devient le parrain d'Anthony et s'emploiera toute sa vie à veiller à son éducation.

« La naissance de ce gosse d'Alain avec une autre qu'elle, et si rapidement, a été un choc terrible pour Romy, soutient Annie Girardot. Je crois que c'est l'une des grandes fêlures de sa vie et peut-être le début de sa décomposition. Je me souviens de l'émerveillement de Romy et d'Alain au-dessus du berceau de ma fille Julia à la naissance de celle-ci, le 4 juillet 1962. Ils étaient encore très amoureux l'un de l'autre et rêvaient d'un enfant à eux, *leur* enfant qui ne vint jamais. »

En 1978, le hasard placera sur le même chemin Nathalie Delon et Romy Schneider. A la mort de celle-ci, sincèrement émue, pour *Ciné Revue*, Nathalie fit toute la lumière sur cette unique rencontre : « C'était à Lyon, dans un restaurant, Claude Sautet, Yves Montand et quelques autres personnes assistaient à ce dîner. Nous étions là pour des raisons professionnelles et je n'étais pas à l'aise. Je ne voulais pas lui imposer ma présence. Elle s'est montrée d'une rare élégance vis-à-vis de moi. Elle m'a dit quelque chose de très joli et de très gentil : "Je comprends maintenant pourquoi Alain m'a laissée un jour. Vous êtes belle, brillante, intelligente." Quand nous nous sommes quittées, elle a souhaité me revoir et nous avons échangé nos numéros de téléphone. Mais nous ne nous sommes jamais reparlé. Ce n'était pas la peine. Qu'aurions-nous eu à nous dire ? Je représentais sans doute pour elle quelque chose qui lui avait fait très mal. Dans le regard que nous avions échangé, nous nous étions tout dit. Etant femme, je suis très sensible à la douleur d'une autre femme. Ce qui m'a frappé, c'est son regard. Elle était belle dans sa détresse. J'ai eu l'impression de rencontrer quelqu'un dont le regard est plein de larmes qui ne coulent jamais. »

*What's new Pussicat ?* Quoi de neuf Pussicat ? Cette question, combien de fois l'insatiable Michael James, tout dévolu à sa fiancée Carole Werner mais plus traumatisé encore par un attrait névrotique envers l'appareil féminin, la pose-t-il à ses conquêtes de hasard ? Dans cette nouvelle production du Britannique Clive Donner, Carole a les traits d'une Romy Schneider tout en séduction et en énergie pour donner la réplique à Peter O'Toole, ses yeux coulés dans ceux du chavirant séducteur *made in USA*. Le jeune Woody Allen, auteur du scénario loufoque, Capucine figure marquante de la mode des années cinquante, Ursula Andress, symbole de « l'érotisme mouillé », fraîchement nimbée de son titre de James Bond Girl, Peter Sellers, l'inspecteur Clouseau de *La Panthère rose*, Tom Jones, interprète de la chanson-phare du film : Donner s'est assuré une distribution de choc pour mener à bien la réalisation de cette comédie psychédélique sur l'aliénation sexuelle.

Nous sommes à la fin de 1964. Les principales scènes sont tournées à Paris, notamment à La Closerie des Lilas, ainsi qu'aux studios de Billancourt. Troisième et dernier cadre : le château de Chaumontel, dans le Val-d'Oise, une luxueuse demeure seigneuriale édifiée par les princes de Condé et transformée en hôtel en 1956. Pour les besoins du film, Chaumontel est rebaptisé Chantelle et permet à des comédiens français tels qu'Annette Poivre, Jacques Balutin ou Jean Parédès d'entrer dans la ronde trépidante d'un épilogue rocambolesque auquel s'associe la jeune Françoise Hardy.

Succès mérité pour *What's new Pussicat ?* Mais Romy n'est que trop lucide pour ne pas se rendre compte, confortée par le concert avisé de certaines critiques, que sa voie n'est pas dans le registre comédies anglo-saxonnes. Hollywood ? Elle y a fait son temps, perfectionné certaines techniques et engrangé des souvenirs. Mais elle n'y est pas devenue la huitième merveille que toutes les grandes firmes du cinéma américain rêvent de découvrir et de s'arracher pour la révéler au grand jour avant de la presser comme un citron plus juteux que les autres. Tant pis ! tant mieux ! Et puis n'est-il pas délicieux, après une longue absence, de renouer avec les odeurs familières d'un foyer délaissé ? Foyer. Maison. Pays. Sans contrat ni engagement, Romy est soudain rendue à l'errance de sa solitude, à la douleur qui mord encore. A l'instar d'Elisabeth sur son yacht de luxe, attachée à son mât pour mieux jouir de la tempête, la petite « Mouette » bavaroise n'a que trop sillonné le monde pour ne jamais se fixer que sur pellicule. Qui pourrait désormais lui indiquer son adresse et son nid ?

# X

## LE PÈRE HAUBENSTOCK

> *« Dans ce monde de merde où chacun s'exténue pour parvenir au premier plan, seul compte l'argent et celui qui possède la fortune peut se permettre de tout dire. C'est précisément ce que je fais. »*
>
> Romy Schneider

« CHÈRE Romy, voici Harry Meyen ; Harry : mademoiselle Schneider. »

Les présentations officielles sont faites le 1er avril 1965 à l'Europa-Center de Berlin au cours de l'inauguration du dernier restaurant de « beau-papa ». Pour se divertir et par volonté de satisfaire sa mère, Romy a accepté de prêter son concours à la manifestation d'éclat organisée par Blatzheim. Berlin, une ville si chère à son cœur, qui accueillit ses débuts de comédienne à l'heure de *Quand refleuriront les lilas blancs,* il y a maintenant douze ans de cela. Douze ans pour revenir au point zéro.

On connaît l'issue fatale hollywoodienne. La France ? Peu à peu, Romy s'en est détournée car, après l'avortement de *L'Enfer*, même son ébauche de film avec Visconti, une adaptation de la biographie de *La Comtesse Tarnowska* par Hans Habe, a subi les foudres de la malédiction. Reste l'Allemagne. Là encore, ses déclarations controversées à l'époque du *Cardinal* sont restées dans tous les esprits. Les problèmes commencèrent pour Romy lorsque Peter Hajek, journaliste autrichien au *Kurier*, rapporta mot pour mot les propos qu'elle lui tint lors de leur séjour commun aux Etats-Unis.

Prise dans le tourbillon américain, Romy attaqua une fois de plus ses compatriotes, dénigrant leur étroitesse d'esprit. *Sissi*, toujours et encore *Sissi* fut au centre de la polémique. « Es-tu sûre que tu désires faire publier cela » ? s'enquit au préalable le journaliste. Romy persista et signa. Elle le souhaitait « quitte à fâcher ces petits bourgeois ». Lorsqu'elle arriva à Vienne pour commencer les scènes du *Cardinal*, l'accueil fut glacial. Au cours d'une conférence de presse houleuse, elle tenta alors de nier en bloc sa responsabilité dans le rapport de Hajek qui ne se laissa pas démonter. Comprenant le piège dans lequel se trouvait Romy et eu égard à sa maladresse juvénile, Preminger intervint en sa faveur, allant jusqu'à réclamer des excuses. Respectueux mais ferme dans son allégation, le journaliste maintint son point de vue. D'où le déclenchement dans l'assistance d'un tohu-bohu avec insultes et bataille de flashes à la clé. En 1977, Hajek croisa Romy au festival de Cannes. Fou rire de l'actrice qui, sans un mot d'explication sur son attitude cavalière lors de la conférence de presse, lui lança simplement : « Mon Dieu, c'était l'époque qui voulait cela. »

D'emblée, beaucoup de choses ont séduit Romy chez cet homme rencontré à l'Europa-Center. Harry Meyen (de son vrai nom Harry Haubenstock) est de quatorze ans son aîné. Comme elle, il brûle les planches et à Berlin le Komödie Theater obéit à ses talentueuses directives de metteur en scène de boulevard. Mais c'est son jeu d'acteur subtil que plébiscite René Clément lorsqu'il l'engage dans *Paris brûle-t-il?* La *kolossal* distribution associe le couple Signoret-Montand, Glenn Ford, Kirk Douglas et, ironie du sort, le revoilà, Alain Delon dans la peau de Jacques Chaban-Delmas. Si un coup de téléphone entre eux a réconcilié les ex-« Fiancés de l'Europe », entre-temps Romy et Harry sont devenus plus que des amants et, dès la fin du tournage de Clément, ils s'offrent une villégiature sur la Côte d'Azur où Michèle Morgan leur fait profiter de son bateau, les invitant également à dîner dans sa maison de Saint-Tropez.

Court répit amoureux car Jules Dassin a adapté pour le cinéma un roman de Marguerite Duras, *Dix heures et demie du soir en été* et pense à Romy pour donner vie au film face à Melina Mercouri [1], son épouse. A l'heure où au Mexique le duo Bardot/Moreau, alors en plein tournage de *Viva Maria,* tient en haleine les journalistes du monde entier à l'affût d'un pugilat fantasmagorique entre les deux stars, le tandem formé en Espagne par Schneider et Mercouri laissa un souvenir plutôt fadasse dans la mémoire des cinéphiles. Même, à New York, Melina, le « volcan grec », exprima publiquement sa vergogne d'avoir si mal servi l'œuvre de la Grande Duras.

Lorsqu'au printemps 1966 débute le tournage de *La Voleuse*, de Jean Chapot, avec Michel Piccoli, Romy et Meyen nourrissent déjà l'espoir d'être parents avant la fin de l'année. Aux yeux de l'opinion allemande, l'adultère pour le couple sera jugé d'autant plus sévèrement si Meyen n'obtient pas son divorce d'avec la comédienne Anneliese Römer avant cette échéance. Amoureuse, Romy plonge alors la main dans son escarcelle afin

1. Voir dans la même collection, chez le même éditeur : *La Véritable Melina Mercouri*, par Bertrand Meyer-Stabley.

d'accélérer la procédure. Décidément, toujours au cœur d'un nouveau scandale, la gentille petite *Sissi* d'autrefois arrache un à un ses jupons pour exhiber un bébé de l'amour qui pousse son premier cri le 3 décembre 1966 dans une chambre individuelle de la clinique Rudolf Virchow à Berlin : David Christopher ! Au juste Romy a préféré limiter les effets effervescents de cette naissance en se faisant admettre deux jours avant l'accouchement sous le nom d'emprunt de « madame Bossy ».

Où est le père en ces instants solennels ? Vaincu par l'angoisse de l'attente, il s'est abandonné aux somnifères et ronfle si puissamment sur le canapé de son salon que toutes les sonneries de téléphone de la clinique sont autant de clairons inutiles. Madame Haubenstock (le mariage de Romy avec Harry a finalement eu lieu en *catimini* le 15 juillet précédent à la mairie de Saint-Jean-Cap-Ferrat) est donc seule pour partager sa plénitude : « Un enfant, c'est une vie qui incarne pour moi la paix, la famille, la sécurité. La grossesse, comme c'était beau ! »

Avec l'arrivée de David, Romy se sent portée par d'autres aspirations, plus intimistes. Et veut planter toutes ses forces pour devenir, selon l'expression américaine consacrée, une « épouse totale ». Peu lui importe à présent que son dernier film *Triple Cross (La Fantastique Histoire vraie d'Eddie Chapman)*, une parodie de « James Bond » teintée d'humour noir, achevé à l'automne, n'ait pas bouleversé le *box-office*. Tout au plus conservera-t-elle intact le souvenir de ses partenaires Trevor Howard, Christopher Plummer et surtout Yul Brynner, sans oublier Terence Young, le réalisateur. Elle a par ailleurs balayé la proposition du Français Claude Lelouch, étrange équilibriste qui livre ses acteurs à la torture de l'improvisation, une méthode qu'elle exècre !

*Un homme et une femme* fera la gloire d'une autre : Anouk Aimée.

Aujourd'hui, Lelouch ne cache rien de son sentiment plus que mitigé envers une Romy Schneider jugée « suffisante », opinion arrêtée à la suite de l'unique entretien qu'elle daigna jamais lui accorder. Dans son récit autobiographique, le cinéaste relate l'entretien avec force détails et amertume : « Comme je suis à Deauville et que Romy est dans la région elle aussi, je l'ai invitée à venir déjeuner chez ma mère qui avait hérité, à la mort de mon père, de la petite maison où nous passions nos vacances familiales. Romy a eu la gentillesse d'accepter. Ma mère avait mis les petits plats dans les grands. J'ai pensé que ce cadre familial donnerait du moelleux à notre rencontre. Je me suis trompé. A peine installée, Romy me lance : “On ne vous aime pas beaucoup dans *Les Cahiers du cinéma* !” Je peux difficilement prétendre le contraire.

« D'ailleurs, avant que j'aie pu dire quoi que ce soit, Romy me tire une salve de critiques dévastatrices à mon égard, lues dans la revue en question. A croire qu'elle les a apprises par cœur en vue de ce déjeuner. J'en ai le souffle coupé. Enfin, avec l'air de vouloir se débarrasser d'une corvée, elle me demande de lui raconter mon histoire. C'est moi, à présent, qui n'ai plus envie de la lui raconter. Je bâcle donc en quelques phrases un scénario plus ou moins improvisé en y mettant suffisamment peu d'enthousiasme pour être sûr qu'elle n'aura pas envie de le tourner. Sur ce plan-là, au moins, je réussis mon coup. Romy Schneider et moi, nous pouvons dire que nous nous sommes ratés. »

Une autre proposition que *Romina,* à son grand dam cette fois, verra lui échapper : *Mademoiselle.* « Il fut une époque où plusieurs fois Jeanne Moreau et moi avons été sur le même sujet. J'en ai surtout beaucoup souffert pour *Mademoiselle.* Très franchement, elle est beaucoup plus grande vedette que moi, je l'aime beaucoup et *Lumière* m'a énormément touchée, mais je suis sûre que j'aurais été aussi bonne qu'elle dans *Mademoiselle.* Jean Genet m'avait donné un texte magnifique. C'est mon grand regret. »

Lovée près d'un homme apte à plaire, Romy renoue avec une vie sans cinéma sur laquelle souffle un vent d'Allemagne : « J'ai enfin un homme maintenant qui m'aimera jusqu'à la fin de mes jours. » Elle s'accroche à ce rocher de Sisyphe et, bientôt, rien ne paraîtra plus subsister de l'actrice d'hier suspendue à ses exigences, juste une lueur de braise d'un foyer mal éteint.

A l'occasion de la naissance du « petit », Elise Lebourgeois, « l'amie des vents », envoie un cadeau. « David est bien gâté, la remercie Romy dans une lettre écrite cette fois en français. Décidément, je vous retrouve dans les moments importants, pleine d'attention et de délicatesse. Ce petit ours en peluche, je l'aurais volontiers gardé pour moi !!! Je suis enfin *maman*... loin de Paris, loin des studios, mais si heureuse ! Vous comprendrez... J'ai enfin un vrai rôle ! Nous reverrons-nous un jour, chère Elise ?... »

Les sentiments, toujours les sentiments. Romy est touchante de sincérité, de fidélité, comme une maîtresse envers son amant, car chez elle tout part du cœur et y revient : une qualité, sa faiblesse.

Monsieur et madame Meyen multiplient les déclarations qui formalisent leur union. Quand Harry loue l'intégrité de son épouse, « son instinct conservé à l'état pur », comme l'on évoque une enfant bien rangée, elle confesse ne pouvoir briller que par lui : « J'apprécie son ironie et son humour délicat. J'apprécie son intelligence, son charme, sa supériorité. »

« Sa supériorité. » Ici justement, selon Daniel Biasini, se déchira le voile de leur mariage : la prétendue suprématie d'Harry Meyen. L'intellectuel contrarié, bientôt rattrapé par un homme vieillissant, fait subir à Romy des humiliations cérébrales propres à démettre une vie, une véritable machine à casser. « Romy mit beaucoup de temps à comprendre qu'une telle attitude trahissait plutôt un manque de confiance, dit Biasini. Car c'était elle, en fait, qui dominait dans bien des domaines, que ce soit par ses connaissances, son intelligence artistique et, bien entendu, son cœur. »

En 1994, pour les besoins d'un *Théma* d'Arte consacré à la comédienne, Christiane Höllger se souvint précisément de l'une de ces avanies orchestrées par Meyen : « En août 1967, fuyant leur lieu de vacances, elle vint se réfugier chez moi à Berlin, profondément blessée par son mari qui l'avait humiliée devant un cercle d'amis. Elle avait lancé cette question à la ronde : "Les Américains étaient-ils obligés de bombarder les Allemands pour les sauver d'eux-mêmes ?" Cela lui avait valu ce commentaire glacial de son mari : "Ces derniers temps, ma femme se prend la tête sur des livres bizarres." Puis, il ajouta sur un ton cynique et moqueur : "Mais elle regarde aussi régulièrement les actualités. Elle adore Willy Brandt et lit même de temps en temps un journal." »

Et Höllger d'ajouter : « Mon amie souffrait de son manque d'instruction. Elle avait quitté l'école à quatorze ans et était immédiatement devenue actrice. »

Meyen exploitait semble-t-il ce manque d'assurance pour écraser sa jeune épouse et ce, à la moindre occasion. Devant elle et en présence de Christiane Höllger toujours, il tint un jour ce discours affligeant : « Courage, avec un peu d'entraînement et ce n'est pas faute d'essayer, ma femme devrait arriver à s'exprimer correctement. Peut-être, un jour, à la grande surprise de ses fans, on obtiendra d'elle une interview à peu près cohérente, digne d'une personne sûre d'elle. »

Romy se range sous la coupe malfaisante et destructrice de son « vieil » époux lors du décès de Wolf Albach-Retty enregistré le 21 février 1967 à Vienne. Le cœur du *Pappi*-fantôme a lâché. Comme une mère peut éprouver un faible pour son enfant le plus fragile, un enfant souffre doublement du départ d'un parent jamais rencontré. Le *Cardinal* d'Otto Preminger avait un temps rapproché Romy et Wolf lorsque le réalisateur, accédant à la demande de la fille avait distribué un rôle au père. Sous l'œil des caméras, entre deux prises de vues, le couple magique d'avant-guerre Magda Schneider/Albach-Retty, reconstitué autour d'une Romy complice mais non dupe, offrit alors le temps d'une utopie l'image d'un vase de Chine brisé et recollé mais dont on a mal dissimulé la brèche.

« Je crois que ma mère n'a jamais autant aimé un homme, constatera Romy après le drame. Elle a attendu en vain, avec les valises prêtes. Il n'est pas revenu, c'est comme ça. Il est mort d'un infarctus, parce que, à mon sens, il a souffert toute sa vie de ce trac singulier, maladif, incessant. Je l'ai hérité de lui. Il a fait son premier infarctus pendant une représentation au théâtre de l'Académie de Vienne ; j'étais assise avec mon frère Wolfi au premier rang. Il a continué à jouer, et il n'est allé à l'hôpital, ce cher idiot, qu'après la représentation. Sa première conversation téléphonique fut pour son chien. La dernière fois que je l'ai vu, c'était dans un hôpital de Vienne. Je devais attendre dehors, je n'avais pas le droit de pénétrer dans la chambre avant qu'il se soit peigné. Puis il a fait un effort gigantesque pour me recevoir assis. »

L'amour de ce père omni-absent dans son existence, Romy l'a recherché chez nombre de ses partenaires officiels ou secrets, ou dans ses amitiés passionnelles (Visconti, Welles, Sautet, Piccoli). Cette quête de tendresse, d'affection et de sécurité l'a menée sur des chemins de traverse pourtant pavés des intentions les plus saines et légitimes. Ainsi en fut-il pour Meyen, une présence de trop dans sa vie.

En attendant l'orage, entre Harry et David, les deux hommes de son ciel nouveau, Romy s'est arrêtée à des heures calmes et presque bien lissées, sans autre ambition que des duos vespéraux sur canapé dans la maison du résidentiel *Grünewald.* Ou que des randonnées plus familiales dans les hautes herbes cernant Berlin. Interdiction formelle aux soleils électriques de capter son visage. De même les salles obscures ont été décrétées zones mortes. Silence, on ne tourne plus !

# XI

## REMONTÉE EN APNÉE

*« Delon ? Rien n'est plus froid qu'un amour mort ! »*

Romy Schneider

QUOIQU'IL souffre à l'admettre, pas plus que Romy, Delon n'a réussi dans ses assauts des Bastilles hollywoodiennes. S'il est redevenu à présent une valeur sûre sur le marché du cinéma français, c'est d'abord à Jean-Pierre Melville qu'il le doit, à lui-même ensuite pour son interprétation majeure dans *Le Samouraï*, preuve inéluctable de son étonnante faculté à rebondir. Un style est né qui a incité Jacques Deray, ancien assistant de Buñuel, à lui confier la barre de son dernier long métrage : *La Piscine*, une trame psychologique et perverse à suspense servie par un « superbe carré d'as » : Delon/Maurice Ronet/Jane Birkin et une quatrième actrice qu'il a fallu longtemps chercher. Nathalie Wood, Monica Vitti et Angie Dickinson ont d'abord été pressenties. Consulté sur le choix de sa partenaire manquante,

Delon, « l'ex », l'ami, le frère a tranché catégoriquement : « Ce sera Romy Schneider et personne d'autre ! » La parenthèse allemande de *Puppele* n'a été qu'une vie morne et sans le stress professionnel nécessaire, il le sait, à son épanouissement. De son côté, Romy n'a encore fait qu'entrouvrir les yeux sur les réalités de son couple et l'insidieux travail de sape de Meyen.

Tenace, elle s'accroche à un bonheur à trois places, revendiqué haut et fort pour conjurer le doute. Une certaine nostalgie de la caméra néanmoins, associée à une inactivité de moins en moins bien vécue qui contrarie son tempérament furieusement vivant, l'a fait esquisser un timide retour au cinéma en début d'année. Sans la moindre conviction de participer à un chef-d'œuvre, elle a prêté son visage et sa voix à l'Anglais Dick Clement pour sa première réalisation : *Otley*. Un film de trop, un film pour rien qui n'a même pas eu pour bénéfice de lui remettre le pied à l'étrier. Mais désormais, elle l'a expérimenté ; à dose homéopathique, famille et métier peuvent s'entendre à coexister dans la plus parfaite harmonie. Sa conception du rôle de la femme au foyer comme seul garant d'équilibre, peu à peu, va évoluer. D'autres couleurs arrivent qui laveront les premières, déblayant l'avenir.

Former un couple au cinéma ne relève pas de la facilité ; pour que la sauce prenne et que l'argent rentre, il faut apporter les bons ingrédients. Au nom de Romy Schneider, le distributeur de *La Piscine* et son producteur ont freiné des quatre fers en poussant de hauts cris. Selon les souvenirs de Jacques Deray, « ils ne voulaient pas faire de film avec Romy, une personne qui n'existait plus sur le marché ».

Au vrai, même si encore très populaire, trop longtemps éloignée des studios et de la France, avec sa trilogie maudite des *Sissi* et en dépit d'expériences sporadiques avec Welles, Preminger et Visconti, Romy voyage léger aux yeux des marchands de pellicule. Delon s'entête. Escorté par Jacques Deray, il s'envole vers Berlin pour jeter le feu de sa conviction : Romy doit revenir, revenir vite et revenir en France !

Tout dans ce projet, à l'évidence, a captivé l'intéressée ; la trame, le scénario, la possibilité d'évoluer en figure libre dans un rôle-défi et novateur, la distribution, le lieu du tournage, la villa « La Jonque », près de Saint-Tropez, l'idée de travailler avec son « amour mort » pendant huit semaines, du 19 août jusqu'à la mi-octobre. « Beau vernis », habile et pleine d'entrain, Marianne (Romy) dominera Jean-Paul (Delon), son amant tourmenté en situation d'échec et de rupture avec lui-même.

Et puis, revoir la France, son « autre pays ».

Elle accepte sans coquetterie. De *La Piscine,* elle attend « beaucoup !, beaucoup ! » (quand Romy vit à travers une idée, elle insiste, double ses mots et appuie dessus, volontaire) ! Le souffle bloqué, le cœur prompt à l'effort, ses 161 centimètres bronzés et partiellement moulés dans un bikini des plus seyants, voici la vaillante *Sissi* de Marischka parée cette fois pour un plongeon définitif... et une nouvelle remontée en apnée !

Jamais Jacques Deray n'eut à regretter l'obstination de Delon quant à l'exigence de sa partenaire. La confession post-soixante-huitarde du futur réalisateur de *Borsalino* vaut aujourd'hui poésie : « Ce que je voulais absolument, c'était la mettre à l'aise, mais la mettre à l'aise dans cette étrangeté qui était nécessaire au sujet puisque c'était un huis-clos. C'étaient des gens qui s'aimaient mais ce sont des gens qui se regardaient. Mon grand plaisir avec Romy, c'était de la regarder et de la filmer en la regardant. Elle m'obligeait par moments, par sa présence, par sa séduction, parce qu'elle était très maîtresse d'elle-même et puis aussi par son physique, elle m'obligeait à faire des plans longs. Je la regardais longuement. Ça a été aussi une des réussites du film.

On peut rester très longtemps sur des personnages comme Romy, on n'est pas obligé, on n'a pas envie de faire des montages, on a envie de la suivre. »

357 758 !!! C'est le nombre de spectateurs parisiens à avoir plongé dans *La Piscine* avec le couple mythique Delon-Schneider, au terme de treize semaines d'exclusivité. Succès et perspectives d'avenir heureuses pour Romy. Déjà l'on parle d'un nouveau film, un nouveau tandem avec le réalisateur Guy Gilles qui l'aurait réclamée, ainsi que Patrick Jouané, pour incarner dans *Où va le vent* une gérante de supermarché attaquée par une jeune dévoyée.

Telle une adolescente qui dans un cri s'est donnée en se délivrant, la féminité de Romy dans *La Piscine* a fait bombe et explosé. Belle ? Le qualificatif est mesquin. Irréelle ! Voilà qui saurait mieux servir la trentenaire sublime qui s'est éveillée à l'écran. Chacun s'accorde à le penser et à le dire. Les critiques l'écrivent. Tous !

Pénalisée par son manque d'expérience, une timidité maladive et des difficultés à s'exprimer en français, la jeune Anglaise Jane Birkin, depuis peu fiancée au compositeur Serge Gainsbourg, ne traverse pas l'épreuve avec autant d'aisance. Sa crucifixion : la critique de Jean Siclier dans *Télérama :* « Il est certain qu'Alain Delon, Romy Schneider et Maurice Ronet font du beau travail, mais Deray n'a rien pu tirer de Jane Birkin qui n'a vraiment que sa beauté pour elle et paraît un ectoplasme à côté des autres. »

A l'évidence, un sentiment puissant et indéfinissable, comme seuls ceux qui ont tout éprouvé ensemble peuvent l'engendrer, relie encore Delon à Romy. Le systématisme utilisé par celle-ci dans ses nombreux écrits pour le minimiser, presque le nier, en témoigne. Tous deux connaissent maintenant chacun de leur côté la joie d'être parent. A quoi peuvent-ils bien songer en voyant jouer au coude à coude au bord de la piscine, entre deux prises de vues, David et Anthony ? Delon a légué à la postérité sa gueule de « beau ténébreux ». Ses traits se sont durcis. Il est homme à présent, un mâle dans toute sa stature, ses gestes, ses coups de gueule, ses certitudes fruitées parfois désarmantes : « Je n'ai jamais fait de gymnastique pour me muscler un fessier que j'ai la chance d'avoir très haut et très rond, comme un melon de Cavaillon ! » Dans la fameuse piscine, il met au défi la championne olympique Kiki Caron, venue en voisine de vacances, de se mesurer à lui dans une course pour le « fun ».

De même, son ancienne compagne lui a paru s'être considérablement métamorphosée lorsqu'il est allé l'accueillir à l'aéroport de Nice, quelques jours avant le début du tournage. Les retrouvailles filmées par les caméras de télévision ont su transmettre, intacte, une émotion belle, authentique, sans fards, où la force de la complicité des cœurs sublime les amertumes. Ce tic commun, qui consiste à les faire promener machinalement leur langue le long de la lèvre inférieure pour exorciser sans doute quelque timidité, accentue davantage la sensation qu'ils donnent d'incarner des jumeaux du sublime.

« Alain Delon, vous m'avez confié tout à l'heure que vous étiez ému en rencontrant Romy ? s'appesantit un journaliste.

– C'est normal, vous ne trouvez pas, lui balance Delon, sans se départir ni de sa frime ni de son sourire insondable, vous-même vous êtes ému en tenant ce micro ! »

Romy rit de bon cœur ; une excellente entrée en matière.

Quand certains magazines s'emparent de l'événement, d'autres s'attachent à apporter des nouvelles d'un

« ex » plus lointain : Horst Buchholz qui achève quelque part en France le tournage de *L'Astragale* avec Jeanne Moreau. Partageant son existence entre Paris, où il a offert à son épouse et à ses enfants un somptueux appartement près du Rond-Point des Champs-Elysées, et la Suisse, leur lieu de résidence principale, Buchholz s'est rangé, sans perdre de sa fringale de vie. Les liens avec Romy sont demeurés amicaux et courtois ; dans leur mémoire collective, nulle épine, rien que des roses.

« Delon et Romy remettent ça ! » titre un hebdomadaire français. Il n'est pas faux que parfois « d'anciens volcans que l'on croyait éteints »... Non, cet été-là, aucun souvenir, aucun geste arrêté n'a su dépasser les forces vives de la nostalgie entre Delon et *Puppele.* « Quel malentendu imbécile ! » s'est rebiffé l'acteur pour faire un sort à la rumeur. Le navire Meyen, en apparence, était encore solidement arrimé et rien n'aurait su faire dévier Romy de sa volonté de se préserver en le préservant. Delon, en revanche, faillit-il connaître le petit frisson avec Bardot, chez qui il logea ?

« Sa vie était alors en plein déséquilibre, relate BB dans le tome I de ses sulfureux *Mémoires*, il venait de se séparer de Nathalie et n'avait pas encore rencontré Mireille Darc. De plus, il devait tourner *La Piscine* avec Romy Schneider qui était probablement encore très présente dans son cœur. Tout ça le déstabilisait, même s'il y faisait face avec beaucoup de force, comme d'habitude. »

Au sujet de *La Piscine,* Romy saura rendre à Delon ce qui lui revient *de facto.* Un soir, chez Drucker : « C'est vrai, ce film je le dois à Alain, car il m'a demandé que je fasse ce rôle et ça m'a fait, comme on dit, redémarrer en France. »

Comme agacée, elle s'autorisa cependant un bémol inspiré par sa franchise légendaire, par une intégrité intrinsèque, par sa conception différente du métier et d'un désir sans doute orgueilleux de relativité par rapport au service rendu, s'estimant quelque part et à juste titre le premier artisan de son succès : « Alain avait l'habitude, je crois, de choisir ses partenaires. Je ne voudrais jamais avoir ce choix !!! »

# XII

## AUTRES *CHOSES*, AUTRE *VIE*...

*« Il y a un danger terrible à savoir ce qui est possible, car l'esprit va toujours plus loin. »*

Alfred de Musset

IL est des regards qui peuvent sceller le destin d'un être. Dorée comme un *strudel,* proche d'une sérénité apparente, l'automne venu, Romy s'avance lentement sur le chemin d'une rencontre-pilote. Elle ne le sait toujours pas mais la France la réclame. Pour l'heure, son avenir proche s'appelle Berlin. Après *La Piscine*, Rose-Marie Haubenstock, dite Romy Schneider, réintègre pays et foyer, toujours heureuse de retrouver ses marques. Et puis les siens bien sûr : David, Harry et aussi Christiane Höllger, l'amie précieuse, la plus sûre, rencontrée quatre ans auparavant dans un cocktail parisien, entre petits fours et confessions intimes de femmes éprouvées par les affres de l'abandon.

Las, de l'autre côté des Alpes, la fête n'est pas dans

tous les cœurs. Pour la deuxième et cruelle fois de son existence, Magda Schneider connaît la solitude. Il était à prévoir que le souffreteux Blatzheim, « beau-papa », caution à tant de polémiques, ne verrait pas l'année nouvelle. Son parcours prend fin dans la journée du 1er mai 1968. La rumeur la plus assidue qui circule aujourd'hui en milieu autorisé sur celui que Romy qualifiait de « maquereau » serait sa tentative d'« approche amoureuse » auprès d'elle, sous le toit même de Magda. Pauvres en précisions, laissons ici la rumeur à ce qu'elle est, sans négliger toutefois le témoignage de Romy recueilli par Daniel Biasini et restitué dans *Ma Romy* : « Je crois que Blatzheim a regardé un jour par le trou de la serrure de ma salle de bains. Mais je ne pourrais pas le jurer. Ensuite, par sécurité, je verrouillais systématiquement la porte en laissant les clés à l'intérieur. »

Peu à peu larguée par son idéal de flottaison, « famille-travail-famille », après une proposition avortée de François Reichenbach (*Le Massacre*), Romy se laisse à nouveau séduire par le cinéma d'outre-Manche. Il s'agit cette fois de l'adaptation des romans *Second Level*, de Wilbur Stark et *Reputation for a Song*, d'Edward Grierson. Le titre du film, *My Lover, my Son*, ne laisse aucune équivoque quant à la teneur du sujet traité. *L'Inceste* est d'ailleurs choisi comme titre français, *Inzest* pour l'Allemagne.

Avec scénario et bagages, délaissant une nouvelle fois Berlin, son fils, un mari névrotique et dopé à l'Optalidon, Romy gagne la capitale britannique. Sur place toute l'équipe l'attend ; d'illustres débutants pour la plupart, à l'instar de Denis Waterman, son fils dans la fiction. Schneider maman d'un garçon de dix-sept ans qui en paraît dix de plus ! Qui pourra bien y croire ? Il n'en a pas fallu davantage pour stimuler une Romy-passion à la sensibilité de sismographe, soucieuse, toujours, de laisser déborder ses limites en abandonnant derrière elle ce qui ne serait que lascives répétitions. La sanction de l'entreprise, corrosive mais rationnelle, émanera d'un critique français de *La Saison cinématographique* : « Le néant n'est que le résultat du néant. Il est donc inutile de se poser des questions. On doit pourtant constater ceci : seule Romy Schneider émerge avec son fabuleux visage de cette incroyable décoction. »

Rideau !!!

« Elle est belle d'une beauté qu'elle s'est elle-même forgée. Un mélange de charme vénéneux et de pureté vertueuse. Elle est altière comme un allegro de Mozart et consciente du pouvoir de son corps et de sa sensualité. Je l'ai rencontrée pour la première fois dans l'ombre d'un couloir à Billancourt. Je ne lui ai pas parlé. J'ai éprouvé la sensation confuse qu'elle était intelligente, avec quelque chose en plus. Je ne la connaissais pas, je ne l'avais jamais vue au cinéma, pas même dans *Sissi.* Dès le début du tournage des *Choses de la vie,* j'ai compris que j'avais eu la chance de rencontrer une comédienne et une femme, à un moment tragique. Car Romy, c'est à la fois une femme rayonnante et meurtrie, et une comédienne qui savait déjà tout, mais qui n'avait jamais pu l'exprimer. Romy, c'est la vivacité même, une vivacité animale, avec des changements d'expression brutaux, allant de l'agressivité la plus virile à la douceur la plus subtile. Romy, c'est l'actrice qui dépasse le quotidien, qui prend une dimension solaire. Elle possède cette ambiguïté qui fut l'apanage des grandes stars. Je l'aie vue derrière la caméra, concentrée, angoissée, évoluant avec une noblesse, une impulsivité, une attitude morale qui encombre et dérange les hommes. Elle ne supporte ni la médiocrité ni la décrépitude des sentiments. Elle peut en donner beaucoup. Elle jouera toujours... car Romy possède un visage que le temps ne peut détruire. Il ne peut que l'épanouir. »

Ainsi parlait Sautet en rêvant à Schneider.

En 1969, qu'évoque le nom de Claude Sautet, scénariste et réalisateur, à l'oreille des non-initiés ? Rien ou si peu ! Le métier en revanche, à deux reprises avec *Classe tous risques* (1959) et *L'Arme à gauche* (1964), a reconnu en lui un maître du film d'action. Obéissant aux ambitions de sa mère, cet ancien d'« Arts déco » puis de l'Institut des hautes études cinématographiques décela, fasciné, dans le monde des images une communicabilité des sentiments intérieurs mal servie par les mots et possible autrement que par la musique : « J'ai découvert que le cinéma, en fait, proposait à peu près la même structure et donc le même potentiel d'expression [que la musique]. Dans le jazz, par exemple, il y a un thème, et une fois ce thème exposé chacun peut improviser sur les données harmoniques. Dans un film, c'est pareil : il y a un axe horizontal (le thème, l'histoire) qui reste fixe, et un axe vertical (le ton) que chacun peut décliner à sa guise. » Avec Romy il trouvera sa soliste la plus douée.

Lorsqu'il la rencontre, au mois de mars dans les studios de Boulogne-Billancourt où l'héroïne de *La Piscine* achève le doublage des versions allemande et anglaise du film, Sautet réfléchit à l'adaptation d'un roman de Paul Guimard : *Les Choses de la vie*. Impossible en effet de retrouver trace de Léa Massari à qui il destine le rôle d'Hélène. Ses investigations s'arrêteront au regard puissant de Romy. Lui le sait déjà. L'intéressée ne l'apprend que quelques jours plus tard lors d'un rendez-vous fixé dans l'un des salons de l'hôtel où elle est descendue : le San Régis. Michel Piccoli aura le rôle principal masculin de la distribution. Finalement débusquée, Léa Massari se retrouve à accepter le contrat pour un autre emploi que celui dévolu au départ.

Or, ce que l'on sait moins et que nous révèle Annie Girardot, c'est que c'est à elle que Sautet avait d'abord demandé d'incarner Hélène ! « Lorsqu'il me proposa de jouer dans *Les Choses*, raconte la comédienne, il me laissait le choix : soit le rôle de l'épouse, soit celui de la maîtresse. Enchantée à l'idée de tourner avec mon amie Romy, je lui ai répondu que pour changer un peu j'aimerais bien me glisser dans la peau de la maîtresse plutôt que dans celle, classique pour moi, de la femme. Une fois le projet arrivé sur la table d'Olga Horstig-Primuz, notre imprésario commun à l'époque, celle-ci décréta on ne sait trop pourquoi que ce serait préférable que Romy joue Hélène. J'ai alors refusé net toute participation au film. Connement. Je le regrette tellement aujourd'hui ! »

Le tournage des *Choses...* se déploie sur toute la période estivale, à Paris, ses alentours et à La Rochelle. Romy n'est mobilisée que trois semaines mais en apôtre du « mieux faire », elle s'additionne et se démultiplie. Une sorte de surenchère s'instaure alors entre elle et son réalisateur. Lorsqu'il « exige », elle se surpasse, il l'a rattrape, elle le dépasse ! L'essai concluant, il crie « Coupez ! », mais elle en redemande encore et encore, jusqu'à l'obsession ; elle ne se montre jamais satisfaite. Il s'ensuit des drames manichéens ou des fous rires de potaches car si Romy est susceptible, elle reste grande consommatrice d'humour, un aspect souvent méconnu de sa personnalité. Même entre les scènes les plus dramatiques, elle plaisante avec Sautet et se livre volontiers. Une habitude, un ton léger qui se perdront au fil des drames et des luttes intérieures et qui la confondront hélas à la noirceur de ses rôles. Romy se refermera alors telle une huître.

Sur ce premier tournage commun, l'actrice et son nouveau mentor s'observent, s'analysent et s'apprennent. Sautet lui enseigne qu'à parler plus bas elle y perdra un peu de son accent, gagnant en sensualité et en justesse dans le ton. « Il existe des actrices qui ne veulent pas qu'on leur tire les cheveux en arrière, déclara-t-il un jour, parce qu'elles se sentent mises à nu. Moi, c'est comme ça que je les préfère, parce qu'elles n'ont pas de possibilité de dissimulation et donc qu'elles jouent mieux. C'est quelque chose que j'ai découvert avec Romy Schneider, bien sûr. Pendant les répétitions des *Choses de la vie,* je l'ai vue une fois avec les cheveux tirés et je me suis dit : « Quelle différence, c'est incroyable, elle n'a même pas besoin de parler. »

Quant à elle : « Avec Claude, je vis une histoire d'amour professionnelle, riche et intense, ce qui est très rare dans la vie d'une actrice. Il réussit à me demander des choses que je comprends lorsque nos regards se croisent. Je sais ce qu'il veut et je le lui donne. Il m'a enlevé des peurs et des frustrations. Quand j'aurai cinquante ans et que je serai complètement ravagée, s'il me veut, j'irai. C'est une déclaration d'amour que je n'ai cessé de lui faire. »

Leur accord solaire se veut total et réciproque. Au seuil de leur collaboration déjà, Sautet assiste au « prodige Schneider », une puissance de travail et d'instinct faits de don de soi, de passion pour l'extrême et d'écorchures à vif. Le soir, à l'examen des rushes, il redécouvre les mots, les intonations et les gestes de son actrice, qui roulent et glissent sur la pellicule, parvenant jusqu'à lui dans une bulle de naturel et de pureté. Une savante décomposition artistique que Romy doit à un énième sens vecteur d'une palette inépuisable de couleurs émotionnelles. Pourtant contre l'avis de tous et surtout du réalisateur, souvent elle doute et le doute la détruit : « Il fallait s'occuper d'elle des heures durant, se souvint encore Sautet. Dès que l'on se détournait de sa personne, elle sombrait dans la tristesse et la mélancolie. Personne ne parvenait à satisfaire ses exigences. En outre, elle souffrait d'une incroyable timidité. Souvent je me suis étonné devant elle qu'elle ait abandonné la carrière théâtrale. Eh bien !, c'est parce qu'elle n'avait aucune confiance en elle. La présence des spectateurs l'effrayait. Elle buvait beaucoup, le soir après le tournage ; sans doute y trouvait-elle le seul moyen d'échapper à son anxiété. »

Piccoli épaule Romy et la rassérène. « L'Autrichienne » la surnomme-t-il amicalement et parfois, dérapant sur la voyelle : « L'Autre Chienne. » En réalité, cette appellation émane d'une anecdote relative à l'Allemand Fritz Lang qui s'autoqualifiait d'« Autre Chien ». Le transfert opéré par Piccoli enchante Romy, fort réceptive à la plaisanterie lorsque la confiance est dans l'air. Sautet même y va de la sienne : « Allez la Boche, au boulot ! » Ce qui a le don de réveiller la merveilleuse pétillance épisodiquement en sommeil de *Rominette*, parce qu'entre deux tourments, elle est d'abord et avant tout un éclat de rire, sonore et conquérant !

De la mystérieuse complicité de coulisse de Romy et Piccoli, il résulte une connivence quasi électrique sur l'écran, une intelligence qu'ils se communiquent l'un l'autre. Dédicacent ensuite au spectateur.

« Tu m'aimes parce que je suis là, mais s'il faut traverser la rue pour me rejoindre tu n'es plus là. » Le ton péremptoire de Romy pour évacuer l'une de ses dernières répliques à Piccoli, le regard entendu qui l'accompagne dans cet instant où les cœurs ne s'écoutent plus, pourraient être le sceau des *Choses de la vie*.

Avec ce film, Romy entre dans nos existences et les choses de sa vie deviennent un peu les nôtres, pourraient se féliciter les 574 000 spectateurs qui, durant l'année 1970, ont mouillé leur mouchoir au drame d'Hélène. Consécration du public, critique élogieuse unanime, représentation de la France à Cannes ; *Les Choses de la vie*, Romy, Sautet et Piccoli raflent tous les honneurs. Pour un peu il faudrait presque les nimber d'un prix spécial, une sorte d'Oscar hexagonal décerné sous les lumières d'une cérémonie *made in Hollywood.* L'idée d'une telle institution mûrit lentement. Par deux fois, fière et victorieuse, Romy y troquera sa couronne de *Sissi* pour les lauriers de *César.*

Le Prix Louis Delluc (père estimé de la critique cinématographique) attribué au film ne sera pas celui auquel *Rominette* (surnom-cadeau de Sautet) se montrera le plus insensible. Christian Barbier, journaliste et proche de l'actrice, se souvient : « Folle de joie, elle rentra à Paris et, elle me l'avoua plus tard, elle téléphona dans tous les grands restaurants de la capitale à la recherche de Sautet. Elle réussit finalement à localiser son ami le réalisateur et courut le féliciter et l'embrasser en pleine nuit ! »

« Spontanéité, volonté, détermination étaient quelques-unes des qualités premières de Romy, poursuit Barbier. Mais elle ne savait pas et ne voulait pas parler d'elle-même : "Je ne sais pas. Demandez à quelqu'un d'autre ! répondait-elle en faisant la moue. Je n'aime pas parler de moi."

« Quand elle avait quelque chose de personnel à faire savoir, elle ouvrait son sac, prenait un stylo ou un crayon à maquillage et griffonnait son message sur un coin de nappe de papier. Elle en déchirait le morceau, le pliait et me le donnait. Elle m'a ainsi fait passer des dizaines de "missives" au cours de nos dîners nocturnes et improvisés. Quand elle débarquait au studio d'Europe I sans prévenir, je savais alors qu'elle ne voulait pas rester seule, qu'elle avait besoin d'une présence. Et nous traînions une bonne partie de la nuit chez Castel ou ailleurs, à discuter comme deux diables. Je n'ai jamais pu lui refuser, ne serait-ce qu'une seule fois, ces sorties imprévues car c'eût été pour moi comme ne pas assister une personne en danger. Curieuse impression qu'aujourd'hui encore je n'arrive pas à bien définir, ni à vraiment dissiper.

« Quand elle enregistra la chanson de Jean-Loup Dabadie et Philippe Sarde, *Les Choses de la vie*, elle me demanda de passer au studio d'enregistrement. Je ne pus évidemment m'y rendre, étant à ce moment-là en pleine émission. Elle me bouda pendant quelques semaines et un soir que j'étais à l'Olympia, commentant une Première pour Europe I, elle arriva en *catimini* dans les coulisses où je me trouvais un micro à la main. Patricia Coquatrix, pour le moins surprise de la voir là, lui proposa un fauteuil d'orchestre. Elle le refusa et suivit le spectacle, debout derrière moi, cachée derrière le rideau de scène. Elle arrivait ainsi directement d'Allemagne, en taxi de l'aéroport, pour me dire qu'elle était triste et que la "punition" était terminée ! »

Si certaines anecdotes d'alcôves pouvaient prétendre à paraître, sinon un miroir de l'âme, au moins une photographie approximative de ses composantes, les deux épisodes qui suivent, toujours rapportés par Christian Barbier, formeraient un moule parfait des « particularismes » de Romy : « Un soir, alors que j'étais en direct et en extérieur, on me demanda au téléphone. Surpris et curieux, entre deux disques, je pris la communication. C'était elle. Elle m'appelait de Saint-Tropez, elle était seule, n'allait pas bien et voulait que j'aille la rejoindre pour la ramener à Paris. Il était environ deux heures du matin. Une heure plus tard, chez moi, nouveau coup de téléphone. C'était Louison Bobet me disant que tout était prêt pour le décollage vers six heures si je le voulais. Romy l'avait évidemment appelé chez lui en Bretagne, en pleine nuit, pour arranger ce voyage éclair que je ne fis finalement pas. Romy était comme ça.

« Une autre fois, elle me fit appeler à Toulouse chez mon frère, par l'une de ses amies. D'une cabine d'Orly, Sandra m'expliqua que Romy était fatiguée, qu'elle avait besoin de prendre l'air, qu'elle était déjà dans l'avion et qu'elle serait là dans une heure.

« A peine arrivée, elle voulut partir pour visiter Collioure. Inutile de discuter ce que d'autres auraient appelé un caprice. C'eût été inutile ! Nous fîmes le trajet en voiture. Nous avions de grandes conversations enjouées et soudain, sans aucune raison apparente, elle se fermait comme une huître. Elle se taisait, ne disait plus un mot. Elle n'était pas toujours d'un caractère facile à suivre, mais quelle belle personnalité attachante et chaleureuse ! »

La troisième carrière de Schneider, dans un métier qui ne pardonne rien, s'annonce au moins fort prometteuse. L'actrice refuse d'entendre parler de *come back* à trente et un ans, mais secrètement, elle rêve de reprendre racine dans le bitume parisien. Entre elle et Harry Meyen, la géographie n'est maintenant plus, c'est une évidence, l'unique élément de distance. Dénigrant le conseil de l'ami Curd Jürgens, « l'un de vous deux doit descendre de cheval », ils n'ont su consentir à quelque concession en matière de travail. En outre, la vie de couple dans une atmosphère de secte à deux membres, Meyen incarnant l'autorité du Grand Gourou, est devenue insupportable à Romy. Sans doute leur histoire se referme-t-elle à la lumière du jour, comme dans *La Chanson d'Hélène (Les Choses de la vie)*.

*« Ce soir, nous sommes septembre*
*Et j'ai fermé ma chambre,*
*Le soleil n'y entrera plus,*
*Tu ne m'aimes plus. »*

C'est néanmoins de concert que le couple prend la décision de quitter Berlin pour Hambourg où, comptant sur les relations de Romy, Meyen brigue la mise en scène de deux opéras. Las, *Le Barbier de Séville* et *Tannhäuser* connaîtront deux fours successifs. Des échecs qui finissent d'entamer le moral de *looser* d'un Meyen à nouveau tristement vaincu par les Optalidon. Par ricochet, son emprise sur sa femme perd de son pouvoir.

Dans son ouvrage, Daniel Biasini donne sa version du coup de grâce porté par Romy à son « prédécesseur » allemand : « Lors des nombreuses soirées dans les cafés en vogue, en compagnie de figures du cénacle parisien aussi emblématiques que Françoise Sagan, Jean Cocteau, Michel Piccoli, Juliette Gréco ou Yves Montand, Meyen faisait l'effet d'un corps étranger. On y riait, on ironisait et l'on jugeait tout à la fois Dieu et le monde. Seul le mari de Romy restait silencieux, ne comprenant pas un traître mot à la discussion. Plus celle-ci s'animait, plus Romy négligeait ses devoirs d'interprète. Le mutisme permanent de Meyen et sa présence assidue au côté de Romy lui valurent bientôt le surnom de "monsieur Schneider". Un sobriquet qui lui alla certainement "droit au cœur", comme une pointe d'acier chauffée à blanc. »

Dans la sévérité de son jugement, Biasini oublie que la mort de Cocteau fut bien antérieure à la rencontre entre Romy et Meyen.

Ivre de travail, d'ambition, parfois aussi un peu de ce vin français qu'elle apprécie tant, déstabilisée par son « échec sentimental progressif », *Rominette* tend ses yeux vers l'horizon pour refuser le vertige de trop. D'autres hommes traversent sa vie ; Serge Reggiani, l'un des rescapés de *L'Enfer*, qu'elle revoit à Paris.

Dans sa « lettre à Romy Schneider » extraite de *Dernier courrier avant la nuit*, « l'artiste-baladin » se plaît à s'en souvenir : « Après la projection des *Choses de la vie*, une voiture fut avancée pour toi : tu me pris alors par la main et m'entraînas chez toi. Au moment d'entrer dans ton appartement, le téléphone sonna : c'était Willy Brandt, le chancelier allemand. Il était plus de 11 heures du soir.

Votre conversation eut lieu, bien sûr, en allemand, ce qui me permit de rester près de toi sans être indiscret puisque je ne comprenais goutte à la langue de Schiller. (...). Je m'endormis sur ton lit, alors que tu poursuivais au téléphone ta conversation. Mon attitude n'était pas très digne, ni de circonstance, mais votre charabia germanique avait eu raison de mes dernières forces. Mon réveil ne fut que plus brutal : je fus pris sous un bombardement de magazines que tu me lanças avec rage. J'ai dû ramasser mes affaires et filer sans demander mon reste. »

Autre tentative de refuge amoureux : Richard Harris, réalisateur et acteur de *Bloomfield*, film médiocre tourné en Israël en 1970, demeuré inédit en France et sans répercussions positives, on s'en douterait, sur la carrière de Romy. Auparavant, il y a eu *Qui*, une réalisation de Léonard Keigel (avec Maurice Ronet et Gabriele Tinti) manière de polar-psychodrame mal défini, ayant pour cadre Paris et la campagne bretonne. Coloré mais sans saveur, il passe inaperçu et Romy le censure doublement : « La facilité ne m'amuse pas et ne m'a jamais amusée. J'ai toujours lutté. Je l'ai fait quand j'ai quitté mon pays et je l'ai fait quand j'étais sur scène ! »

*La Califfa*, qui suivra *Bloomfield*, ne ramassera pas plus de lauriers, mais à l'étude, le recul aidant, sans doute cette production italo-française aurait-elle mérité une carrière moins discrète. « Ce film était faux dès le départ, trancha Romy, son réalisateur Alberto Bevilacqua était un écrivain ignorant tout du cinéma. Tout le monde flottait, même Ugo Tognazzi. » En Italie du Nord, le tournage donna lieu à quelques frictions entre Schneider et l'acteur italien qui provoqua sa partenaire en déplorant chez elle un manque cruel de toute latinité : « Tu as le fanatisme enragé des gens de ta race ! » La défense de Romy tint en une seule réplique : « Erreur, j'ai les scrupules d'une comédienne de métier ! »

# XIII

## CASSER L'IMAGE

*« En Allemagne, quoi que je fasse, on me le reprochera. C'est à vomir. »*

Romy Schneider

« J'AI mon apogée derrière moi, je ne le dis pas ironiquement, parce que je crois réellement qu'une actrice est à son apogée à vingt-cinq ans. Dans quelques années, je sais dès à présent ce qui arrivera. Je passerai au théâtre. Probablement ne deviendrai-je alors qu'une véritable actrice. »

Le doute encore et toujours, insidieux, mêlé à l'angoisse du présent et d'un après-mariage imminent. A l'époque de ces confidences, Romy vient de tourner *Max et les ferrailleurs*, un film jugé d'importance. La Dame ne traîne dans sa besace déjà lourde que le trente-deuxième caillou de son chemin de vie, mais la fortune se cabre encore et refuse de répondre à ses vœux. Dans la vraie vie, l'amour s'étiole ; pour Meyen le compte à rebours est commencé. Dans l'autre, les soleils brillent pourtant de plus en plus hauts, lovés dans les cintres des studios de cinéma, mais brûlent profond la tricheuse consentante et sans cesse demandeuse de ces stigmates qui la maintiennent au rang des heureux vivants : « Je me sens au mieux quand je tourne. Mes problèmes de santé reparaissent dès que le travail est terminé. Je ressens alors mon hypotension. »

Max est un salaud, Lily une pute. La pute ressemble à Romy, le salaud à Piccoli. Et Sautet les mélange et les projette sur un écran comme des dés magnétiques qui s'attachent à faire gagner l'histoire dans les yeux en rince-l'œil d'un public français enthousiaste ; *Sissi-fantôme* en ouvrière spécialisée du macadam parisien ! Tel est le message-volonté de l'actrice-caméléon : changements de couleur et de cap radicaux et définitifs ! Garder la voix mais casser l'image au péril d'erreurs de parcours, à la recherche absolue du rôle idéal qui la délivrera de ses casseroles « charivaresques ».

L'a-t-elle désiré ce rôle ! Sautet en était à peine à l'élaboration du scénario qu'elle le harcelait au téléphone :

« Qu'est-ce que c'est que ce sujet que tu prépares avec Piccoli ?

– Il s'agit d'un gangster pervers, mais je n'ai pas encore terminé.

– Et il n'y a pas de rôles féminins ?

– Non, sauf une petite cocotte. »

Des dizaines de télégrammes se substituèrent alors aux obsessionnelles conversations téléphoniques : « La petite cocotte, c'est moi !!! »

Sur le tournage de *Max*, Romy fait monter la pression de ses fameuses « exigences » de quelques crans encore. Il faut à Claude Sautet plus que jamais entourer son élève ; à aucun moment son attention envers elle ne doit être distraite ou se relâcher. A la fin d'une scène, se sentant trahie par un instant d'égarement de la part du metteur en scène, elle explose : « Où est-il encore celui-là ??? Tu ne m'as pas regardée ; il faut recommencer ! »

Ce besoin boulimique d'affection, cette phobie du vide autour d'elle nous rendent la Romy Schneider de notre mémoire collective ô combien attachante. Une hypersensibilité qui, le drame survenu, arrachera à Jane Birkin cette réflexion injustifiée, mais peut-être fondée dans l'absolu : « Nous n'avons pas su l'aimer. »

Romy vit en Allemagne fédérale, dans une atmosphère chaque jour plus conflictuelle. Les quiproquos et les tensions de jadis rejaillissent pour ne plus se décliner qu'au présent. Force est de constater à Rose-Marie Albach-Retty qu'elle demeure *persona non grata* sur la propre terre de son enfance.

Les déclarations enflammées de la « renégate » quant à l'amateurisme du cinéma allemand et de ses troupes, sur l'immobilisme d'une presse germanique inapte à valider la vraie valeur de son jeu d'actrice, n'arrangent rien à la situation. Pour des raisons qui lui incombent, elle continue de rejeter toutes les propositions de tournées théâtrales au pays de Goethe et de Schiller. Contre ses détracteurs, sa plaidoirie ne varie guère, qu'elle étaye sur la forme de mille arguments et d'autant d'anecdotes : « Il y a longtemps que je ne suis plus ce que le public allemand attend de moi, une ravissante jeune fille, naïve et pure. Les Allemands ne m'aiment pas en femme fatale, ils ne veulent pas que je sois aussi sexy que je l'ai été, par exemple dans un épisode de *Bocacce 70.* La génération de *Sissi,* qui a jadis rempli les salles de cinéma, n'est plus ; elle est devant le petit écran. Les gens qui ont encore envie de ça aujourd'hui ne font pas partie de la couche intelligente de la jeunesse. » (*sic*)

Et encore : « Je reçois toujours d'innombrables lettres relatives aux films de *Sissi.* Je ne me l'explique pas, avec la meilleure volonté du monde. Peut-être parce que Noël revient sans cesse. Et puis s'y ajoute naturellement le fait que les gens peuvent regarder tranquillement ces vieux films, au lit ou en pantoufles. Le fait d'être à la maison endort. Récemment un chauffeur de taxi d'un certain âge nous disait : "Je viens de voir les *Sissi* ; à cette époque c'étaient encore des films, toute la merde d'aujourd'hui, ce n'est plus rien."

« Je ne vais pas me pendre cette nuit, mais cela m'attriste. »

Marionnette-manipulatrice de tant de ressentiments et d'incompréhensions réciproques âprement disputés, on l'aura deviné : *Sissi*-Elisabeth ; Elisabeth-*Sissi,* la même et unique invincible opposante à l'épanouissement d'une jeune femme malencontreusement tombée dans ses filets. A mesure que croît son besoin viscéral d'une présence authentique à ses côtés, Romy sombre dans une agoraphobie jumelle de celle éprouvée jadis par la « Dame noire » des Habsbourg. Pour l'une et pour l'autre, l'avancée en âge n'atténue pas les dégâts. Le pire est à venir pour Romy, mais depuis longtemps déjà elle sent qu'on lui vole sa vie et s'en plaint à ses familiers : « J'ai l'impression d'appartenir à tout le monde. » La « douce *Sissi* » le déplora en vers et contre tous dans un poème direct et sans détours intitulé : *Aux badauds...*

(...)

*« Ma bile déborde presque,*
*Lorsqu'ils me dévisagent ainsi ;*
*Je rentrerais bien dans une coquille d'escargot*
*Et j'en crèverais de fureur.*

*Lorsque j'aperçois des jumelles de théâtre*
*Se braquer sur moi perfidement*
*J'aimerais les voir aussitôt*
*Détruites avec leur propriétaire.*

*La plaisanterie a assez duré ;*
*Et rien ne peut plus m'arrêter :*
*Je leur fais un pied de nez*
*Et leur montre mon derrière.* »

393 000 spectateurs parisiens vont voir *Max et les ferrailleurs.* « Aurait pu mieux faire ! » En terme de fréquentation des salles, dans le cru 1971, le film n'occupe que le neuvième rang après, entre autres, *Mourir d'aimer* d'André Cayatte, *La Folie des grandeurs*, de Gérard Oury et *La Veuve Couderc*, de Pierre Granier-Deferre. La concurrence a parlé et le talent de Girardot, douloureusement convaincante dans l'une des fictions les plus captivantes du 7e art. 5 914 000 personnes au total sur l'ensemble du territoire français se seront déplacées pour le chef-d'œuvre de Cayatte. Nous sommes loin cependant des 18 000 000 d'entrées de l'indétrônable *Sissi.*

Chaperonnée par Sautet, Romy aborde la décennie avec la rage au cœur, décidée à piocher plus violemment dans son potentiel. Elle se reprend à rêver jusqu'au cauchemar et plus que jamais de ce grand impossible qui finira par la tuer un jour : l'équilibre entre la violence jouissive qu'elle s'inocule à forte dose dans son métier sans lendemain et le ronflement apaisant d'une « vie à trois ». Et plus si affinités. Dès lors, le virus suicidaire du jeu et de la performance ne va plus la lâcher. Professionnellement, il lui faut les meilleurs. Romy apprécie toujours autant les dons et la manière de Sautet : « C'est l'un des plus grands metteurs en scène du monde. Je n'ai jamais été dirigée comme ça. Il est impossible d'être "faux", avec lui. J'ai rencontré de grands metteurs en scène, mais Claude Sautet possède ce que les autres n'ont pas : une humanité merveilleuse ! »

Le réalisateur et son actrice s'entendent à se comprendre car tous deux dépendent du regard exercé de l'autre. S'il ne conçoit pas la réalisation sans une participation au moins à l'écriture du scénario, Sautet se sent le besoin de débattre avec un coauteur de « choses qui sont confuses et contradictoires » en lui. Bien souvent, cet « autre » sera Jean-Loup Dabadie, homme-orchestre du show-business français et l'un des éléments vainqueurs de leurs triomphes communs. Romy, Sautet, Dabadie ; autant de tempéraments qui s'épouseront, s'entrechoqueront parfois, pour le meilleur plus que pour le pire. Dabadie encore, littéralement gagné à la sensualité de Romy : « C'était chez elle une façon d'être. Elle s'appliquait à tout, s'impliquait dans tout. Romy, quand elle vous demandait des nouvelles des enfants ou qu'elle vous donnait des nouvelles des siens, quand elle vous parlait d'un personnage, quand elle vous parlait d'un ami, elle était tout d'un coup très câline, très sensuelle. J'avais besoin de ce paysage, clair et soudain sombre, couvert : la voix de Romy. J'avais besoin de ses intempéries pour écrire et, sous les personnages que je créais, se trouvait toujours sa personne. Quand je pense à elle, je la vois toujours en colère ou plutôt en passion, comme elle dirait si elle était là ou si elle était à l'écoute là-haut. Elle dirait : pourquoi tu me vois toujours en colère ? Ne sois pas si arrogant ! C'était son mot lorsqu'elle était mécontente de moi. Quand je me la représente, je la vois toujours dans un de nos personnages ou dans la vie avec sa figure et tout son être en tempête. Puis, tout à coup, son sourire crée une embellie. »

Michel Piccoli, artiste riche et singulier, inclassable car non conventionnel, reste cet autre pion presque invisible mais désormais indispensable sur l'échiquier professionnel et affectif de Romy. « Leurs rapports de comédiens sont combatifs, pas faciles, déclare Sautet, et méritent d'être traités longuement. » Entre un Sautet à « l'hypersensibilité non maladive puisque gérée » et Romy qui se laisse envahir par des émotions factices mal maîtrisées de rôles non moins carnivores, le perdant du *Mépris,* carapacé de pudeur, assure le guet et prend sa place, en plus de quelques notes : « Romy a trois vies, écrit-il. Je ne parlerai pas de la première, ne me sentant pas le droit de dévoiler l'existence intime d'une personne qui a confiance en moi, au risque de me transformer en psychiatre vaniteux et salace.

« Dans sa deuxième vie, elle apparaît avec le luxe de la comédienne prestigieuse, elle est rendue émerveillante par l'écran. Sa troisième vie est celle de la complicité que nous partageons et protégeons. Alors que beaucoup de gens n'existent qu'à travers des démonstrations affectueuses, nous avons, Romy et moi, la chance de nous comprendre dans le silence. Nous sommes des duettistes capables de faire passer quelque chose. Avec elle, je n'ai pas l'impression que nous formions un couple. Nous pouvons nous métamorphoser. J'y vois la preuve que nous ne nous sommes pas encore tout dit. Je sais que nous épouserons dans l'avenir d'autres visages. »

« Et viva Trotsky ! »

1940. Dans les rues de Mexico, un cri strident jaillit de la foule désordonnée qui s'écharpe en fanfare. Décidément, la présence en ville du communiste russe en exil est loin de rassembler les esprits déjà échauffés par le soleil et la téquila. Retranché au cœur de son *bunker*, muré dans ses erreurs passées parmi son quarteron de derniers fidèles, sans désarmer de ce qu'il croit être ses convictions, l'ancien compagnon de Lénine et ennemi déclaré du boucher de Moscou en place, continue de distribuer ses principes politiques. Gita Samuels, son ancienne secrétaire, ne jure encore que par lui et ne trahirait qu'en son nom. Mais elle est d'abord femme, désirable et désirée et avoue deux amours : son fanatisme pour l'ex-leader de la révolution d'Octobre et sa passion pour l'étrange Franck Jackson, entré depuis peu dans son existence et dont elle ne sait rien au juste qui soit susceptible de la rassurer. Sans autre choix qu'une confiance aveugle, elle accepte d'introduire son amant dans l'intimité du vieux révolutionnaire. Jusqu'à l'issue fatale.

*L'Assassinat de Trotsky* réunit sur la même affiche Richard Burton dans le rôle de Trotsky, Alain Delon (Jackson), dont la prestation, remarquable d'ambiguïté et de froideur, divisera cependant les anciens amis de Ramon (le véritable nom de l'assassin), et Romy, une Gita élue entre mille autres par le réalisateur Joseph Losey, au demeurant fort scrupuleux du détail historique dans son film.

Plus intarissable encore sera-t-il lorsqu'il s'agira pour lui d'évoquer des années plus tard les vertus et les paradoxes de son ancienne héroïne : « Je n'ai jamais imaginé qu'un jour je devrais parler de Romy au passé. Je veux d'abord dire qu'elle était un des rares grands talents de sa génération au théâtre comme au cinéma. Bien sûr, parfois, elle était difficile et toujours incorrigible, c'est-à-dire incorrigiblement elle-même. C'était le point de jonction entre l'être humain et l'actrice. Elle n'avait pas peur de se mettre en état de vulnérabilité, ce qui est, à mes yeux, le seul moyen de devenir une grande actrice. Il y a plusieurs sortes de metteurs en scène et avec ceux qui étaient "machos" ou, comme elle disait, "tyranniques" (ou que moi j'appellerais sadiques), elle se battait avec une colère froide, se faisant ainsi la réputation d'être insupportable. Il était parfois difficile de lui accorder autant d'attention qu'elle en demandait.

« Après tout, l'attention d'un réalisateur doit être partagée et, comme le savent tous ceux qui ont connu Romy, elle vous accrochait jour et nuit, vous dévorait. Ses moments de désespoir étaient terribles et n'étaient souvent que la seule expression d'un besoin qu'elle avait que ses proches lui montrent leur affection et leur amour. Ces moments de demandes intenses étaient épuisants.

« Comment formuler avec des mots cette sorte de sagesse de l'humanité qu'elle a souvent traduite à l'écran. Une petite fille dépendante, en révolte, peut-être gâtée, certainement effrayée, courageuse, généreuse à sa manière. Capable d'être bestiale. Une grande actrice. Une grande star... »

# XIV

## FACE-À-FACE IMPÉRIAL

*« Romy était comme une petite fille ; elle se mettait à courir et ne laissait échapper aucune illusion. »*

Joseph Losey

« CHOC des photos » et « poids des mots », dans les années soixante-dix le magazine *Stern* (Etoile) fait figure de *Paris-Match* allemand, tirant à près de deux millions d'exemplaires. Aussi redoutée qu'attendue, sa sauce *people* arrose les stars d'encens ou de purée de poix. En 1971, la rédaction du périodique provoque le scandale en publiant des photos équivoques d'une « *Sissi* », reine du « sans dessus dessous ».

Pour comprendre la trame de l'histoire, il nous faut remonter au printemps 1971, à l'époque du tournage de Trotsky. Commencées au Mexique, les scènes du film se poursuivirent en Italie et dans les studios De Laurentis à Rome. Un jour, sur le plateau, Romy fit la connaissance d'une photographe dépêchée sur les lieux pour assurer une série spéciale de photos, une certaine Eva Sereny. Peu de temps après, la jeune femme reçut un coup de fil de l'actrice qui lui proposait de se laisser photographier à nouveau hors tournage. « Mon cœur s'arrêta net, se souvient Eva. Romy Schneider me demandait, à moi, de faire une séance de photos pour elle ! C'était le monde à l'envers. »

Un soir, Eva passa prendre Romy à son appartement et en voiture toutes deux gagnèrent les abords de la Piazza di Spagna. Un ami de la photographe avait mis un studio à leur disposition. En plus d'un sac de vêtements, Romy avait emporté un magnum de champagne.

Laissons la parole à l'unique témoin de cette nuit romaine magique et hors du temps : « Sitôt dans le studio, situé dans un vieux *palazzo*, j'entrepris d'arranger les éclairages puisque je n'avais pas pu trouver d'assistant. Pendant ce temps, Romy se préparait dans le vestiaire contigu. Quand elle apparut, les cheveux soigneusement tirés en arrière (le maquillage soulignant ses yeux pétillants et ses lèvres charnues), séduisante dans sa robe noire au corsage d'organdi légèrement transparent, je sus que nous allions vivre une expérience fascinante. Elle se dirigea vers la chaîne hi-fi et mit l'un des albums qu'elle avait apportés : une musique douce emplit le petit studio de ses accents sentimentaux.

« Et pourtant, Romy éprouvait encore quelques difficultés à entrer dans la situation. Elle était nerveuse, distante. D'un bond, elle se leva, fouilla parmi ses disques et en prit un qui apparemment lui convenait mieux. Son humeur changea tout de suite. Elle réagissait à mes indications et nous partagions le sentiment d'être sur la même voie. Elle se changea, défit ses cheveux et réapparut dans une robe noire, courte, en jersey. Sa présence était comme un souffle d'air frais. Elle se déplaçait dans le studio, l'air malicieux, aguichante, ayant semble-t-il oublié l'appareil photo. En fait elle bougeait un peu trop mais je n'osais pas interrompre la séance de peur de perdre ces moments magiques. Si je suis incapable de dire de quoi nous avons parlé, je crois me souvenir que l'état euphorique de Romy provenait essentiellement de sa précieuse bouteille de champagne et du choix de la musique.

« Vers trois heures du matin toutefois, il me sembla qu'il fallait changer la mise en scène ; je fouillai à mon tour dans les vêtements de Romy jusqu'à ce que je découvre un énorme châle en mousseline de soie. Romy me regarda d'un œil coquin en hochant la tête. "Je crois savoir ce que vous voulez, Eva." Sans ajouter un mot, elle commença à se déshabiller pour ne garder que ce morceau de tissu coloré et transparent. Elle jouait avec le châle, s'en drapait et semblait apprécier chaque minute de cette séance de photos, improvisée, qui se transformait peu à peu en *happening*. Sa joie, son exubérance emplissaient l'espace, même si, de temps en temps, son visage radieux s'assombrissait sous l'effet d'une mélancolie soudaine. Je continuais à la photographier, consciente de ce trouble intérieur, admirant ce professionnalisme avec lequel elle en gommait toute trace. »

La « balade » si bien conjuguée sous l'effet de l'alcool et de la musique se termina vers cinq heures du matin et reprit sur les berges du Tibre où Romy se rendit accompagnée de son chien. Peut-on accorder foi au témoignage d'Eva lorsque celle-ci affirme avoir été à peine consciente de l'importance de ces photos ? « Le correspondant à Rome de *Stern* expédia les clichés à Hambourg, passant outre ma demande de ne rien faire sans le consentement de Romy et le magazine les publia dès la semaine suivante », semble ainsi se justifier la jeune femme qui eut à subir les foudres de son modèle.

Une réconciliation eut lieu finalement et Eva Sereny put comme convenu photographier Romy pour le *Sunday Times Magazine*, sur le tournage de son film suivant.

Deux ans plus tard, c'est Romy qui servit la soupe à *Stern* ! Dans le courant de la première semaine de juin 1973, soucieuse de se positionner publiquement sur un sujet aussi grave et tabou que l'avortement, pleinement consciente de son acte, elle signa une pétition dans laquelle elle reconnut avoir eu recours à l'interruption volontaire de grossesse. 374 femmes allemandes en firent autant, contrevenant ainsi à l'article 218 du code pénal institué par la République fédérale. Sur la couverture du fameux hebdomadaire, Romy s'afficha en faisant figure égale avec quelques-unes des femmes signataires. Pour les Allemands, le choc fut conséquent. Perruquée et fardée à outrance, l'épaule saillante, une pétillance ferme et entendue dans le regard : « J'ai avorté et alors ! ? », la Romy Schneider des *seventies* aux allures de femme libérée, flirtant outrageusement avec la « provoc », devint pour ses compatriotes une vulgaire « poule », une « putain » même ; oui c'est ça, « une putain » ! *Eine Hure !!!...*

Le tribunal de Hambourg entama une action judiciaire contre « l'actrice de mauvaise vie ». La peine encourue : cinq ans de prison. Ce fut trop vite oublier les relations de Romy avec les plus hautes instances politiques du pays. Le dossier est classé, seules les mémoires enregistrèrent. Et engrangèrent.

Aux fins de jeter quelques dernières pelletées de terre sur l'image doucereuse de ses tendres années et de briser définitivement tous les clichés dépassés, il ne restait pas moins à *Sissi* que de s'afficher nue comme un ver, cette fois, à la une de *Stern.* Histoire de prendre à revers les stratégies du délateur allemand. Elle choisit Giancarlo Botti. Le photographe se souvient que l'actrice, avec « une voix suppliante », lui avait demandé de venir faire des photos chez elle. Ils étaient loin d'être des inconnus l'un pour l'autre puisque à maintes reprises ils avaient travaillé ensemble (chez Coco Chanel, au

Théâtre de Paris, sur les tournages de *Quoi de neuf miss Pussicat?*; *Dix heures et demie du soir en été; Max et les ferrailleurs*).

Botti accepta donc la proposition et se rendit au domicile de Romy en compagnie de son épouse. Ils y trouvèrent une jeune femme très décontractée, éclatant de rire, faisant le clown, dansant. Elle s'assit ensuite sur son canapé, puis sembla vouloir se calmer. Ayant préalablement sollicité la permission de madame Botti, Romy tomba le vêtement et se mit à la disposition du maître de chantier. Comme avec Eva Sereny, elle fit marcher l'électrophone, but, fuma et parla avec beaucoup de légèreté, s'oubliant elle-même. Selon Botti, elle voulait montrer aux hommes, à tous les hommes qu'à trente-cinq ans, elle était encore désirable. Les photos ne furent publiées qu'en 1974.

*Sissi* morte, Romy survivra-t-elle? Seuls, outre-Rhin, quelques esprits suffisamment élevés sauront recevoir et interpréter la nouvelle de la désacralisation. Pour les autres, des armées de canon ne suffiraient pas à ébranler leurs convictions tranquilles. Pire que tout pour Romy: même déguisée en «putain» elle s'aperçoit qu'en Allemagne surtout, elle restera *Sissi* puisqu'elle EST *Sissi*! *« Unsere Kaiserin. »*

Quand donc et comment Elisabeth se résoudra-t-elle à abandonner le ring?... «Jamais!»: ce pourrait être en substance la réponse de Visconti lorsqu'il propose un nouveau rôle à *Romina*, «un emploi dont tu as l'habitude», ajoute-t-il. «Je vois... une putain?» lui rétorque l'actrice en riant.

Depuis longtemps, le maître entretient l'espoir d'un merveilleux projet: l'histoire d'Elisabeth d'Autriche, nourrie des véritables sentiments qui habitèrent la souveraine tout au long de son supplice terrestre. Une occasion unique pour Romy Schneider de remettre les

Romy Schneider dans *Sissi*, avec Karlheinz Böhm.

Rose-Marie Albach-Rety, à l'époque de son premier film, *Quand refleuriront les lilas blancs*. Elle n'a pas encore quinze ans.

La chrysalide sort peu à peu de son cocon. En dépit de blessures morales dues au divorce de ses parents, Romy affiche sa joie de vivre.

Magda Schneider, omniprésente dans la vie de sa fille, fut une actrice célèbre avant la Seconde Guerre mondiale, en Allemagne. On la voit ici photographiée chez elle, en 1996, année de sa mort.

Née à Vienne, Romy a grandi en Bavière dans le chalet *Mariengrund*, construit par sa mère en 1936. Il était situé à trois kilomètres du nid d'aigle de Hitler.

*Sissi*, pour le meilleur et pour le pire ! Si Magda Schneider ne renia jamais son rôle de mère de l'impératrice Elisabeth dans la fameuse trilogie de Marischka, Romy en vint peu à peu à honnir cette saga sucrée, l'un des plus grands succès du cinéma européen.

Horst Buchholz, partenaire de Romy dans *Monpti,* fut son premier flirt sérieux. Il resta un ami sûr jusqu'à la fin de la vie de l'actrice.

Les animaux surent toujours gagner le cœur de Romy.

*Dommage qu'elle soit une putain*. En 1961, Romy Schneider et Alain Delon, son fiancé, triomphent sur la scène du Théâtre de Paris. L'Autrichienne a su vaincre ses angoisses et surmonté les épreuves imposées par le metteur en scène, Luchino Visconti.

Un soir, à Orléans, après une représentation de *La Mouette*, Romy demande à la secrétaire de son fan club de la photographier : « Pour montrer à Alain (Delon) que je ne suis pas toujours triste loin de lui ».

Romy est ici en compagnie de Sophia Loren au festival de Cannes, en 1962.
Toutes deux ont été les héroïnes de *Boccace 70*, un film à sketchs. Dans celui réalisé par Visconti, le maître a métamorphosé « Sissi » en une jeune femme fatale.

Tantôt orageuses, tantôt fougueuses, les relations entre Romy et Visconti n'ont pas été un long fleuve tranquille. Ici, sur le tournage de *Boccace 70*.

Harry Meyen, l'époux allemand qui se suicida en 1979. Avec lui, Romy eut un fils, David, en 1966.

1968 : *La Piscine*.
Les « éternels fiancés » se retrouvent sur l'écran après une séparation brutale et des années de silence.
Ce film relance la carrière de Romy en France.

1972 : *Ludwig ou le crépuscule des dieux*. Helmut Berger interprète Louis II de Bavière. Romy campe sa cousine Elisabeth, alias Sissi. Visconti a donné son vrai visage à l'impératrice indomptable et, de cette Sissi-là, Romy dira : « Je me sens des points communs ».

1975 : *Le vieux fusil* ( César des Césars en 1985), de Robert Enrico, nous plonge dans les horreurs nazies. Romy, qui se sent une responsabilité dans le passé de son pays, s'investit à fond dans un rôle tragique.

Romy en compagnie de Daniel Biasini, son dernier époux, et le père de sa fille Sarah Magdalena, née en 1977. Ils divorcent en 1981.

Janvier 1981 : Romy à la cérémonie des Césars avec Catherine Deneuve (à l'extrême gauche), Yves Montand, Jean Marais et... David. Six mois plus tard, le jeune homme mourut dans d'affreuses conditions.

En 1981, le cœur en lambeaux, Romy fournit un dernier effort pour tourner avec son complice de toujours, Michel Piccoli, son film-testament : *La Passante du sans-souci*.

pendules à l'heure et d'arracher à la force de son talent et du génie de Visconti les dentelles de la *Sissi* de Marischka. Elle s'est bien juré de ne plus jamais tournoyer en crinoline, mais cette fois-ci il s'agira de tout autre chose. En attendant l'éventualité de cette grande fresque, elle va devenir une Elisabeth exclusivement étudiée dans ses rapports exaltés et énigmatiques avec son cousin : Louis II de Bavière, le Roi fou.

Fou, Ludwig ? Hommes de lettres, historiens et consorts se divisent aujourd'hui. S'il faut en croire Rivarol, « Il y a plus de fous que de sages et, dans le sage même, il y a plus de folie que de sagesse ». De son vivant, la fée Titania (alias Elisabeth), elle-même taxée de « bizarrerie » et fascinée par l'univers psychiatrique, vola au secours de son parent : « J'incline à tenir pour raisonnables tous ceux que l'on nomme fous. La véritable raison est souvent tenue pour une dangereuse folie. »

En 1864, pour le moins, c'est un adolescent très fragilisé, à peine âgé de dix-huit ans, qui s'assoit sur le trône de Bavière. Elevé en vase clos, loin du monde extérieur et privé de ses bénéfices, très vite il montre les séquelles d'une éducation désastreuse, par trop déstabilisante, autoritariste et dépouillée de toute marque d'affection. « Elle (sa mère) est l'épouse de mon prédécesseur (son père) ! » Ainsi s'exprime le singulier monarque aux multiples surnoms, en auguste référence à ses géniteurs...

A l'heure où en Europe l'heure est aux combats des peuples pour davantage de libertés, le jeune souverain, véritable Apollon vivant, célèbre son règne comme un rituel religieux, cherchant modèle parmi les mortes figures de l'incarnation française d'une monarchie absolue et révolue. Les Bavarois aiment et respectent leur roi, mais ses prodigalités et une relation tumultueuse et non moins coûteuse avec le compositeur Richard Wagner valent bientôt à Ludwig quelques sérieuses inimitiés dans les rangs gouvernementaux. A Munich, que Louis a préféré déserter, ses ministres complotent. Ils obtiendront *in fine* la mise sous tutelle puis l'internement du Roi vierge aux comportements jugés par trop excentriques. Comme sa naissance le fut, les circonstances de la mort d'un Louis II, devenu physiquement méconnaissable et fort affecté par sa condition de détenu, constituent un mystère encore non élucidé.

Troublante alchimie de l'Histoire et des lieux; quelque part entre les salles mortes des somptuosités délirio-mégalo-romantiques laissées à la Bavière par le Roi-Lune et un lac gris où son corps gonflé d'eau fut repêché un soir de juin 1886, une âme à la dérive semble se faire le guide de visiteurs toujours plus nombreux et intrigués.

« Louis II fut le seul vrai roi de ce siècle », écrivit Paul Verlaine. Pour d'autres, il demeure ce prince déséquilibré et fantasque condamné à sa naissance par le sang maudit des Wittelsbach. Le même sang que celui de *Sissi.* Ces deux êtres plus grands que leur vie se ressemblèrent à fuir leur cour et leurs obligations pour se réfugier dans des univers qui les entraînèrent toujours plus loin, vers des retours impossibles, sur des hauteurs où ils étaient encore les seuls à pouvoir se parler, s'entendre et se comprendre. Un temps fiancé à sa cousine Sophie, sœur de *Sissi,* devenue duchesse d'Alençon et morte à Paris dans les flammes de l'incendie du Bazar de la Charité, Louis, aux prises avec une homosexualité difficilement vécue, recula effrayé: « Dieu merci, l'épouvantable n'est pas accompli. » Sa relation avec Elisabeth n'en prit qu'une dimension plus mystique. Ces deux êtres semblables portaient leur beauté respective comme un fardeau vis-à-vis des autres, tout en la cultivant pour eux-mêmes. Des psychanalystes l'ont affirmé: « La trop grande beauté est insupportable. » Ivres d'absolu et d'irréel, l'amour des hommes n'était pas fait pour *Sissi* et Ludwig, « Icares foudroyés, amoureux de leurs songes» et porteurs à la naissance du chromosome de la désillusion.

Par moissons «la Mouette de la mer» adressait à «l'Aigle des montagnes aux neiges éternelles» des poèmes déposés par elle dans l'Ile des Roses sur le lac de Starnberg, dans lesquels leurs envolées communes au-dessus des mortels rayonnaient d'un lyrisme pathétique.

Curieusement, dans sa fiction, Visconti rend Elisabeth presque soucieuse de ses devoirs et plus en phase avec les réalités que ne l'était son modèle. Prenant carrément l'Histoire à contre-pied, il la condamne à abandonner son cousin adoré, déjà trahi par son entourage le plus cher. «Ludwig est un vaincu, une victime de la réalité. Je ne m'intéresse pas aux héros. Je suis à la recherche de l'homme», fournit pour toute explication le réalisateur italien.

Le début du tournage de *Ludwig ou le Crépuscule des dieux* est fort retardé; des problèmes de budget qui réclament la participation de quatre compagnies de production: une française, une italienne et deux allemandes. Visconti, déjà très fatigué, accuse péniblement ces fâcheux contretemps et ces incertitudes auxquels viennent s'ajouter les sommations de Romy, elle aussi très éprouvée par l'interminable attente. Une *Rominette* qui se sait impatiemment attendue par Claude Sautet pour son prochain film, *César et Rosalie.* Dans l'une de ses lettres au *Maestro*, elle développe une dernière stratégie pour influer sur le cours des choses: le chantage!

*Mon cher Luca,*

*Je suis désolée! Triste! et à bout de nerfs!!!*

*Je viens d'apprendre que* nos *dates pour Elisabeth ne sont toujours pas fixées et je n'ai toujours pas de scénario pour préparer mon travail dans ton film.*

*En ce qui concerne* mes *dates, il faudrait que tu me termines* moi *la première ! (de toutes les actrices) car j'ai un autre film après et je ne suis pas prête à ruiner ma santé + à ruiner le peu de vie de famille avec David + Harry, qui me reste !*

*Si la production n'arrange pas au plus vite tout cela ou si toi tu ne peux me donner les dates, le scénario et me terminer avant les autres, alors, comme tu dis, vraiment* avec la mort au cœur *!!!*

*Je t'embrasse fort.*

*Ta Romy très triste.*

*PS : Je vais rentrer chez moi,* je n'en peux plus !

*Les leçons pour monter à cheval en amazone, je peux les prendre aussi chez moi. Pour les essayages, je reviendrai si tout s'arrange.*

Je n'en peux plus ! *Et tu sais* toi *que j'ai montré la meilleure volonté + patience ! A cause de toi bien sûr !*

Le 31 janvier 1972, la traditionnelle bouteille de champagne est solennellement brisée sur l'une des caméras du tournage. *Ludwig ou le Crépuscule des dieux* : Moteur ! Pour recréer l'atmosphère et l'univers du roi de Bavière, on tournera principalement de nuit, dans un froid polaire et sur les lieux mêmes où le monarque souffrit mille morts. Les descendants de l'empereur François-Joseph, ceux de *Sissi,* la famille de Louis qui n'a pas eu de descendants directs, ont mis du mobilier de prix et d'époque à la disposition des producteurs et Bulgari ses joyaux les plus prestigieux pour rendre à la cérémonie du sacre son éclat d'origine.

A Bad-Ischl, Visconti reconstitue le cirque équestre d'Elisabeth, cavalière émérite, en dressant les tentures d'un vaste chapiteau illuminé. La mise en scène doit au moins égaler celle du *Guépard,* aussi s'assure-t-il de tout superviser. Mais déjà entre une Romy à fleur de peau et lui qui avec l'âge s'enlise dans les exigences de sa démesure, fusent les premières étincelles d'une confrontation prometteuse. Toujours par souci du détail, le réalisateur a enfermé *son* impératrice dans un corset serré à l'extrême, de ceux qu'affectionnait *Sissi* aux mensurations de mannequin moderne (un mètre soixante-douze pour cinquante kilos). Les premiers jours de février, Romy en costume, aidée par la répétitrice Louise Vincent, entraîne son cheval à l'accomplissement de quelques pas compliqués lorsque Visconti annonce l'heure du dîner en conseillant à l'actrice de ne pas dégrafer son corset sous peine de ne plus pouvoir le resserrer après le repas.

A la reprise des répétitions, Romy remonte en selle mais rien ne semble marcher comme il le faudrait, de plus l'animal nerveux regimbe à exécuter ce qui lui est demandé. *Romina* s'impatiente, se plaint même ouvertement de douleurs abdominales à la limite du supportable dues au port du corset et prévient qu'elle va mettre pied à terre. « Si tu descends de cheval, lui répond Visconti, on arrête le tournage et on le reprend avec une autre actrice. » Les mêmes méthodes qu'à l'époque de *Dommage qu'elle soit une putain.* Mais cette fois, Romy a acquis du métier, de l'expérience et a gagné en caractère. Elle descend. Un silence plus glacial encore que la température extérieure au chapiteau accueille ce geste.

« Puisque c'est comme ça, je vais prendre quelqu'un d'autre !

– Très bien !!!

– Si c'est comme ça, la porte, c'est par là ! » (Il désigne sèchement l'entrée de la tente.) Puis, se rapprochant de Romy, les yeux pleins de clous, il la scrute, cynique : « Que vas-tu faire APRES, quel métier vas-tu faire APRES (sous-entendu après MOI) ? »

Soudain regonflée, se sentant grandie face à tant de vil mépris, c'est elle qui le crucifie par ce décret impérial qui n'appelle aucune réplique: « COMEDIENNE !!! »

Helmut Berger, étonnant sosie du roi, campe le personnage de Ludwig. Nul n'ignore qu'il est l'amant du metteur en scène mais sur le plateau et tout au long du tournage, aucune faveur ne lui est accordée. Avec sa partenaire, il est le seul à se rebeller contre les agissements d'un Luchino intraitable. Dans un livre de mémoires récemment publié en Allemagne, le comédien affirme que Delon n'avait de cesse que rendre des visites inopportunes à Romy, tentant en vain de la reconquérir. « Je suis une femme mariée », lui répondait-elle, savourant toujours selon Berger une confortable revanche. Serait-ce l'une des causes de son extrême nervosité ? Les célèbres sœurs Kessler, qui eurent le privilège d'être elles aussi acceptées sur les différents plateaux du film, se souviennent d'une Romy Schneider capricieuse, aux humeurs variables, tempêtant pour un oui ou pour un non.

Entre elle et Visconti éclatent de bruyantes disputes, souvent les portes claquent, des bouderies s'ensuivent et des réconciliations. Lorsque Joseph Losey évoquait la « race » des réalisateurs sadiques, sans doute faut-il y inclure Visconti, qui semblait se délecter avec une perversité jouissive de situations aussi conflictuelles. Au nom du génie et de la performance, un metteur en scène a-t-il le droit moral de pousser ses protagonistes à de telles limites ?

Aux difficultés qui ont précédé le film lui succèdent d'énormes problèmes de finition. En juillet 1972, après trois mois consacrés à l'achèvement du lourd chantier, dans un café de Rome Visconti est terrassé par un malaise. Sur son lit de la clinique cantonale de Zurich où il a été admis par le neurologue Hugo Krayenbülh, humilié dans sa dépendance physique, une obsession le maintient : « Le souci de *Ludwig* ne me quittait pas un instant, pas une minute. Au contraire je dois dire que c'est ce souci qui m'a donné la force de réagir contre la maladie, qui m'a donné la force de faire, tous les jours, des exercices physiques exténuants, afin de remettre en mouvement mes articulations. C'est pourquoi *Ludwig* est le film que j'aime le plus. »

Las, peu nombreux sont ceux qui partagent l'avis de Luchino à la sortie du « faux chef-d'œuvre » (Rome : janvier 1973 ; Paris : deux mois plus tard). Les principaux reproches : sa lenteur, ses longueurs, l'absence d'exaltation et l'utilisation du *flash-back* qui pèsent sur l'ensemble de tout leur poids et le condamnent à la déception et à l'insuccès.

Au vrai, Visconti n'a été pour rien dans les dernières et mauvaises coupures opérées au montage. Malade et battu par des impératifs commerciaux, il n'a pu que se résigner devant le massacre d'un long métrage de quatre heures dix dont la durée a été ramenée à trois heures. A l'évidence, parce qu'il s'agit de Visconti, la critique se montre d'autant plus partiale qu'avant sa sortie le film tant attendu a été annoncé à grand renfort de publicité comme une œuvre magistrale. Dans le franc concert des lamentations cependant, émergent d'autres jugements de valeur qui résument tout à la fois et le spectacle de *Ludwig* et ce que ne cessa jamais d'être au fond son concepteur : « En Louis II, ensemblier grandiose, Visconti contemple son goût personnel de la profusion. Bâtissant sa "folie" d'images comme l'autre ses rêves de pierre, il reste l'architecte sans égal des somptueuses décadences. »

Lorsque l'on redécouvre chaque fois plus transporté la magie de ces images dont on ne saurait se lasser, Elisabeth semble avoir comme soufflé à Romy chaque attitude, chaque hurlement ou non-dit. Mais le jeu et les métamorphoses confondantes de Berger face à une Schneider en totale osmose et parfois même dépassée par la magnificence et le charisme grave et passif de son jeune partenaire, font incontestablement de *Ludwig* le testament cinématographique du comédien allemand. Pour les producteurs, ce fut la faillite. Par la suite, de proches collaborateurs du maître dont Suso Cecchi d'Amico et le monteur Ruggiero Mastroianni rachetèrent les bobines du film mutilé pour les réutiliser dans leur intégralité. Une version fut présentée à la Mostra de Venise en 1980, une autre à Paris en VO sous-titrée, un an après la mort de Romy, avec pour nouveau titre : *Ludwig/Visconti.*

La malédiction toujours et encore ; une politique de l'impératrice. Plus jamais l'actrice ne devait recevoir « l'autorisation spirituelle » d'Elisabeth de rendosser pour l'écran ses toilettes et son deuil du bonheur. Nul doute que Schneider dans la peau d'Elisabeth d'Autriche aurait déplacé plus qu'un troupeau de curieux et de nostalgiques ; le vrai public qui était le sien.

# XV

## VALET DE PIED À COL OUVERT

*« De l'humilité, il faut en avoir des quantités, mais essayer de la garder pour soi. Ne la confiez jamais aux autres, ils en feraient mauvais usage. »*

Michel Piccoli

Le 7e art est-il un astre mort ? Déjà, 1970 affiche un pessimisme flagrant. En douze ans, de 1958 à 1969, le cinéma français a vu sa clientèle diminuer de 50 % ! Ironie et paradoxe des temps : avec l'arrivée en force de la télévision, le cinéma mondial devient un gigantesque spectacle comptant « des milliers de non-spectateurs ».

Le début de la nouvelle décennie marque une certaine stabilité, due notamment à une habile stratégie de restructuration du parc de salles élaborée par l'exploitation (confort, modernisme, création de multisalles elles-mêmes concentrées au cœur de cités, plus attractives que les vieux cinémas de périphérie). C'est encore l'époque où émergent sur le marché trois monstres de la distribution : UGC, PARAFRANCE et la Compagnie GAUMONT-PATHE.

« Si le profil du spectateur moyen est de plus en plus jeune et de plus en plus assidu, peut-on lire sous la plume d'un chroniqueur de *La Revue du cinéma,* la consommation cinématographique participe d'un acte passionné. Et il n'y a pas de passion sans l'éducation des sens. » Qui oserait aller contre cette philosophie ? Quel metteur en scène digne de ce titre rechignerait à s'y ranger ? Claude Sautet ? Non ! « A moins d'être aveugle, il est impossible de ne jamais avoir vu un film de Claude Sautet. »

L'homme, si modeste soit-il, rassemble l'unanimité sur sa personne et sur son œuvre surtout, qu'il a toujours tenté de minimiser au possible : « Il n'y a pas d'"univers Claude Sautet" conscient chez moi. » Lorsqu'on lui parle de rapports sociaux omniprésents dans ses films, il offre encore une moue sceptique : « Je ne crois pas que la description sociale soit au premier plan. Je pense décrire d'abord un personnage ; les circonstances font qu'il n'y a pas de personnage qui se trouve en dehors des contingences sociales de tout ordre, plus ou moins terne, plus ou moins médiocre, plus ou moins tragique. »

Sautet va plus loin en affirmant que les films qui lui ont donné envie de faire du cinéma sont les séries B américaines des années quarante/cinquante, sans prétentions littéraires, « où l'on se contentait de filmer le comportement de personnages avec suffisamment d'attention et de compassion pour les rendre vivants ». Ce qu'il nomme le « portrait en mouvement, un instantané qui restera toujours, par la force des choses, incomplet ou inachevé ».

La base de ses films n'est donc jamais l'histoire mais le climat, né d'une « obsession confuse » qui grandit avec l'apparition de personnages aux relations incertaines, évoluant entre eux jusqu'à un point de crise. Le thème est alors trouvé. Reste à l'explorer par le cinéma et son arsenal de moyens indirects : « Les gens qu'on rencontre ont tous des problèmes monstrueux ; ils sont au bord de la mort, de la solitude, de la détresse donc. Ce qui est important pour moi quand je pénètre dans ces atmosphères oppressives, c'est d'essayer de voir comment le personnage, l'homme, essaye de se tenir debout pour que sa vie conserve un minimum de sens, de souffle. »

« Je cherche toujours à ne jamais répéter quelque chose que j'ai fait avant. Ça m'ennuie. Je préfère ne rien faire. Et je cherche surtout à jouer un personnage qui n'a rien à voir avec moi. C'est difficile à trouver. » En vertu de cette règle qu'elle s'est fixée, Romy accepte le rôle de Rosalie préalablement proposé à Catherine Deneuve. L'agrément de Michèle de Broca en poche, une productrice d'abord frileuse puis enthousiaste à l'issue de sa rencontre avec Schneider, Sautet accueille presque avec soulagement le refus de la blonde héroïne des *Parapluies de Cherbourg*.

Dès l'année précédente, au Mexique, sur le tournage de *L'Assassin de Trotsky*, Romy s'était mise à l'ouvrage, penchée sur un scénario cosigné une nouvelle fois par son « vieux » compère Jean-Loup Dabadie.

« Cette femme ce n'est pas moi, mais j'aimerais beaucoup lui ressembler. » Lorsque, timide et secrète, *Rominette* lâche à demi-mot cette confidence de plein air, les vagues de l'océan rugissent autour d'elle. Le tournage de *César et Rosalie*, commencé à Paris et à Sète, se poursuit en Bretagne. Pour entourer Romy, deux « petits nouveaux » : Samy Frey (David) et Yves Montand (César). Sautet est parti à l'aventure avec une équipe remodelée, un nouveau trio qui, l'espère-t-il, sera gagnant. Peintre intimiste des esprits torturés, habile laborantin des sentiments humains, a-t-il réellement pu à un moment prévoir le désaccord parfait qui surviendrait entre deux de ses éléments rebelles, deux électrons aux masses inversées : Montand le Méditerranéen et Romy à l'introversion maladive ? Vraisemblablement ! S'il n'a jamais encore employé Montand, Sautet connaît les couleurs et les essences qui composent l'âme de Romy et animent son être. Il la sait admirative et en même temps impressionnée par le monument Montand. Peur qu'il ne l'avale, qu'il ne fasse d'elle qu'une bouchée. Aussi, demeure-t-elle sur la défensive, comme en état de guet, résolue à défendre le personnage de Rosalie face à un César avantagé, selon elle, par l'envergure de son rôle.

Sautet fait les frais de cette tension permanente qui pèse sur le tournage. Lorsqu'il la délaisse pour conseiller Montand, *Rominette* lui écrit pendant les pauses des petits mots de quatre pages, où elle le rappelle à l'ordre, à la tendresse, à son amitié pour elle, à leur amour sans contrat. Aux journalistes qui l'interrogent, Montand qui a connu Romy à « l'époque Delon » lorsqu'ils se retrouvaient tous entre amis avec « Simone » à La Colombe d'or de Saint-Paul-de-Vence, Montand, magnanime, tempérera quelques années plus tard son exaspération : « Des filles comme Romy Schneider sont des personnes qu'il faut vraiment soutenir et elles vous enrichissent parce que c'est vraiment des débordements extraordinaires quand elles sont contentes et heureuses et c'est vrai aussi que lorsqu'elles ont du chagrin ou qu'elles ont un certain malaise, elles sont beaucoup plus emmerdantes que les autres, parce qu'évidemment, ce sont des personnages réellement excessifs et bouleversants pour cela. »

Quant à Romy, qui n'aime pas se livrer en période de tournage, elle ne parle qu'au nom de Rosalie répondant aux journalistes impatients qu'elle ne dira rien d'autre que ce qu'elle a décidé !

Avec Samy Frey, les échanges sont d'une autre nature ; un sentiment fort guide Romy vers lui à chaque pause. Mais c'est aux deux hommes qui dans la fiction s'écharpent pour obtenir l'exclusivité de son cœur, que Rosalie dédie un dernier sourire lumineux. L'histoire irrésolue car sans doute irrésolvable s'achève sur ce soleil. Au final, Romy aura eu sur Montand plus que l'avantage du dernier mot : la dernière image !

On a souvent dit de *César et Rosalie* qu'il fut le passeport officiel d'entrée de Romy Schneider dans le cinéma populaire français. Rien n'est moins faux. Sautet : « Elle avait beau avoir l'aristocratie de la manière, Romy c'était un personnage populaire. »

Combien d'efforts mais que de satisfactions pour toute l'équipe de *Rosalie :* « Grand Prix 1972 du cinéma français », le film sacré « Champion de l'automne » frise les 800 000 entrées ! Mieux que *Le Parrain*, de Coppola et Sergio Leone avec son *Il était une fois la révolution*, dans la catégorie des productions étrangères. « Romy Schneider n'en finit pas d'être la plus grande actrice française actuelle », s'enthousiasme Pierre Ajame du *Nouvel Observateur.* Remarquées également, les toutes premières apparitions d'Isabelle Huppert et de Bernard Le Coq qui n'accédera à une véritable notoriété que bien des années plus tard avec *Une famille formidable* aux côtés d'Anny Duperey.

Depuis Hélène, les personnages féminins de Sautet offerts à Romy ont abordé un virage vers une certaine idée de liberté d'être sans appartenance ni dépendance matérielle ou sentimentale : une libération de la femme, réclamée à cor et à cri depuis longtemps déjà par les organisations militantes. Ce concept de modernisation dans l'émancipation ira croissant dans l'œuvre de Sautet illustrée par Romy, jusqu'à *Une histoire simple* « pas si simple que ça », comme aimera à le répéter Romy. Dans le tourbillon des éloges, José Bescos de *Pariscope* se permet d'épingler indirectement Deneuve : « D'autres et parmi les plus grandes envieront Romy d'avoir été choisie pour ce rôle superbe de femme, encore plus beaux que les deux autres beaux rôles que Sautet lui fit jouer dans *Les Choses de la vie* et *Max et les ferrailleurs.* Parce que Rosalie c'est Romy Schneider, on comprend que, comme César, tout le monde l'aime. »

Si tout cela ne s'appelle pas de l'amour ! Pourtant « la star » s'interroge encore, doute et se remet en question.

Et de Cupidon dans sa « vraie vie », comme Romy s'entend à le souligner pour rappeler à ceux qui l'interviewent sur son métier qu'elle existe par ailleurs ? Cupidon bat de l'aile, ses flèches ont pris d'autres directions que celle de son cœur. Harry qui s'est éloigné ou elle qui s'est éloignée d'Harry ; désormais les jeux sont faits, il y a eu maldonne et la décision de Romy de s'installer à Paris avec « Dâââvid », ainsi qu'elle prononce en français le prénom de son fils, est le premier acte d'un divorce douloureux. Dans la Ville Lumière, chaque souvenir est pour elle aujourd'hui comme un vieil ami. Certains ont quitté le port, d'autres attendent d'être nés. Et puis ces visages familiers qui reviennent vers elle et qu'elle accueille avec la joie non feinte des retrouvailles. Parmi ceux qu'elle ne reverra plus : Coco Chanel qui récitait à qui voulait l'entendre dans les dernières années de sa vie : « Oh vous savez, la solitude, c'est une immense maladresse. »

C'est à ce moment précis que, sorti de la coulisse, explose à la lumière sur la scène du théâtre de sa vie un homme, jeune, séduisant, beau même et épanoui dans ses jean's et chemises à col ouvert. De condition de silhouette, peu à peu il gravira les échelons pour se retrouver un jour à occuper la toute première place dans le cœur de sa Dame, entrant à jamais et pour toujours dans son Panthéon sentimental.

1972. Sous couvert d'études dans une université américaine, Daniel Biasini parcourt de long en large le nouveau continent. A vingt-deux ans, grisé par les sirènes du *Flower-power generation*, le jeune homme n'avoue pas d'autres ambitions. Mais le rêve est gourmand et Daniel doit régulièrement revenir en France trouver de quoi le sustenter.

A l'automne, il entre ainsi provisoirement à la LIRA-FILMS, une société fondée par Lino Ventura et Ralph Baum, un juif berlinois. Une amitié s'instaure entre Baum et Biasini, assortie d'une confiance neuve mais solide du producteur envers son employé : « Ecoute, Daniel. Une grande amie à moi, non, une très grande amie à moi est arrivée à Paris et veut rester ici pour quelque temps. Elle m'a demandé une faveur : elle aurait besoin de quelqu'un pour régler à sa place toutes sortes de choses. »

Peu de temps après, Biasini entre au service de Romy Schneider qui « campe » avec son fils et la gouvernante dans un « appartement avec jardin » à Neuilly-sur-Seine en attendant de s'installer rue Bonaparte au cœur de Paris. D'emblée, le *deal* fonctionne entre Daniel et sa patronne sécurisée. David également se prend à adorer ce grand frère tombé du ciel qu'il n'a de cesse que vouloir imiter.

Très vite, les dimanches de l'actrice perçue comme l'une des plus progressistes et libérées du moment prennent des allures de « départ en vacances de la tribu Fenouillard », le célèbre roman de Christophe : Romy, Dâââvid, la gouvernante, les bicyclettes, les imperméables, le petit lapin blanc. Tous en voiture et fouette cocher vers Saint-Germain-en-Laye, chez les parents de Daniel pour un grand repas dominical bientôt rituel !

Au mois de novembre, date de l'aménagement dans le 300 mètres carrés du 34, rue Bonaparte, Romy propose à son factotum de vivre sous le même toit qu'elle. Elle insiste. Elle l'exhorte également de ne pas retourner pour l'instant aux Etats-Unis. Il est jeune, cela peut attendre. Elle a terriblement besoin de lui, David aussi.

Le 24 décembre, Harry Meyen réapparaît dans le giron familial pour fêter dans l'illusion Noël auprès d'un David que chacun s'emploie à épargner. Mais manifestement, les cœurs n'y sont plus et l'enfant n'est pas dupe. C'est le moment que choisit Romy pour convaincre Biasini de rester. L'une de ses premières missions : dégoter un appartement à acheter, plus grand et plus fonctionnel « pour la famille ». Déjà accaparé par une foule de tâches des plus diverses, comme le recrutement de la fidèle Olga, la bonne portugaise, qui attestera par la suite du flair avisé du jeune homme, Daniel se démultiplie. Pendant ce temps, Romy soulagée se prépare à son prochain film avec Pierre Granier-Deferre, prévu pour le printemps. C'est elle qui, à l'époque de *Max,* sollicita le metteur en scène du *Chat* lors d'une rencontre furtive avec lui au bar des studios de Boulogne : « Pourquoi vous ne feriez pas un film pour moi ? »

Deux ans après, le contrat du *Train* signé, Romy en est à étudier le scénario du film écrit par Granier-Deferre en collaboration avec Pascal Jardin, d'après une œuvre originale de Georges Simenon. Le rôle d'Anna Küpfer, une jeune femme juive qui se livre à l'aventure sur les chemins minés de l'exode en 1940, a touché la Bavaroise qui séjourna enfant à côté « du fou de Berchtesgaden ». Mais au final de ce tournage, pour Romy le nerf conducteur du drame va prendre d'autres rails que celui d'Anna.

Une première fois réunis à l'écran dans *Le Combat dans l'île,* Romy Schneider et Jean-Louis Trintignant sont de nouveau prévus pour se partager l'affiche.

Depuis 1961, le neveu du coureur automobile Maurice Trintignant a tracé carrière et connu la consécration avec *Un homme et une femme,* le film manqué de Romy. En Trintignant, chez le professionnel autant que chez l'être, on retrouve le fin du fin de ce qui pourrait constituer la noblesse de l'acteur : « Je déteste les numéros d'épate. La "grande scène", "le beau rôle", "le morceau d'anthologie" des acteurs n'entrent pas dans ma conception de l'art dramatique. Pour moi, un rôle c'est l'addition d'une quantité de petits détails qui ne se remarquent pas. Ce sont des silences, voire même des "absences", dans la mesure où elles servent le metteur en scène ou mes partenaires. Etre comédien, c'est aussi préserver une certaine innocence. »

Le Nord, les Ardennes, les bords de la Loire, « ce chemin qui marche... », La Rochelle : le tournage du *Train,* avec entre autres Maurice Biraud et la participation exceptionnelle de Régine, débute à la fin du printemps 1973. Romy fait d'incessants allers et retours entre les lieux de prises de vues et Paris. A l'étape de Nevers, elle se solidarise avec l'équipe des techniciens et refuse d'être logée dans un établissement de la chaîne des Relais et Châteaux pour ne pas être privée de leur compagnie. Parfois, c'est David, chaperonné par Daniel, qui fait le déplacement pour aller admirer sa maman. Biasini découvre émerveillé une autre Romy, celle des studios, la pro, surprenante de discipline et « l'enthousiasme sans frein qu'elle met à entrer dans un personnage ».

Plus tard, il rapportera une anecdote plaisante vécue entre Trintignant et celle qui demeure sa « patronne ». Amusé par « la rigueur toute germanique » avec laquelle Romy exécutait les directives de Granier-Deferre, l'acteur se mit à la chiner : « Si l'on te dit de mettre la tête sous l'eau pour tourner une scène, tu le fais. Et si l'on oublie de te dire que tu dois la retirer, tu te noierais. » Les yeux-revolvers de Romy indiquèrent à Trintignant qu'il lui fallait rectifier le tir, sous peine de périr par la foudre ! Le regard de Romy ; un livre ouvert où, de l'impatience à la furie, de l'ironie à la détresse, du rayonnement au désir, naissait et s'envolait chacune de ses émotions. Alors Jean-Louis se fit tendresse et, ses deux mains sur les épaules de Romy, il la caressa de son cœur : « Ne le prends pas mal. Je n'en connais pas deux qui s'impliquent autant et qui aient des sentiments aussi sincères. Tu es une actrice merveilleuse. »

Le réalisateur du *Train* n'eut pas à guerroyer pour obtenir de son actrice d'être obéi sans conditions, dans une confiance et un respect entiers et réciproques. Un marché établi et conclu qui n'empêcha ni les hauts cris de Granier-Deferre, ni les pleurs incontrôlés de Romy.

« Elle ne discutait pas vraiment les ordres et les indications, se souvient le metteur en scène. C'est sur le scénario qu'on s'est accrochés quelquefois ; il y avait des mots qu'elle n'aimait pas dire, et pour cause. Par exemple, un mot qu'elle avait beaucoup de mal à prononcer c'était le mot "juif". Elle n'arrivait pas à dire : "Je suis juive", et elle disait : "Je suis juif" à chaque fois et je l'ai laissée d'ailleurs car c'était assez charmant venant d'elle. Il y avait des mots, des phrases comme cela qu'elle n'aimait pas dire, car elle savait d'avance qu'elle ne les dirait pas très bien. Alors, elle était d'une mauvaise foi flagrante, parce qu'elle disait que ce n'était pas ce qu'il fallait dire et que ce n'était pas le mot qu'il fallait employer ; la panoplie habituelle du comédien qui se défend. Il y eut une autre discussion à propos d'une robe. Dans le film, elle n'avait qu'un seul costume : une petite robe noire qu'elle tenait absolument à porter. Moi aussi mais je voulais qu'elle ait en plus une veste de tailleur 1938-1939, pied-de-poule un petit peu démodée. Au début, elle refusa de la mettre. Et puis elle la porta quand même. Elle refusait, elle disait toujours “non”, puis après elle s’accommodait. Il fallait l’amadouer.

« Ce furent les seules divergences que j’ai eues avec elle et qui étaient quelquefois graves, puisque cela allait jusqu’aux sanglots, jusqu’à quitter le plateau ; moi ; faisant la gueule pendant huit jours. »

Curieux paradoxe : souvent Romy, masochiste dans sa conception de la direction de comédiens et dressée à cette école par Visconti, se rebella contre des tutelles qu’elle réclamait en même temps qu’elle en dénonçait les excès. Elle se considérait tantôt comme une actrice qui doit se donner sans limites ni retenue dans ce qu’elle fait, quitte à y laisser plus que des plumes, tantôt comme une femme à l’image des autres, qui « existe » et dont on ne doit pas prendre plus que ce qu’elle veut bien donner.

Un paradoxe vérifié une nouvelle fois avec Pierre Granier-Deferre : « Elle pensait que je ne la poussais pas assez à bout. Or moi, ce qui m’intéressait chez Romy et chez les comédiens car j’aime beaucoup les comédiens dits exacerbés, mais pour pouvoir les contenir. Quand ils tombent sur un metteur en scène qui les pousse violemment comme Zulawski, là ils sont contents. Quand c’était avec moi, à la dix-septième prise, Romy disait : “Mais je peux donner plus, je peux faire encore plus.” Je lui disais non, tu sanglotes déjà alors que je ne voulais pas que tu pleures ; tu vibres déjà, alors que je ne voulais pas que tu vibres dans ce plan-là, alors ce n’est pas la peine, moi j’arrête ! Et on se fâchait à mort pendant un après-midi. »

Pour Romy et Jean-Louis-l’Enigmatique, il ne s’agit plus de simples retrouvailles de camarades ravis de se savoir partis en villégiature dans un même compartiment de *Train.* Entre elle qui n'en finit plus de resplendir et lui, encore beau et racé dans sa maturité de quadragénaire, un sentiment imperceptible qui ressemblerait à l'amour, commence son patient travail. Si Romy se déclare disponible, Jean-Louis en effet est marié et se méfie du feu de la passion. Son odyssée amoureuse avec Brigitte Bardot, à l'époque de *Et Dieu créa la femme,* l'a initié aux déchirures sentimentales. Quelle sera pour Romy l'issue de sa *love story* avec Trintignant ? Se sont-ils même promis demain ?... Dans le film, le scénario lui fait prononcer ces mots : « Dis-moi ce qu'on fera quand le train sera au bout ? » Et son amant de lever des yeux dubitatifs vers un plafond gris et sans réponses...

# XVI

## *AVE CÉSAR !!!*

*« Romy est un zig-zag. »*

Michel Piccoli

C'EST une *Rominette* meurtrie que Jean-Claude Brialy, réalisateur, récupère à l'aéroport de Vittel. Une fois de plus, elle a foncé droit dans le mur de ses illusions amoureuses en espérant que le mur s'ouvrirait.

Mi-août 1973. Dans la célèbre station thermale de la Lorraine méridionale, l'été bat son plein pour des vacanciers heureux de se retrouver au rendez-vous, mais depuis plusieurs jours, l'événement qui tient la petite commune en haleine reste le tournage prochain d'*Un amour de pluie*. On n'attendait plus que la vedette : Romy Schneider. Ça y est ; elle est là ! Chacun veut la voir. Chacun la verra.

Romy n'est pas au mieux de sa forme. Le sourire enfantin de Trintignant, son charme sibyllin, ses promesses non tenues dansent et se brisent dans sa tête. Alors les insomnies reviennent, le champagne devient un peu plus délectable et les accès d'humeur se succèdent. Impuissant, Brialy, remonte-joie et histrion de prédilection de la petite fille aux jouets cassés, constate que cette fois il n'y peut pas grand-chose. Seule la présence à ses côtés de David, pendant les deux mois du tournage, la ramènera à plus d'harmonie. Pour elle, comme d'autres en leur temps, l'interprète du *Beau Serge* se fait « papa », un papa à la mode de Bretagne certes, qui lui permet de ne pas se brûler à l'amitié d'une *Puppele* électrique. Dans leurs esprits complices, *Un amour de pluie* devait rester comme le film d'une certaine tendresse partagée. « Nous savions tous les deux que nous ne tournions pas vraiment *Lady Macbeth*, déclara Romy, mais, se ravisa-t-elle comme avec commisération, c'est un très joli film que j'apprécie tout particulièrement pour la finesse et la poésie de Jean-Claude. »

La presse, impitoyable, est d'un tout autre avis et broie le réalisateur dans sa « vanité » et ses « prétentions de Mozart ». Les violons et le clavier de Francis Lai eurent beau s'évertuer à jouer, l'émotion manqua son rendez-vous. Séducteur pourtant confirmé, Nino Castelnuovo avec son charme désuet ne réitéra pas son ancienne performance des *Parapluies de Cherbourg.* Même la fraîcheur du touchant Mehdi et la présence effective d'une Romy « absente » ne parvinrent à plaider en faveur du film. *In fine,* à peine peut-on considérer le résultat de ce tournage comme une distraction pour Romy, une cure de repos qu'elle savoura avant de s'en aller cacher dans des rythmes effrénés une errance spirituelle qui ne souffrirait plus le repos.

A trente-cinq ans, Romy déclare déjà dans le métier une vingtaine d'années de route et beaucoup de sinistres, mais la scène de nu dans *Un amour de pluie* le démontre : le désir reste encore son esclave. Or, l'échec sentimental est un redoutable prédateur qui ronge le doute à la racine et peut pousser à la névrose. A moins qu'un jour, un autre prince...

La chose pourrait paraître invraisemblable si elle n'était pas de notoriété publique, mais Romy ne prise guère son physique !

« Un journaliste : Vous avez conscience d'être très belle ?

– Romy (passant la main sur son visage) : Avec la gueule que j'ai, écoutez, vous exagérez !!!

– Le journaliste (soufflé) : Il y a des films où vous êtes merveilleusement bien photographiée !

– Bon ! C'est le chef opérateur, monsieur !

– Ça ne vous arrive pas de vous mettre devant une glace et de vous dire : Je suis bien ?

– Non ! Je ne fais plus ça, ça m'emmerde ! Je ne veux plus me regarder.

– Vous n'avez pas l'impression d'être de mauvaise foi ?

– Mais non ! Je suis photogénique. Mon père m'a toujours dit, tu as de la chance, tu es photogénique. C'est tout ! »

Romy, à l'instar de *Sissi*, aurait-elle été inoculée par ce qui se désignait déjà à l'époque de l'impératrice comme la *Wiener Selbsthass*, la haine de soi viennoise ? Un petit peu plus tard, lorsqu'on lui demande ce qui la pousse à déprimer, l'actrice n'y va pas par quatre mystères : « Moi-même ! » Ce qui la détend : « Etre dans le silence, loin du métier et être moi-même, vraiment moi-même. » Georges Conchon, Prix Goncourt, l'un des dialoguistes-scénaristes fétiches de Jacques Rouffio, en tira une analyse personnelle : « Eclatante contradiction, ici, entre un “moi-même” ennemi (démoralisant : à fuir) et un “moi-même” ami (réconfortant, remède à toute douleur), pourvu que ce soit le vrai. Piégée madame Romy ! Trouvée porteuse de deux “moi-même". Lequel est le vrai ? Lequel le faux ? Vrais les deux. Quiconque a travaillé avec et pour elle sait qu'ils sont aussi vrais l'un que l'autre. Ils sont comme ses deux pôles. Incompatibles, mais indissociables, avec, de l'un à l'autre, une perpétuelle, déroutante oscillation. Pour ma part, je ne vois pas de femme (encore moins d'homme !) qui ait une telle capacité d'être successivement et souvent au même instant elle-même et son contraire, l'eau et le feu, le lac et le brasier. Romy s'aime (voudrait s'aimer) et, d'un même élan, se déteste (se supporte mal). »

Retrouvailles avec Jean-Louis Trintignant. Le titre du film : *Le Mouton enragé.* Son réalisateur : Michel Deville. Les protagonistes : Jane Birkin, Jean-Pierre Cassel, Georges Wilson, Mary Marquet dans l'une de ses dernières apparitions et, bien sûr, Jean-Louis et Romy, qui participent là à un film « intelligent, insolent, vif, drôle, admirablement joué ». Ils ne démériteront pas des éloges d'une critique enthousiaste et des faveurs du public venu nombreux dès la première semaine d'exploitation. Même dans un film où Trintignant a, comme l'on dit, « le beau rôle », c'est Romy avant tout que l'on vient goûter. Sublissime, elle emporte les cœurs et les regards dès la première note de sa mélodie mystique avec l'écran. Un fluide amoureux qu'il serait vain d'analyser.

Et de son rêve éveillé avec Jean-Lou ? L'Histoire souvent fait provision de ses secrets.

« Un grand duplex d'environ deux cent cinquante mètres carrés dans un immeuble de style victorien, au 18, rue Berlioz, au prix d'un million de francs. » A Paris, Biasini n'est pas resté inactif. Il a su dénicher le camp de retranchement où Romy s'est installée dès le début du tournage du *Mouton enragé*, au mois de septembre 1973, rapatriant de Hambourg ses meubles et ses derniers effets.

Peu à peu, la complicité entre Daniel et son accaparant employeur s'étale et prend une ampleur qui enchante le petit David. Participant depuis une année à son cheminement personnel, bientôt directement impliqué dans presque tous ses choix professionnels, Biasini demeure celui qui aura vu au plus près évoluer Romy Schneider à contre-courant de sa propre vie, ou en osmose avec elle. Possessive et vampirisante dans ses attitudes, elle le poursuit jusque dans les replis de son intimité, en glissant sous la porte de sa chambre des pages entières de notes en guise d'instructions ; « un amas de phrases soulignées une fois, ou encadrées, surchargées de points d'exclamation et d'interrogation qui partaient dans tous les sens, de mots rayés et de majuscules ».

« Elle n'appréciait pas que je tente de préserver un peu de vie personnelle, rapporte Biasini. Elle avait besoin de moi à ses côtés, il n'y avait rien d'étonnant à cela : toute la maison fonctionnait dans le chaos. Tout se déroulait selon le principe du hasard, depuis l'achat du mobilier manquant ou de bibelots divers jusqu'à l'heure des repas. Le paradoxe était que Romy aimait à jouir d'un certain confort bourgeois mais menait la vie d'une hippie. Elle mangeait quand elle avait faim, buvait quand elle avait soif et dormait quand elle était fatiguée. Le rythme de son foyer n'était donc fixé ni par la tradition ni par un quelconque protocole. Les jours où elle ne tournait pas, Romy se laissait aller à une certaine nonchalance. Ces moments de tranquillité paraissaient être une source d'énergie indispensable à son travail, un carburant dont elle ne pouvait faire le plein qu'entre ses quatre murs. Là, elle était à l'abri des badauds, des curieux et autres trouble-fête : elle avait besoin pour cela de ma présence. J'étais son lien avec le monde extérieur. J'apportais les nouvelles du dehors. J'étais le messager, l'intrigant au service de ma reine. »

La joie de Romy de retrouver Michel Piccoli sur le plateau du *Trio infernal* est réelle. Elle ne connaît rien en revanche des méthodes de travail de Francis Girod, et pour cause ; d'abord assistant de Vadim sur *La Curée*, acteur, puis producteur-compère de Jacques Rouffio, à trente ans, il assure là son premier film en qualité de réalisateur. Pour Piccoli, c'est une vieille connaissance : « Girod fait partie des êtres essentiels que l'on peut rencontrer dans son existence. Sa présence et son attention sont polyvalentes. Il peut être votre complice, votre regard lucide, votre deuxième souffle. Girod est un tuteur rigoureux aussi bien dans la moquerie que dans le sérieux. Il vous rend intelligent. Hâbleur qui aime à se donner en spectacle, martyriser les forts, écraser les cons, il ne dissimule pas son savoir et sa science du cinéma. »

Voilà un portrait qui dut séduire la dame ! « C'était pour moi de l'inconscience totale de demander Romy Schneider pour un premier film, confie Francis Girod. Piccoli a donc été l'un de mes deux *go between* vis-à-vis d'elle, une caution artistique, tandis que Jean-Louis Livi, l'agent de Romy, s'est porté garant, si je puis dire, de ma respectabilité professionnelle. »

Le jeune réalisateur a concocté pour l'actrice l'un des rôles les plus forts de sa carrière et dont elle n'aura pas à rougir en dépit d'une avalanche de critiques néfastes et de lettres d'insultes sans ambiguïté, reçues dès après la sortie du film : « Espèce de truie, reste donc où tu es ! » En Allemagne, berceau de toutes les attaques, Romy doit se justifier publiquement : « Je ne suis pas Philomena Schmidt. C'est simplement un rôle que je tente de maîtriser avec mes moyens de comédienne. Et je vais ici jusqu'à la limite de mes capacités. » Ce n'est pas suffisant.

Girod, de fait, est descendu dans l'abject qui pourrait bien sommeiller en chacun de nous. Par son choix du récit adapté de Solange Fasquelle, elle-même inspirée par un fait divers qui défraya la chronique dans le Marseille de l'entre-deux-guerres : « L'affaire Sarret », c'est toute la petite institution du cinéma français de l'époque qu'il a voulu secouer. Sa recette : « Jetez trois monstres dans un bocal, observez-les, de temps en temps jetez-leur une victime pour voir la façon dont ils la dévorent. » Jusqu'à ce que l'une de ces victimes oppose une résistance et fasse exploser le trio initial pour en créer un nouveau. Succulent programme !

Aux côtés d'un Sarret (Piccoli), chef d'orchestre du subtil dégueulasse et d'une Catherine Schmidt (l'Allemande Mascha Gomska) du même vernis, vautrée dans le luxe et le sang, sadique à plaisir et baisable à l'envi, Philomena (Romy) apparaît tout ensemble licencieuse, perverse, triviale, scandaleusement bien chapeautée, les épaules recouvertes d'un cimetière animalier (les fourrures d'Henri Stern), une main entre ses cuisses à la recherche du plaisir, l'autre occupée à modeler de la chair pestilentielle de cadavre acidifié. A vomir dans un grand éclat de rire. Du fantastique Girod, Piccoli égal à son talent et une Romy stupéfiante !!! Le vénérable Pierre Dac déjà très fatigué fait ici sa dernière apparition cinématographique.

« Dans la vie d'un comédien, dit Piccoli, il est un but, ou un rêve, qui ne se concrétise pas dans l'immédiat. Certains films peuvent marquer des points de non-retour : ils n'auront pas de lendemains, mais des surlendemains. » Ainsi en sera-t-il pour *Le Trio infernal* considéré aujourd'hui en France et à l'étranger comme un grand classique. Le flop commercial fut notoire mais en dépit d'une critique partagée sur ce film présenté à Cannes en mai 1974, Romy gravit encore quelques échelons, pour d'aucuns vers le pinacle, selon nous vers une autodestruction programmée.

3 avril 1976. La première cérémonie des Césars du cinéma français est inaugurée par deux vétérans qui se connaissent et s'apprécient tout particulièrement : Jean Gabin et Michèle Morgan. Dans la salle du Palais des Congrès de Paris, l'ensemble de la profession ne perd pas une miette des facéties du « vieux », un événement plus qu'un spectacle relayé en direct par la télévision. Pour respecter les règles du suspense et de la courtoisie, il a été décidé que la dernière récompense serait attribuée à l'actrice élue par ses pairs et confrères comme la plus méritante de l'année. En lice pour ce premier palmarès : Isabelle Adjani, Delphine Seyrig, Catherine Deneuve et... Romy Schneider pour *L'Important c'est d'aimer,* de Zulawski. Dans un métier où, selon le mot de Sapritch, « l'on n'est jamais ni tout à fait amis, ni tout à fait fâchés », la compétition est annoncée comme rude. Aussi, tout au long de la soirée, chacune des quatre nommées devient la proie des photographes et des cameramen à l'affût du geste qui les trahira. Adjani est donnée grande favorite.

Lorsque enfin arrive le moment fatidique, sont appelés à la tribune pour décacheter la précieuse enveloppe contenant le résultat du vote la comédienne Dominique Sanda et Yves Montand. Silence dans la salle. Les yeux se rivent sur les lèvres de Sanda, toute de rouge vêtue qui, le temps d'un froissement de papier, se veut la reine sans partage de millions de sujets enchaînés à ce secret qui va bientôt lui échapper : « ... *L'Important c'est d'aimer.* Romy Schneider !!! »

« Romy Schneider ! » reprend Pierre Tchernia, franchement heureux du résultat. Emue, Romy monte sur la scène, se fond dans les bras de Montand, serre la main de Sanda et dédie cette victoire à Luchino Visconti : « Il sera content pour moi. » Visconti qui s'est éteint dix-sept jours auparavant, le 17 mars, en prononçant ces mots : « Ça suffit, je suis fatigué. »

Au cours d'une interview, ne trouvant pas le mot pour « sélectionné », Romy prononça « nominé » en s'inspirant de l'anglais. La formule fit bientôt mouche et maître Capelovici nous certifie que *Rominette* est à l'origine de ce raté-trouvé.

« La récompense d'aujourd'hui, c'est la récompense d'une actrice qui fait enfin ce qu'elle veut ? demande un journaliste qui s'est rué sur l'heureuse lauréate dès la fin de la cérémonie.

– Je l'ai fait avant, monsieur, réplique Romy avec humeur. J'ai toujours fait ce que je voulais ! »

Le journaliste, acariâtre : « Même pour *Sissi* ?

– Oui, aussi, absolument ! J'étais jeune, très jeune, j'étais une jeune fille. Et aujourd'hui en France, on m'a donné ce prix. C'est peut-être plus qu'une petite statue. Je suis très heureuse et très touchée. »

Pourquoi au plus fort de son bonheur, cherche-t-on pour la énième fois à la ramener vers ses démons en lui gâchant sa revanche ? *« Sissi, Sissi* ; il y a longtemps que je ne suis plus *Sissi* ! *Sissi* est morte !!! »

Morte *Sissi* ?

« Des télégrammes de félicitations par dizaines et combien de marques de sympathies, parfois cruelles ou hypocrites aussi, écrit Romy à Elise Lebourgeois. Parmi les plus chères, celles de Welles, Cocteau, Dietrich qui me vont droit au cœur et vos si jolis mots qui s'enchaînent fidèles. Ce César, c'est surtout, avant *tout*, l'avis du public qui me transporte comme vous semblez le prétendre car finalement c'est le seul qui m'importe vraiment. Celui de mes proches aussi, naturellement, *c'est vrai* !!! Votre soutien est un réconfort très précieux dans ce monde de tyrans. Merci, merci ! Je pense toujours à vous, fidèle et sincère comme la nature de votre beau pays qui me rappelle souvent un coin de Bavière ou de Tyrol. »

*L'Important c'est d'aimer*, tiré du roman de Christopher Franck : *La Nuit américaine* (Prix Renaudot 1972) : une expérience dont Romy, jamais tiède devant la difficulté, aurait bien pu ne jamais revenir, tant le réalisateur du *Diable* et de *La Troisième Partie de la nuit* exigea d'elle pour exploiter ses gouffres, et tant elle se plia à ses exigences comme un défi à relever. La comédienne Dussane aimait à remâcher à ses élèves l'un des principes du théâtre : on n'y fait rire qu'avec le souvenir de son propre rire et l'on n'y fait pleurer qu'avec celui de ses propres larmes : « Nous sommes des coffres à sentiments. »

Fière et toujours sur la défensive, Romy se défendait d'avoir pu engranger tant de souffrance et cette sensibilité à fleur de peau qui suintaient de son âme. « Si vous voyez *L'Important c'est d'aimer*, elle n'invente pas, c'est son visage, c'est ce qu'elle exprimait », appuie Annie Girardot interviewée dans le cadre d'une émission sur sa consœur : « Je parle tout le temps d'elle, elle me manque, elle me manque... elle était nécessaire. » Et de nous confier aujourd'hui, vingt ans après la disparition de son amie : « Cette fille était toute en émotion et en sensibilité. Elle n'était que ça, elle était surtout ça ! Une quête d'amour permanente. Le talent bien sûr, immense, débordant, emplissant tout l'espace, mais avec un cœur gros comme ça qui lui donnait une vie. Nerveuse, elle savait taper du poing sur la table ! Trop. D'ailleurs, un jour de tempête à la maison, place des Vosges, j'ai eu très peur qu'elle ne casse la mienne. Mais l'instant d'après, elle redevenait tendre et humaine et courait vous acheter des fleurs, un petit quelque chose pour faire oublier ses dérapages d'humeur. Elle était comme ça ! Un jour, nous nous sommes retrouvées dans un avion pour Nice à quelques sièges de distance ; tout le long du vol, je reçus d'elle des petits mots attendrissants. C'était l'un de ses modes de communication favoris. »

En Pologne, son pays d'origine, les films de Zulawski ont connu un piètre sort, vaincus d'avance par la censure : « Heureusement pour moi, confia le cinéaste, la Pologne n'est pas l'Union Soviétique. Au lieu de me retrouver dans un hôpital d'aliénés, j'ai chaque fois obtenu un passeport et j'ai pu partir. » Quelle autre « étable » illuminée que Paris pour recueillir les opprimés de tout système et de tout horizon ? Eu égard à l'intérêt porté par la profession à ses œuvres ailleurs interdites, dans la capitale française Zulawski s'employa à renaître en rééquilibrant sur commande des scénarios mal structurés. Un jour, chargé par Léo Fuchs de tirer un scénario cohérent de *La Nuit américaine* de Franck, son projet livré clé en main fut si convaincant que le commanditaire demanda au jeune Polonais d'en assumer la réalisation. Puis, la productrice Albina de Boisrouvray relaya Fuchs, en coproduction avec l'Allemagne et l'Italie.

Dans ce qui se révèle un chef-d'œuvre, le metteur en scène à la sinistre réputation filme dans le génie et la noirceur tout le pathétique qui condamne les artistes maudits à végéter dans le fossé de la non-existence et nous enchaîne à un univers putréfié. Nadine Chevalier (Romy), comédienne ratée, hurle et se débat pour se sentir exister mais Jacques (Jacques Dutronc), son mari, ne peut l'entendre puisqu'elle est ses cinq sens. Lui : un gentil-poète-fantôme, en rupture avec la lumière, sans définition fixe et qui, à force de ne plus « être » de ce monde-ci, finit par régulariser sa situation en avalant de quoi accéder à l'autre. Jean-Louis Bory décrira le film comme « une nuit shakespearienne où se déchaînent le bruit et la fureur du monde ; où les cadavres culbutent les uns sur les autres ; où les cris, les coups, le sang, les larmes, les ricanements et les malédictions composent une terrifiante symphonie hurlant le malheur de l'homme ».

Filmée sans maquillage, dans tous les sens du terme, Romy, plus authentique que le néant qu'elle incarne, a dépassé toutes ses limites connues jusque-là. La manière avec laquelle, au fil de sa filmographie, cette comédienne, à l'extraordinaire plastique, casse le glamour en s'abîmant, en se vieillissant, en devenant laide, hystérique est fascinante. « *L'Important c'est d'aimer* n'est pas un film confortable, écrit dans *Le Monde* Jean de Baroncelli. Il faut un effort pour l'accepter, pour y pénétrer. Et l'on en sort à peu près dans le même état que les héros : groggy, chancelant. »

Comment un acteur peut-il s'extraire indemne d'un film déjà si éprouvant à consommer pour le spectateur ? Jean-Louis Trintignant : « Souvent, le public ne se rend pas compte à quel point c'est dur d'être comédien. Et à quel point c'est dangereux ! Romy se déchirait, se faisait vraiment mal. Il n'y a peut-être plus beaucoup de comédiens qui s'investissent autant qu'elle le fit. Quand ma fille a voulu devenir comédienne, je lui ai dit que cela ne me plaisait pas. Car toutes les comédiennes que je connais sont des femmes malheureuses. Que leur métier marche ou ne marche pas, elles sont rarement heureuses. Romy était malheureuse alors que le métier marchait formidablement bien. Je trouve que c'est un métier plus facile à faire quand on est un homme. Romy était vraiment le cas extrême de la souffrance. »

Sur le plateau du tournage de *L'Important...*, Daniel Biasini, toujours tapi dans l'ombre de sa « star » de patronne, fut l'un des témoins privilégiés du calvaire de Romy et de ses relations houleuses avec Andrzej Zulawski : « Je l'ai souvent vue épancher sa colère en griffonnant l'un de ses petits bouts de papier : "Maudit film ! Maudit tournage ! Maudit rôle ! Maudit Zulawski !" »

Déjà, au début de l'année 1974, juste après le tournage du *Trio*, l'actrice étudiant le scénario sur une plage du Sénégal s'était écrié : « Et merde, je vais porter tout le film sur mes épaules ! » Le jugement de la professionnelle fut le bon, mais elle ne se doutait pas encore que pour elle l'enfer ne porterait bientôt plus qu'un seul nom : ZULAWSKI ! Déjà sa performance dans *Le Trio infernal* fut un épuisement, mais elle s'est sentie prête à repartir.

Le « maudit Zulawski » profita de l'occasion pour se mettre au premier plan, poursuit Biasini. Il eut l'impudence de porter un jugement public sur Romy : « C'est une personne qui n'a aucun talent pour mener une vie privée bien réglée, expliqua-t-il. Tout son talent se concentre sur l'écran. Et puis, elle n'est pas particulièrement cultivée. Elle n'aime pas la musique classique, elle ne lit pas la grande littérature. » Et Biasini de rappeler alors que des pointures comme Losey, Visconti ou Karajan avaient d'elle une opinion toute contraire. Toujours selon Biasini, des difficultés sans nombre survinrent entre Romy et l'étrange Klaus Kinski, « un acteur auquel on ne pouvait guère se fier », et avec Fabio Testi, « dépassé par les événements ».

Le réalisateur polonais révèle chaque jour un pan de son sadisme. Il veut des résultats. Il les obtient, mais à quel prix. « Chaque soir, après sa journée de travail, Romy rentrait épuisée et brisée dans l'appartement de la rue Berlioz, poursuit Biasini. Elle avait d'ordinaire une faculté qui m'impressionnait énormément : elle était toujours capable de laisser son personnage au vestiaire, de l'accrocher à un cintre comme un vulgaire costume. Ce ne fut pas le cas pour celui de Nadine. Même la nuit, son rôle ne l'abandonnait pas et l'empêchait de dormir. Un matin, le téléphone sonna dans ma garçonnière de la rue Jean-Goujon. C'était Romy en larmes. Elle me dit d'une voix entrecoupée de sanglots, totalement désespérée : "Daniel, je ne sais plus quoi faire. Je crois que je ne vais pas pouvoir continuer avec Zulawski. Je n'ai plus de forces. Absolument plus de forces." »

Le jeune homme alerta dans un premier temps le docteur Jean-Pierre Segal, médecin de Romy, puis accourut rue Berlioz : « Romy était toujours couchée sur le lit et sanglotait, le visage creusé par une nuit blanche passée à pleurer. » Tandis que le médecin s'attachait à rasséréner sa patiente, Biasini prit en charge David. Un séjour à l'Hôpital américain de Neuilly fut rapidement envisagé : « Je préfère que Romy passe quelque temps là-bas pour retrouver toutes ses forces. »

Daniel souleva alors sa patronne enveloppée dans une couverture et la porta dans ses bras jusque dans sa voiture. « Elle avait manifestement des problèmes de circulation sanguine, se souvient-il, ses jambes ne cessaient de se dérober. »

Le séjour hospitalier de l'actrice fut tenu on ne peut plus secret. Ce qui permit à Romy de se rétablir rapidement pour regagner au bout de quelques jours le plateau de *L'Important...*, triomphalement accueillie par l'ensemble des techniciens du studio. Dès lors, l'attitude de Zulawski se transforma. Il avait pris conscience de ses propres limites, conscience que celles qu'il imposa à Romy avaient été atteintes, voire franchies. De ce jour, Schneider bénéficia d'un tout autre traitement, qui ne l'empêcha guère de se livrer corps et âme, comme au premier tour de manivelle, lorsque de sa voix « maudite », le « maudit Zulawski » avait crié : Moteur !

Le verdict des critiques à l'égard du film ? Un concert de faussets ! Depuis Henri Chapier pour *Le Quotidien de Paris*, jusqu'à Michel Grisolia du *Nouvel Observateur* en passant par Noël Simsolo qui écrit dans *Ecran 75* : « *L'Important c'est d'aimer* marque l'apparition de l'intelligence dans le cinéma commercial français », son metteur en scène est fêté. D'autres fustigent son œuvre « mortifiante » (Jean-Claude Biette, dans la *Revue du cinéma*). Zulawski lui-même, qui ne veut se souvenir que de « critiques incendiaires, méchantes et violentes » avoue que, parmi tous ses films, *L'Important...* est celui qu'il apprécie le moins. On le devine amer lorsqu'il reconnaît, presque obligé, à *L'Important...*, sa qualité de « petit classique ».

Auprès du public, le film réalise un bon score : près de 100 000 spectateurs dans seize salles pour la première semaine d'exploitation.

Le Polonais se doit cette victoire mais, beau joueur, il sait la partager. « Mes rapports avec Romy comme pour tous ceux qui l'ont approchée étaient des rapports complexes, dit-il. Pendant le tournage, ce fut très orageux car Romy était une chieuse. Une personne merveilleuse, riche, généreuse, intéressante, une vraie actrice mais en même temps épouvantable. Elle avait un solide tempérament d'Autrichienne-Allemande avec des caprices, et puis elle se donnait follement, absolument à tout. C'est-à-dire qu'on pouvait exploiter ses énergies dans le meilleur sens, et aussi certains l'ont exploitée dans sa vie privée dans le pire des sens (une allusion à Biasini à qui Zulawski reprochait d'être son éminence grise). Elle était disciplinée et, contrairement à ce que l'on avait pu me dire, à l'heure tous les matins. J'essayais de lui rendre la monnaie de sa pièce. Comme elle était très généreuse pour que le film se fasse, je lui disais : "On va prendre un grand risque, je vais te filmer cru mais en revanche, je crois, j'espère, je me tuerais pour ça, tu vas jouer très bien." Si elle n'avait pas reçu le César, je ne sais pas comment j'aurais pu lui rendre ce film. »

Rebelle inoffensif et nonchalant, en provenance presque directe de la « planète vinyle », avec *L'Important c'est d'aimer* Dutronc accéda au statut d'acteur à part entière. Pourtant, les producteurs avaient d'abord fermement refusé de miser sur lui. Zulawski l'ayant apprécié l'année précédente dans *Antoine et Sébastien,* son premier long métrage, insista et obtint gain de cause, non sans avoir prévenu sa nouvelle recrue : « Romy est une fille qui joue depuis l'enfance au cinéma et c'est une bête. Si elle ne t'aime pas, elle va te bouffer. Alors, il faut que vous soyez amis, que vous vous entendiez. Pas qu'elle t'aide à jouer mais qu'elle n'essaye pas de t'évincer de l'écran, ce qu'elle est parfaitement capable de faire. »

Aujourd'hui, au su de ce que furent les relations entre Jacques et Romy, le propos d'Andrzej peut prêter à sourire. Ce n'est pas trahir un secret que d'évoquer la liaison qui les unit le temps de ce tournage. Evoquant cette passade dans un magazine féminin, Françoise Hardy, habituée au peu de loquacité de son compagnon, voire son mutisme en matière conjugale, expliqua qu'une crise faillit les séparer à l'époque de *L'Important...* : « On m'a menacée de publier l'histoire de Jacques et Romy si je refusais de faire une interview. C'était horrible ! D'autant plus que j'étais sur mon petit nuage et que je n'y croyais pas. Je l'ai su plus tard que c'était vrai. »

Si la discrétion est toujours restée de mise sur ce mini-roman, ils ne turent jamais publiquement leur estime professionnelle réciproque. Le dernier bouquet de Dutronc à Romy : « Ça m'énerve qu'on n'ait pas montré plus souvent à la télé *L'Important c'est d'aimer*. Là, tu voyais vraiment comment Romy Schneider pouvait jouer autre chose que *Sissi*. »

# XVII

## L'ÈRE BIASINI

*« Romy ne s'en cachait pas ; Biasini fut le seul homme qui sut lui apporter la jouissance. »*

A.G.

LES derniers événements survenus lors du tournage avec Zulawski ont-ils davantage rapproché Romy Schneider de son fringant secrétaire, depuis l'enfance fou d'amour pour elle ? On éprouverait presque de la difficulté à croire celui-ci lorsqu'il déclare n'avoir jamais entretenu d'arrière-pensée. Comment une femme désirée par des millions de gens, avec laquelle on passe la moitié de son temps et qui vous fascine chaque jour davantage, pourrait laisser de glace un garçon aussi beau et fougueux que l'était le Biasini de l'époque ? Lorsqu'on l'écoute relater des aspects méconnus de la liaison amoureuse entre Romy et Jacques Dutronc pendant l'intermède Zulawski, un sentiment de jalousie latent semble poindre : « Ses choix, en la matière, se faisaient toujours selon des critères que l'on avait bien du mal à comprendre. »

Le printemps arrive et meurt. Cela tombe bien ! Son flirt avec Dutronc terminé, David expédié chez Meyen à Hambourg, Romy s'en va souffler à Saint-Tropez. Elle y a loué une villa dont elle communique le numéro de téléphone à Daniel. Celui-ci descendra certainement sur la Côte. Sitôt arrivé, même, il l'appellera. Pour ne rien laisser au hasard, le *play-boy* emprunte le bateau de ses parents, *La Danycha*, qu'il met à l'eau aux îles du Levant.

Au beau pays des « coquillages et crustacés », sa vitalité et sa joie de vivre retrouvées, Romy se métamorphose chaque jour davantage, déchargée enfin d'une année professionnelle, l'une des plus riches de sa carrière autant que la plus destructrice. Les journées passent, enchanteresses. Les rencontres aussi. Retirée au cœur de sa *Madrague* (presque natale), Brigitte Bardot, splendide sous son hâle de quadragénaire, convie souvent Romy. Avec BB, fille au cœur d'or, simple comme la violette, mais entière, imprévisible et sans partage, l'amitié est une greffe qui prend ou se meurt avant d'être née. La dame n'est constituée que d'un seul bois, ce qui ne saurait déplaire à Romy, autre ennemie des demi-mesures.

Une sensibilité égale, la même pureté dans les sentiments, une intégrité à toute épreuve dont elles furent trop souvent l'une et l'autre les victimes faciles, l'aspiration profonde et désespérée d'un absolu que, par trop lucides, jamais elles n'atteindront, les deux femmes ne pouvaient pas ne pas se rencontrer. Toujours recluse loin de la fureur des hommes, derrière ses murs blancs objets de toutes les hallucinations, aujourd'hui Brigitte, légendaire porte-drapeau des sans-papiers à quatre pattes, accepte de se rappeler : « Je ne me souviens plus de notre première rencontre. C'était il y a tellement longtemps. Mais aux environs des années soixante-dix-quatre-vingt, elle était souvent à Saint-Tropez et a même acheté une propriété que j'avais visitée sans l'aimer. C'était un élevage de poules en batterie et j'étais écœurée. Romy avec Pico (Picolette) venaient se baigner à *La Madrague* jusqu'au jour où nous avons été piégées par des *paparazzi*, elle avec de la crème blanche et du papier sur le nez afin d'éviter les coups de soleil et moi les seins à l'air qui, penchée en avant, ne leur donnait pas un air triomphant. Bref, la photo parut un peu partout, montrant deux stars internationales dans un état qui n'était pas avantageux. Romy, furieuse, ne remit plus jamais les pieds chez moi, quant à moi, je perdis une amie et la face !

« Cette fille était formidable. Elle menait sa vie avec courage et beauté, sans aucune aide, aucune épaule, avec un caractère difficile mais une vulnérabilité secrète mais présente. "La gloire est le deuil éclatant du bonheur." Cette phrase de Madame de Staël lui est dédiée.

« Elle savait avoir des fous rires, mais avait aussi les larmes aux yeux !

« La passion a mené sa vie. Aucune tiédeur. Elle ne s'est pas ratée. Elle n'a rien raté.

« C'est une femme sublime qui a toujours été au bout de ses envies, de ses convictions, de ses amours et de ses déceptions. Unique. »

Hilare, Romy relata un jour à Daniel Biasini une autre scène dont elle fut le témoin à *La Madrague* et que son futur mari rapporte dans son livre. BB avait invité à déjeuner quelques amies, dont Romy, lorsqu'une dénommée Suzanne, visiblement une habituée des lieux, débarqua, les bras chargés d'une caisse de langoustes achetées dans l'heure au marché de Saint-Tropez. Le sang de Bardot ne fit qu'un tour. Hors d'elle, elle attrapa la caisse et s'en alla vider son contenu dans la mer : « Chez moi, on ne sert pas ce genre de choses. Mettez-vous ça dans le crâne ! »

Interrogée sur cette anecdote, BB, qui à l'instar de Marguerite Yourcenar autrefois, ne saurait souffrir de « digérer l'agonie », en confirme l'authenticité. Romy, néanmoins, ne fut jamais en mal de générosité et d'amour envers les animaux. De tous temps, ils furent les compagnons de son existence, les plus fidèles. A travers toutes les photographies familières de sa vie privée, l'entourage animalier est une constante. A *Mariengrund,* ce furent entre autres un saint-bernard, puis son inséparable teckel. A Tancrou, où elle vécut avec Delon, la propriété abritait une foule de chiens et de chevaux. Pour les chats, sa préférence allait aux « sacrés de Birmanie ». Elle sollicita un jour un éleveur, Jean-Louis de Pindray, mais ce dernier refusa de lui vendre ses birmans : « Je me méfiais des artistes qui s'absentent souvent. Qu'allait devenir le chaton ? Romy appelait régulièrement pour savoir si j'avais un petit mâle. Aussi régulièrement, je répondais non ! A la fin, j'ai craqué devant sa voix douce et son accent et je lui ai vendu un petit chat. Elle m'a fait venir chez elle pour me présenter la gouvernante qui s'occuperait de lui en son absence. Elle n'était pas très heureuse et, comme toutes les artistes, était fragile. Elle adorait les chats et les prenait pour confidents. Elle a eu un mâle qu'elle a appelé Père Balzac de Ranchipur. C'était l'année des "P", mais elle tenait absolument à l'appeler Balzac ! Je lui ai suggéré de mettre Père devant. Après sa mort, la gouvernante de Romy a gardé Balzac. »

Or, voici qu'après un court périple maritime, accoste aux Marines de Cogolin notre Daniel Biasini déjà porteur des couleurs de l'été ! Les retrouvailles avec Romy se déroulent, joyeuses, au bar de L'Escale. Dîner en tête-à-tête au Vieux Moulin, chez Picolette, célèbre figure locale, le dernier verre dans un établissement « branché », le Yéti, puis une ultime flânerie dans les rues désertes de Saint-Trop' à l'heure où les pêcheurs se préparent à larguer leurs amarres. Visiblement, ni l'un ni l'autre n'éprouve l'envie de s'en retourner vers la solitude acide des lendemains de fête. Aussi, lorsque Daniel propose à Romy d'aller comme au Grand Siècle assister au lever du Roi-Soleil par-dessus les flots endormis, une étoile file dans son regard.

*La Danycha* fait vrombir ses bruyants moteurs ; ses deux passagers sont loin maintenant de la côte. Tout à coup, Biasini constate que Romy n'est plus à bord. Disparue ! Fou d'inquiétude, il manœuvre pour ramener le bateau dans son sillage à la recherche de sa patronne. Il la retrouve gigotant dans l'eau fraîche du petit matin : « Je ne suis pas tombée, mon cher Daniel, lui dit-elle. Je me suis laissée glisser. J'ai eu subitement l'envie de me baigner, et j'y ai cédé. » Furieux, le jeune homme plonge tout habillé pour la rejoindre. Leur roman amoureux est commencé. Et le temps des calomnies pour Biasini, attaqué par la presse et une partie de l'entourage de Romy : « Un loup est entré dans la bergerie. » Quelqu'un jurera même l'avoir entendu dire : « Ça y est, cette fois, je l'ai eue ! » Quel sens faut-il donner à cette phrase ? Seul son auteur éventuel serait en mesure de répondre. Biasini, amoureux de Romy, avait sorti le grand jeu pour la séduire et le stratagème fonctionna. Quoi de plus naturel que deux personnes qui inconsciemment s'attiraient et se désiraient cèdent un beau jour l'une à l'autre ? Que d'aucuns y aient vu un piège tendu à Romy par Biasini semble somme toute quelque peu retors. Aurait-on apprécié cette union du même œil si le promis avait été un nabab de la finance ou un acteur en vogue ? Rien n'est moins sûr ! C'est bien connu ; les valets, de nos jours, ne peuvent enlever leur princesse sans se voir taxer de gigolos. Biasini, autant que quiconque, avait le droit de tenter sa chance auprès d'une femme qu'il souhaitait rendre heureuse en dépit de sa jeunesse et d'une différence d'âge conséquente. Eut-il la charpente de son « ambition » ? A vingt-quatre ans, lorsque l'on n'est « personne » et qu'à la gueule du monde, l'une des reines du cinéma international vous ceint de la couronne de son cœur, il y a tout lieu de se sentir un « plus que roi » pour devenir aux yeux des autres « un parfait petit frimeur ».

« Si un parvenu se souvient de son origine, on l'oublie : s'il l'oublie, on s'en souvient. »

Pour l'heure, Picolette excepté, nul n'entre dans la confidence. Romy a prévu de passer le mois d'août en Grèce auprès de David et de son amie Christiane Höllger. Les amants se séparent ; rendez-vous en septembre à Paris. L'été se passe, ils le laissent s'écouler. Puis, à l'heure où le soleil commence à décliner sur la France, chacun retrouve la capitale.

D'abord plein d'appréhension, Biasini va se réveiller encore couvert des cendres du Phénix. Incroyable : rue Berlioz, Romy l'accueille à cœur ouvert ! Les heureux juillettistes se retrouvent amoureux comme au premier baiser échangé dans l'onde matinale de la Grande Bleue. Le factotum n'évalue pas sa bonne fortune, il est heureux c'est tout ! Devant ce qui est devenu maintenant aux yeux de tous une évidence, la presse à sensation se met à l'ouvrage. En avant les rotatives ! Bientôt informé, David fait montre d'un réel sentiment de soulagement. Perturbé, de toute évidence, par les avatars conjugaux de ses parents, le bonheur de sa mère avec Daniel et la perspective d'une nouvelle structure familiale est ce qui, depuis longtemps, pouvait lui arriver de plus équilibrant.

Dépitée par les « tentatives d'approches balourdes » de Marco Ferreri autant que par ses méthodes de travail,

Romy refuse de tourner sous sa direction *La Dernière Femme.* Au cinéma comme en amour, un pion chasse l'autre et lorsque Chabrol, dont elle apprécie réellement l'œuvre, lui offre le rôle principal dans *Les Innocents aux mains sales*, elle n'hésite pas une seule seconde. *Rominette*, chacun le sait, peut donner et se donner sans retenue, mais elle attend des autres une réciprocité totale. Le metteur en scène doit s'impliquer autant qu'elle. Or, Chabrol-le-Débonnaire débarque chaque matin sur le plateau en touriste, un échiquier sous le bras, puis ses directives brièvement distribuées, il se consacre à son jeu. La déception de Romy est à la hauteur de la confiance préalablement placée en son réalisateur.

Sur le plan professionnel, ce n'est donc point pour elle « un merveilleux automne », mais décembre dépose dans son soulier des heures intenses jouées cette fois sans comédie : l'arbre de Noël de *Mariengrund.* Daniel y est officiellement présenté à Magda qui, elle aussi, file le parfait amour auprès de *Herr* Horst Fehlhaber, son troisième époux, un *cameraman* rencontré en 1968, sur le plateau de son dernier film pour la télévision allemande : *Die Frauen im Haus*, une fiction de vingt-six épisodes tournés sur deux années, 1968 et 1969. *Mammi* a ensuite définitivement raccroché, gagnant son entrée dans le dictionnaire allemand et les encyclopédies mondiales du cinéma. Pour tous, elle demeurera à jamais la maman de *Sissi,* un emploi qu'elle ne reniera pas et dont le souvenir, du fond de sa retraite montagnarde, lui tiendra chaud parfois lorsque la nostalgie de sa Romy poupine d'autrefois, trop souvent éloignée d'elle, viendra frapper à son carreau brouillé par la brume des hivers bavarois.

# XVIII

## UN VIEUX FUSIL...

*« On n'emporte pas sa patrie à la semelle de ses souliers. »*

Danton

« Vous, je ne suis pas près de vous oublier ! »

Bien des années ont passé depuis que Romy, furibonde, fustigea Robert Enrico au Moulin de Vendée. En ne mesurant pas sa force lorsqu'il lui serra la main, le jeune réalisateur lui avait brisé le précieux anneau offert par Visconti. En 1973, à l'occasion d'une projection des *Caïds*, il lui remémora l'anecdote. « Ah, c'était vous ! » fit-elle, usant d'un même élan de spontanéité.

En ce milieu d'après-midi paisible de 1974, rue Berlioz, évoqueront-ils pour la troisième fois ce malencontreux incident rendu caduc avec le temps ? Enrico est pressé. Sitôt son scénario intitulé *Le Vieux Fusil* remis à l'actrice, il prend congé non sans avoir laissé son numéro de téléphone personnel.

La genèse du *Vieux Fusil* est aussi belle que le hasard dans une vie d'homme ; un fait divers relevé dans un journal de province, une rencontre avec un écrivain-scénariste hors-dimension, Pascal Jardin, et l'accouchement dans la douleur d'une œuvre merveilleuse de réalisme, un film sacré et consacré qui restera dans le patrimoine cinématographique français.

Lors de la débâcle de 1940, un homme, qui s'était absenté de chez lui pendant 48 heures, retrouva le corps sans vie de sa femme préalablement violée avant d'être achevée par deux soldats allemands ivres morts. Sans autre forme de procès, fou de douleur, l'homme les abattit de deux coups de fusil. Les horreurs de la guerre marquèrent profondément la jeunesse d'Enrico et celle de Jardin. Interpellés par le sujet, ils se rassemblèrent autour dudit fait divers et, puisant dans leurs souvenirs personnels, commencèrent à travailler à l'élaboration d'un scénario. Pour le confort du film l'histoire fut resituée juste avant la fin des hostilités, dans une région non encore libérée par l'armée régulière : le Sud-Ouest. Le personnage principal fut rebaptisé Dandieu, Julien Dandieu, chirurgien à l'hôpital de Montauban, heureux époux de la belle Clara rencontrée un soir de chance à Paris, dans la brasserie La Closerie des Lilas. Le fruit de leur amour : Florence, une petite fille âgée de treize ans au moment du drame.

Le scénario de Pascal Jardin et Robert Enrico fut révisé. A titre amical, Claude Sautet apporta son concours, ainsi que Claude Veillot, scénariste attitré d'Yves Boisset et d'Henri Verneuil. Le texte et la trame y gagnèrent en suspense et en passion. « C'est en mêlant les derniers jours d'une guerre tragique aux premiers regards d'un homme sur la femme de sa vie que le film devait prendre toute sa puissance », commenta en 1995 Thierry Klifa dans *Studio.*

Sollicité pour le rôle de Dandieu, Lino Ventura expliqua qu'il ne se projetait pas en justicier : « Ma nature est généreuse et je ne suis pas du genre à gamberger pour tuer un à un tous ces mecs. Moi je les tue d'un coup, puis après je me calme. » Philippe Noiret bénéficia de ce désistement. Qui jouerait Clara à ses côtés. Jacqueline Bisset ? Catherine Deneuve ? On y pensa, mais Enrico, hanté par l'image de Romy, la voulait vaille que vaille en dépit des objections d'Art Média et de l'agent de Schneider, Jean-Louis Livi. Jusqu'à cet après-midi magique, rue Berlioz.

« J'étais sûr qu'elle m'appellerait, soit vers 19 heures si elle avait le coup de foudre, soit jamais si elle hésitait, se souvient le réalisateur. Elle m'a téléphoné à 19 heures 15, complètement enthousiasmée. »

Le tournage, qui débute le 1er mars 1975, ne s'annonce pas sous les meilleurs auspices. A 9 heures, Romy ne se présente pas au maquillage à La Closerie des Lilas pour le premier tour de manivelle. Elle serait souffrante. Enrico n'en croit pas un mot. Il opte pour la version du caprice et pense sa vedette désireuse de se venger du mauvais accueil de Philippe Noiret l'avant-veille au soir. Lors d'un dîner de présentation, Romy est arrivée avec deux heures de retard à cause d'une séance de doublage qui la retint plus longtemps que souhaité. Noiret ne cacha pas sa mauvaise humeur.

Redoutant des problèmes en série, le metteur en scène demande un médecin et un huissier à Art Média pour faire constater l'état de santé de Romy. Entretemps, celle-ci téléphone à La Closerie pour prévenir de son arrivée vers 13 heures 30. La brasserie étant louée jusqu'à 18 heures, Enrico ne dispose plus que de quatre heures pour mettre en boîte l'équivalent d'une journée entière de tournage. Un énorme retard à rattraper. Il y parvient. Romy, qui sublime toute l'équipe, se montre merveilleuse de professionnalisme face à un Noiret fulminant au moins à hauteur de son talent habituel. A 17 heures 45, tout est bouclé.

Grâce à Daniel Biasini, nous savons aujourd'hui que Romy, désireuse de mettre au monde un deuxième enfant, « Je veux un enfant parce que je l'ai décidé », s'était rendue chez son médecin. « Elle voulait s'assurer qu'elle était en bon état de marche », dira le futur papa qui ne fut pas consulté.

Paris, Biarritz, Montauban, le Quercy. Au fil du tournage, la tension entre Schneider et Noiret s'estompe pour laisser place à une franche complicité. Plus tard, le comédien révéla la nature de sa distance et de ses appréhensions vis-à-vis de sa partenaire : « J'étais totalement amoureux d'elle. »

« A l'époque, raconte Robert Enrico, Romy était dans une période heureuse, elle rayonnait de bonheur et était incroyablement belle. C'était un plaisir de travailler avec elle et elle a apporté beaucoup au personnage. Je crois qu'elle a voulu tourner *Le Vieux Fusil* car c'est un film qui dénonce la barbarie nazie. La scène du viol lui a posé des problèmes. La veille du tournage, elle m'attendait à l'hôtel. Alors que je revenais du montage vers deux heures du matin, elle m'a demandé de lui parler de cette scène, de la rassurer. Elle m'a prévenu qu'elle pouvait devenir très violente ; j'ai donc à mon tour mis en garde les figurants le lendemain. J'avais deux caméras qui tournaient. Romy était d'une telle violence que les comédiens n'arrivaient pas à la maintenir sur la table. Et quand elle réussit à s'enfuir, elle a failli crever l'œil de celui qui lui barrait le chemin. Elle l'a balafré. Et c'était la première prise !

« C'était une femme pleine et entière. Elle était également inquiète du tournage de la scène du lance-flammes. Mais la flamme n'était pas dirigée vers elle, il s'agissait d'un trucage optique et on lui balançait un jet d'air comprimé. Impressionnant. (...) Romy ne gardait aucune trace de ce qu'elle avait joué l'après-midi. On buvait du bordeaux, on riait, on discutait, on parlait du lendemain. Finalement, dans le quotidien, c'était quelqu'un que vous n'auriez pas remarqué. Elle portait toujours un imper, elle était habillée simplement, n'allait pas chez le coiffeur tous les jours. Et quand elle sortait de la loge du maquillage, c'était une reine. Tout d'un coup, elle était le personnage. Sublime. »

Le mercredi 20 août 1975, *Le Vieux Fusil* est présenté sur les Champs-Elysées, au cinéma George V : un raz de marée ! 774 000 spectateurs sur six semaines d'exploitation ; juste derrière *Peur sur la ville* de Verneuil mais mieux que *L'Exorciste.* La popularité de Romy Schneider est à son apogée. Dans les sondages, le public ne cesse de la plébisciter. Au mois de février n'a-t-elle pas déjà reçu à Paris L'Archange du cinéma des mains de Pierre Tchernia ? A Taormina, le Monaco sicilien, c'est un prix d'interprétation féminine qui lui est attribué.

Le 3 avril 1976, *Le Vieux Fusil* rafle le César de la meilleure musique (François de Roubaix), celui du meilleur film et Noiret se voit couronné « Meilleur acteur de l'année » grâce au rôle de Dandieu. Egalement lauréate ce soir-là : Romy, mais pour un autre film, *L'Important c'est d'aimer.* Triplé gagnant pour Enrico. Pourtant, en 1975, la critique dénonce la violence de son film. Bien plus tard, le cinéaste s'en expliquera : « J'avais un choix à faire. Opter pour la discrétion (à la française donc), mais comme c'était le moteur de l'histoire, j'ai choisi de faire un film très violent comme la scène où Noiret éclate la tête de l'Allemand dans le lavabo. La violence à l'époque faisait partie de la vie quotidienne. (...) Il faut montrer la violence, choquer l'imagination des spectateurs. Je refuse la gratuité de la violence d'un film comme *Doberman*, par exemple. Dans *Le Vieux Fusil*, les plans de violence étaient très courts mais complètement nécessaires à l'action. Le film, qui était interdit aux moins de treize ans à l'époque, est repassé devant la commission de censure et il est maintenant autorisé pour tout public. »

La récente histoire de l'Allemagne demeurait comme une tache dans le cœur de Romy. En éprouvant un sentiment de responsabilité exacerbé vis-à-vis de ce qui avait pu advenir à toutes les victimes du nazisme et surtout aux juifs, pendant les six années que dura la Seconde Guerre mondiale, elle refusait d'oublier. « Ne va pas croire, Daniel, que j'ai épousé mon mari (Meyen, d'origine juive) à cause d'un vague sentiment de culpabilité », déclara-t-elle un jour à Biasini. Leur fils pourtant reçut le nom biblique de David et le second enfant de Romy, celui de Sarah. Des symboles qui en disent long. Long comme les options de Romy sur des films tels que *Le Train, Le Vieux Fusil* ou encore *La Passante du Sans-Souci.* Christiane Höllger expliqua comment, longtemps après la fin de la guerre, les Allemands éprouvèrent une incommensurable honte à l'étranger. De son côté, Romy s'interrogeait souvent sur le fait que sa mère se soit installée en 1936 à proximité immédiate de l'endroit où Hitler avait édifié son nid d'aigle. Selon Biasini, les réponses évasives de Magda ne la satisfaisaient jamais. Romy : « Ma mère qui, en 1945, luttait, comme n'importe quelle autre mère, pour survivre et préserver la vie de ses enfants, n'a jamais eu le temps de nous éclairer sur ce qu'étaient la guerre et la paix. »

De décembre 1999 à mars 2000, une exposition consacrée à Romy Schneider se tint à Speyer en Allemagne : *Mythos.* Quelle ne fut pas la désagréable sensation du visiteur d'être accueilli par une première image, celle de Magda Schneider trônant parmi un groupe d'artistes autour de Hitler ! Le documentaire, de mauvaise qualité, était passé en boucle. La Présidente de l'Amicale Romy Passion (l'ARP), qui fut reçue à plusieurs reprises à *Mariengrund* du vivant de Magda, ne décolère pas devant l'emploi et le systématisme de procédés commerciaux aussi misérabilistes que fallacieux : « Nous nous interrogeons sur le choix de ces images qui, d'abord, ne sont pas représentatives d'une vie de 87 ans, celle d'une femme, d'une mère et d'une actrice et qui occultent ce que les Allemands pensent encore être leur responsabilité collective, en pointant une personnalité connue de l'époque. »

Cela nous prouve au moins que les Allemands n'ont toujours pas compris et accepté le fait que Romy ait quitté son pays pour la France, où son talent s'affirma et s'exprima en toute latitude. Nous pensions qu'ils avaient acquis une vigilance vis-à-vis des images exploitées par les régimes totalitaires par expérience et enseignement. Le ministère chargé de la propagande et le photographe attitré de Hitler, Heinrich Hoffmann, diffusaient des documents montrant des foules en pèlerinage à l'Obersalzberg, des personnalités politiques en visite à Berchtesgaden, comme le duc de Windsor et son épouse, en octobre 1937, sans oublier celles du cinéma, magnifique instrument. On peut s'interroger sur l'interprétation de ces images.

Par exemple, le public européen reste persuadé que l'engagement aux côtés des nazis de Zarah Leander n'était pas complètement apolitique alors qu'elle est considérée comme une légende en Allemagne. Elle a pourtant refusé tous les privilèges que le régime lui offrait ! En ce qui concerne Magda Schneider, nous aurions souhaité une représentation moins unilatérale et plus équilibrée alors que l'extrait de film de 1941 et les propos des guides ne laissent aucun doute sur ses opinions politiques. Pourtant, n'oublions pas qu'elle a été remarquée par un producteur de la UFA à Berlin, qui lui a obtenu un rôle dans *Fräulein falsch verbünden* (1932).

Elle a ensuite été engagée par le metteur en scène juif Max Ophuls avec lequel elle tourna *Liebelei* en 1933. Cette œuvre a été exportée dans le monde entier et a rencontré un grand succès. Cependant, lors de son passage à Berlin, pour des raisons raciales, les nazis ont interrompu son exploitation. Réfugié à Paris, Max Ophuls réalisa en 1933 une version française de *Liebelei* et fit appel tout naturellement à Magda Schneider et à des artistes français pour tourner celle-ci.

De plus, Magda Schneider avait reçu des offres alléchantes de Hollywood (entre autres de la MGM), qu'elle refusa. Dans ses Mémoires, les motivations qu'elle formula furent « l'amour de son pays » : « C'est-à-dire simplement le fait que je me sentais bien dans ma campagne et mes montagnes que j'aimais par-dessus tout. De tout mon être et de tout mon esprit, j'y étais très attachée. De plus, j'avais décidé de rester en Allemagne bien entendu pour des raisons privées. A l'époque, je venais de me fiancer avec Wolf Albach-Retty, mon futur époux. J'aurais dû tout abandonner si j'avais accepté les propositions de la Metro. J'ai donc préféré rester. J'ai préféré créer un futur foyer à mon goût, dans mes montagnes bavaroises, qui me permettait de me ressourcer après le travail. Ainsi fut construite notre maison de Berchtesgaden. »

« Lorsque l'on veut tuer son chien, on l'accuse d'avoir la rage. »

Reste qu'en Autriche, pays natal de Romy, la chape de plomb pèse encore sur les générations d'après-guerre.

« Qu'aurait pensé Romy de la patrie de son père où semblent se réveiller actuellement de vieux démons, s'interroge la Présidente de l'ARP ? On est loin des films de *Sissi* (quasiment les seuls de sa carrière à être connus et reconnus dans les pays germaniques) où le peuple autrichien aimait retrouver un passé plus glorieux : celui des temps impériaux. Quelle image plus réconfortante que celle des périodes troublées que Romy dénonça avec tant de cœur et de talent ! »

Daniel Biasini nous apprend que Romy intervint en faveur d'une reconnaissance réciproque d'Israël et de la Palestine : « Elle n'alla pas très loin dans cette voie : en 1972 eut lieu le massacre des jeux Olympiques de Munich. Ce crime atroce commis contre des juifs, une nouvelle fois sur le sol allemand, l'a empêchée de poursuivre cette action. »

A l'époque du tournage de *Bloomfield*, Romy qui, à l'instar d'Elisabeth, se sentait particulièrement attirée par le peuple d'Israël, eut l'occasion de faire plusieurs rencontres en Terre Sainte. Notamment avec Moshe Dayan. « L'homme au bandeau », à la réputation de Don Juan, avait émis le souhait de lui être présenté. Romy se déclara déçue de cette entrevue. « Peut-être Dayan avait-il produit sur Romy une impression rustique, par trop éloignée des nostalgies intellectuelles et philosophiques qui la préoccupaient », synthétisa Biasini.

# XIX

## L'APPEL DE BERLIN

*« Romy Schneider, c'est le frémissement d'une sensibilité à fleur de peau, la grâce vulnérable et, dans l'œil parfois, une touche de désastre qui fait frissonner. »*

Jacqueline Michel

LORSQUE le 18 décembre 1975, fondue parmi les passagers du vol Berlin-Paris de la Lufthansa, Romy, de retour d'Allemagne, foule le sol français à l'aéroport d'Orly, elle n'est plus vraiment la même femme. *Exit* Rose-Marie Albach-Retty. *Exit* Rose-Marie Haubenstock. Dorénavant il faut lui donner du « Madame Biasini » ! L'après-midi même, au cours d'une brève cérémonie civile à l'hôtel Gerhus, Daniel lui a passé la bague au doigt en prononçant un « *Ja* » timide mais triomphant. Ensemble, pendant des années, ils se sont appris, étudiés, adoptés finalement. Le coiffeur Alexandre est témoin du marié. Du côté de Romy, qui d'autre que l'inséparable Christiane Höllger peut s'acquitter de ce rôle ? Le divorce avec Meyen n'a été qu'un long et affligeant feuilleton au terme duquel, pour recouvrer sa liberté, Romy a dû céder la moitié de sa fortune personnelle, soit 3,5 millions de francs.

Le soir, les distances abolies, tout le monde se retrouve à Paris dans l'intimité du petit restaurant de Jean-Claude Brialy, rue Saint-Louis-en-L'Ile : L'Orangerie. Le bonheur se lit sur le visage des participants : Magda Schneider (« Elle s'enquit sans retard d'Alain Delon, typique de sa part », notera Biasini), son époux, Horst Fehlhaber, Claude Sautet, l'un des jeunes fils adoptifs de Joséphine Baker disparue huit mois plus tôt, la famille Biasini et pour finir David, petit souverain de la fête. A chacun la mariée apparaît lumineuse, mais tous ignorent sa torture, un méchant abcès chaud, qui la pénalise une partie de la soirée. Daniel redouble de prévenance. Lui aussi semble au paroxysme de la plénitude. La même ivresse de l'instant, déjà éprouvée sur le port de Calvi l'été précédent...

Durant toute la période estivale, Ramatuelle servit de refuge aux amants désireux de s'accorder quelques semaines de liberté. Au cours d'une croisière à bord de *La Danycha,* Biasini et sa compagne décidèrent de mettre le cap sur la Corse et d'accoster à Calvi, le temps pour Romy de répondre à un message de Visconti qui l'avait réclamée pour un film avec Alain Delon : *L'Innocent.* Placé à proximité de la cabine téléphonique, Biasini fut à même de décrypter le sens d'une conversation fort animée qui se termina soudainement par un virulent : « Non !, c'est seulement le moment de faire un enfant ! », de la part d'une Romy en état de nerfs. Un enfant ! Elle voulait un enfant de lui, lui Daniel qui, il y a quelques mois à peine, n'était rien d'autre que son simple secrétaire ! Plus tard, elle lui confirma son état en émettant le souhait d'avoir cette fois une petite fille.

« Il y a des moments pour faire des enfants et des moments pour faire des films, c'est le moment de faire un film ! » avait lancé le maître à Romy. A l'autre bout du fil, il dut fulminer. Le jour du mariage, déjà rongé par la maladie, il délégua Helmut Berger auprès de sa *Romina* pour exprimer son ardent désir de se réconcilier avec elle. Il mourut trois mois plus tard sans l'avoir revue. En 1978, « visiblement très émue », Romy fera son *mea culpa* à Marc Esposito de *Première* : « Maintenant je regrette un peu, c'est vrai. Un peu tard, n'est-ce pas ? »

31 décembre 1975. Romy se prépare à sortir dans Paris pour réveillonner en compagnie de Daniel lorsque de violents soubresauts la clouent sur le lit de sa chambre. Après la visite d'un médecin, l'admission d'urgence dans une clinique privée de la rue Nicolo est aussitôt décrétée. Le 1er janvier, à une heure du matin, on prévient Daniel : le bébé a cessé de vivre. Pour tempérer le choc, Biasini décide d'emmener sa femme loin de la grisaille parisienne : en Jamaïque. Ils y séjournent jusqu'à la fin du mois.

« Comme c'est beau », murmure Margot devant la splendeur silencieuse des ruines de Delphes, paisibles et dormantes sous le soleil d'août 1936. Puis, s'adressant à Boutros : « Toutes ces beautés vous laissent indifférent ?

– Pas du tout, je ne veux pas aimer ce qui n'est plus, ce qui est irrémédiablement perdu pour moi. Ce serait une aberration d'aimer une femme morte, n'est-ce pas ? »

De mai à juillet 1976, *Une femme à sa fenêtre* sous la direction de Pierre Granier-Deferre est en tournage dans le décor idyllique des vestiges de la Grèce antique. Victor Lanoux (Boutros) en activiste politique, Philippe Noiret (Raoul Malfosse), en industriel français épris de

Margot Santorini (Romy) : voilà un trio formidable qui, pour n'avoir su prendre corps, décevra à l'arrivée. L'intérêt des dialogues dans les toutes premières scènes ne tient pas ses promesses. Trop de confusion, de retours en arrière mêlés à des situations d'une complexité propre à détruire la crédibilité d'une œuvre trop et mal politisée. Les critiques n'y trouvent pas leur compte. Le public non plus. Sans doute fut-ce une autre erreur que d'avoir voulu reformer prématurément le couple Schneider/Noiret. Chacun était encore comme en arrêt devant Clara et Julien Dandieu. Difficile derrière *Le Vieux Fusil* d'être transporté par ce film sans éclat sauvé par la seule aura de Schneider. Moulée et chapeautée dans les créations de Jacques Fonteray, le costumier du Tout-Cinéma de Bardot à Signoret en passant par Belmondo, elle y évolue toute en grâce et en sensualité.

*Le Trio infernal*, c'était déjà Fonteray. Il offrira sa collaboration à Romy dans deux autres films et non des moindres : *Portrait de groupe avec dame* et *La Banquière.* « Merci à vous, c'est superbe », le remercie-t-elle un jour sur l'un de ces petits mots qu'elle affectionnait d'écrire et de glisser ensuite sous la porte des chambres de ses camarades de tournage dans les hôtels.

Avec Granier-Deferre, en revanche, l'atmosphère fut à l'orage : « On s'est beaucoup disputés, surtout vers la fin parce qu'elle n'était pas très sage, elle sortait trop tard la nuit en Grèce et je le lui reprochais. Je lui disais que je ne pouvais pas faire de gros plans le matin ; enfin les habituelles imbécillités de notre métier. On se fâchait. A la fin, on ne se parlait que par l'intermédiaire de l'assistant. Et on est retombés dans les bras l'un de l'autre à la synchronisation en se disant qu'on était des imbéciles et qu'il ne fallait pas se fâcher pour cela.

« Enfin, on passait son temps avec elle ! Ce n'était jamais calme, moi qui suis très "en dedans", enfin en apparence. Et cela l'énervait un peu aussi. Elle avait une habitude : après chaque prise, elle voulait tout de suite croiser le regard du metteur en scène. Or, je suis un metteur en scène qui se cache derrière l'appareil et toujours derrière deux ou trois personnes. Et à travers ce qui me reste de vision, je regarde exactement ce que je veux voir mais je me sens caché et elle ne trouvait jamais mon regard à la fin de la prise. Elle piquait alors des rognes épouvantables en me disant : "Il n'est jamais là, il est toujours caché !"

« Je ne suis pas non plus un enthousiaste apparent. Je suis froid et, en général, quand je dis : "Bon, on passe au plan suivant", c'est que la dernière prise m'a plu énormément. Mais Romy n'aimait pas cela. Romy aimait qu'on dise : "C'est formidable, il faut le refaire !", parce que plus c'était formidable, plus il fallait le refaire. Elle espérait toujours atteindre quelque chose, c'est là que cela rejoint la femme, elle espérait rejoindre quelque chose dans la vie, elle ne l'a jamais rejoint, je crois qu'elle avait besoin de beaucoup d'amour, mais beaucoup besoin d'aimer, elle, et elle avait du mal, je crois. »

Piccoli, Dutronc, Ottavia Piccolo : pour son prochain film, *Mado*, Claude Sautet réunit une brillante équipe. Par amitié pour le « cousin » Sautet, Dutronc n'hésite pas à refuser un rôle dans *L'Innocent*. Lui aussi, comme Romy, regrettera ce manqué avec Visconti. D'autant plus qu'ils se sont ratés de très peu ; Piccolo venant d'accoucher demanda à Sautet de retarder de six mois le début du tournage. Un délai qui eût permis à « l'homme au cigare » d'assurer *L'Innocent*.

A peine rentrée de Grèce où Biasini est venu la rejoindre, Romy se prête aux exigences du rôle d'Hélène dans *Mado*. Quelques jours seulement, sa prestation se résumant à une simple participation. « Quant à Romy Schneider, elle n'a qu'une scène, mais quelle scène ! et quelle Schneider ! » se pâme José Maria Bescos, dans *Pariscope*. Les deux sont en effet restées dans toutes les mémoires. Romy n'est plus désormais une comédienne géniale, elle incarne le génie de la comédienne, mais sans doute, malgré ses déclarations (« Parce qu'une scène réussie, belle comme celle-là, ce n'est pas que du cinoche ! Ce n'est pas quelque chose de tra-la-la, superficiel. Vous voyez, je suis contente aussi, parfois ! »), en est-elle la dernière convaincue. Les réticences du Prix Nobel de littérature Heinrich Böll à son égard ne vont faire qu'accroître ses doutes et la plonger dans le désarroi.

Contactée par le cinéaste yougoslave Aleksandar Petrovic pour *Portrait de groupe avec dame*, une adaptation d'un roman de Böll, Romy apprend en cours de tournage que l'écrivain l'a d'abord refusée et que c'est seulement après le désistement de l'actrice Angela Winkler et le visionnage de l'un des derniers films de Schneider, qu'il a consenti à lui donner sa chance. Un coup de poignard pour Romy encore nimbée de son récent César français. Elle croit utile de se justifier en écrivant une lettre à Böll dans laquelle elle demande à le rencontrer. La légende veut que les quatre heures passées en compagnie du Prix Nobel aient été pour l'actrice parmi les plus belles de sa vie. Biasini, qui fut du voyage à Berlin le temps du tournage de *Portrait de groupe*, le dément : « Romy, paralysée par le respect qu'elle portait à l'écrivain, rencontra ce jour-là un homme fatigué et probablement pas plus intéressé que cela par un entretien avec une star du cinéma. Disons simplement que l'entrevue fut agréable (et il est des personnes qui considéreraient ce jugement comme impitoyable, s'agissant d'une telle rencontre). »

Le producteur allemand du film dut conserver, quant à lui, un souvenir plus épique de son premier contact avec madame Biasini, rue Berlioz à Paris. Christiane Höllger, surnommée « Professeur Baabi » par Romy, y assistait et s'en souvint pour Arte : « Tout de suite, la conversation prit une tournure effroyable, irrationnelle. D'une telle absurdité, que je suis restée cloîtrée sur mon siège, complètement ahurie. Romy était agressive, épiait ses réactions, avait des exigences aberrantes de star hollywoodienne au sujet de l'équipe française qu'elle voulait imposer. Au point de remettre en cause le contrat (déjà signé). Elle se délectait dans un rôle de composition qui faisait fi de la réalité. En alternant le jeu du pouvoir et de la soumission, elle jouait la petite fille qui demandait si elle était vraiment assez bien pour un film aussi sérieux traitant de l'Allemagne de l'après-guerre. Puis elle s'aperçut qu'elle n'aboutirait plus à rien, son interlocuteur, bien que stupéfait, restant très poli.

« Elle était hors d'elle. Je ne l'avais jamais vue ainsi. J'essayais encore de me convaincre que tout ceci n'était qu'une comédie grossière à prendre au second degré. Et je pensais qu'elle agissait par pure provocation, qu'elle exploitait l'image du producteur en tant que vulgaire escroc. Puis, elle se leva et disparut. Elle revint une demi-heure plus tard, s'excusa de son absence et reprit la conversation comme si de rien n'était. Elle était complètement transformée : spirituelle, prévenante, détendue, souveraine et aimable. Ils se quittèrent en excellents termes ! J'étais tellement sidérée que je lui ai dit quelque chose comme : “Tu as encore réussi à renverser la situation.” Elle me répondit : “Qu'est-ce que tu crois ? Je ne sais pas ce qu'il y a d'extraordinaire là-dedans. J'ai pris des remontants, des cachets, tu sais.” C'est son air entendu qui me choqua le plus. Nous avions souvent parlé de ses difficultés à assumer les extrêmes, les moments forts de sa vie professionnelle et le néant de sa vie privée. Ses “hauts” et ses “bas” comme elle aimait à le dire. Mais elle avoua sans façon et même avec une certaine provocation qu'elle utilisait des euphorisants mélangés à du vin, comme quelqu'un qui venait de découvrir la meilleure ligne de bus pour aller travailler chaque matin. Et cela me laissa sans voix. Elle me jura ses grands dieux qu'elle pouvait aussi s'en sortir "sans ce truc" quand elle ne travaillait pas et qu'elle n'avait pas à faire face à tout ce stress. Je l'ai crue. Je voulais la voir telle que je l'avais connue et aimée, avec toute son ironie, son ouverture d'esprit, son charme, sa vulnérabilité. Je préférais voir en elle Rosa, mon amie d'autrefois, même sous l'emprise des drogues, que la Romy Schneider officielle que je venais de voir il y a quelques instants. »

Ce retour de l'enfant prodigue en Allemagne est ressenti par l'actrice internationale, une star « vieille de 50 films », comme une épreuve. La presse, encore et toujours, la persécute. En refusant de les recevoir, elle se met à dos les représentants des journaux dits « à sensation ». La « traîtresse » méprise et déçoit ses millions de fans restés fidèles à *Sissi.* L'Allemagne continue d'être pour elle un terrain miné, une aire de vie irrespirable, une zone d'espionnage active dont elle est chaque jour la victime. Elle se sent épiée, analysée, ses gestes ou ses silences sont l'objet de commentaires toujours plus délavés : un véritable enfer légal et autorisé. Terminer les dix semaines de tournage avec Petrovic et fuir, fuir le plus vite possible, comme Elisabeth autrefois, à bride abattue, en amazone sur son cheval, loin de Vienne et de ses responsabilités de cour dans un palais peuplé d'êtres hostiles.

La presse sérieuse veut procéder à son sacre, réparer les erreurs passées, présenter Romy comme une victime de l'ère Adenauer, occulter savamment sa carrière de jeune fille, oublier son arrogance ; le mal est fait. Lors de ses rares « interrogatoires », aucun son ne sort de sa bouche. « Son angoisse irrépressible des interviews, sa peur de ne jamais être à la hauteur, son besoin irraisonné de sécurité, ses difficultés à assumer sa célébrité la rendirent muette », explique Christiane Höllger.

Romy, cependant, est la seule rescapée du massacre de *Portrait de groupe avec dame* par la presse. Une médaille d'or du Cinéma allemand lui est attribuée, qu'elle n'a même pas l'ambition d'aller recevoir. En mai 1977, néanmoins, elle se prête à l'exécution de l'une des clauses du contrat qui a prévu sa participation à la promotion française du film. Le festival de Cannes l'accueille en grande pompe pour une présentation hors compétition, gâchée par une grève des journalistes. *Portrait de groupe avec dame* à Cannes ou Chronique d'un désastre complet ! Michel Galabru, partenaire de Romy dans le film et lui aussi présent à Cannes, n'a retenu que lumière et bonheur de son expérience auprès de *Rominette* : « (Elle) a vraiment été délicieuse avec moi. Je ne la connaissais pas. Quand je suis arrivé à Berlin, on m'a dit : "Venez, on va vous présenter à Romy Schneider." J'ai dit : "Non, demain." Elle me donnait la trouille. Alors, je suis entré dans une roulotte et cela m'a plu infiniment parce que c'est mon goût. Elle écoutait des valses de Vienne. C'est une fille qui a été tellement gentille pour moi et après à Cannes ! (Devant les marches), elle me dit : "Michel, montez avec moi." Je me disais, c'est pas possible ! "Si, si, montez avec moi." Je ne savais pas où me fourrer, parce qu'on aurait dit : qui c'est ce type à côté ?... Pour la descente, je me suis caché. Elle m'a attendu pour redescendre. Après, elle m'a dit : "Michel, choisissez un roman, un texte, un scénario, je le tourne avec vous !" Vous vous rendez compte ? Elle m'a fait ça, parce que moi j'étais un second rôle. Elle était la grande vedette, il ne faut pas l'oublier ! »

Une dernière lettre est adressée à Böll écrite depuis la Croisette dans laquelle l'actrice blessée confesse ne pas avoir lu la presse allemande et déplore le travail de montage de Petrovic qui a selon elle amputé son rôle. Elle termine par quelques mots ensoleillés en évoquant son retour « dans notre beau pays de Ramatuelle ! Et dans deux mois le bébé arrive !!! », ajoute-t-elle au paroxysme d'une saine exaltation.

Puis, subitement, Romy au bras de son mari s'applique à disparaître, sans laisser trace derrière elle.

# XX

## UN BONHEUR BLOND

*« Le rire, c'est parfois une façon qu'a l'horreur de crever. »*

Romain Gary

« ELLE me fit l'effet d'un vilain petit singe. » Celui qui commenta bien des années plus tard la venue au monde de mademoiselle Sarah Magdalena Biasini, n'est autre que Daniel, son papa. La scène, pourtant, n'emprunte guère son décor au jardin d'acclimatation de Boulogne mais à l'immaculé d'une petite clinique varoise, L'Oasis, plantée en bordure de la Nationale 98 qui mène à Saint-Tropez. Admise d'urgence dès le 14 juillet 1977 au service de la maternité après la perte de ses eaux, impatiente et anxieuse, Romy y attend la délivrance.

Le 21, l'accouchement a lieu. Très en avance sur le calendrier prévu, Sarah est une prématurée, d'où cet aspect simiesque qui « effraya » son père. Mais l'urgence est ailleurs ; il faut impérativement placer l'enfant en couveuse. Aussi, dès après son premier cri, dans un branle-bas de combat spectaculaire, la dirige-t-on vers l'hôpital Lenval de Nice, mieux équipé. Les fées de la Chance et de la Nature pourvoient au reste.

La mère et l'enfant sains et saufs, Biasini goûte enfin auprès de sa femme aux joies de la paternité. L'ont-ils désiré cet enfant ! Romy surtout ; animalement, viscéralement. Plus rien désormais ne doit compter que cette famille toute neuve. Rien ! Au diable les scénarios et les contrats. Dès le début de l'année, lorsqu'elle acquit la certitude à nouveau de porter la vie en son sein, l'actrice se fit femme, reportant *sine die* l'instant du retour dans la fosse aux lions. Premier félin, le seul admis à venir rôder par chez elle dans sa maison de Ramatuelle, nouvellement inaugurée et où elle compte bien vivre aussi longtemps que possible : Sautet. Claude Sautet, celui des *Choses* et de *Rosalie*. L'autre aussi ; celui qui « sait ». Ce n'est pas vierge d'intentions que le professionnel visite sa muse, mais il est en mesure de décoder ses variations de femme et les respecte pour ce qu'elles ont de sacré. Romy exige du temps ; il lui faut regarder sa vie en face, sereinement, sans contrainte et rire, rire en liberté avec elle-même. Maman à trenteneuf ans ; elle n'osait plus y croire. Avec l'arrivée de Sarah, petit ange de blondeur, renaissent dans la couleur et le mouvement, sous son regard émerveillé, toutes les poupées de son enfance rangée dans un lointain chalet de pierres et de bois.

« Berlioz » vendu environ deux millions de francs, la somme est réinvestie dans l'achat de « Ramatuelle », coûtant plus du double. Depuis Pâques, les travaux et les dépenses afférentes sont allés bon train pour transformer et aménager la propriété. La vie a pris d'autres teintes. Avec la naissance de Sarah, un foulard sur la tête, Romy se met au vert et règne en maîtresse sur son verger. Changement radical d'univers également pour David, inscrit dans un collège sans histoires de Saint-Tropez. Mais soudain, le mauvais grain de sable dans le circuit d'un bonheur trop bien huilé.

Tout démarre par une banale histoire de scénario écrit et proposé par Biasini à Claude Sautet. Fière et enthousiasmée par le projet, Romy exprime son désir de faire partie de la distribution, dans un film, le premier, écrit par son jeune mari. Le réalisateur autant que l'ami ne voit aucun rôle pour elle dans cette fiction. Ce serait une erreur de parcours pour Romy. Elle insiste. Sautet maintient sa position. Elle tempête. Il reste ferme. Une dispute éclate ; le début d'une fêlure dans un vase de Chine.

En 1980, *Un mauvais fils* se fait donc sans Schneider avec le succès d'estime que l'on sait. « J'ai toujours eu envie d'aborder des rapports père-fils, pas dans le sens de l'enfance, adolescence, mais de génération à génération, par exemple quelqu'un de vingt-cinq ans et quelqu'un de cinquante ans, raconta la même année Claude Sautet à Chantal de Béchade dans *Cinéma, Images et Son*. Je n'avais pas d'anecdote sous la main et il s'est trouvé que Daniel Biasini m'a exposé un récit qu'il était en train d'écrire et, tout de suite, ce qu'il m'a raconté m'a bouleversé. Dans les dix premières minutes je me suis dit : voilà le point de départ qu'il me faut pour faire un film et dans son récit était contenue la matière première qui fait le *Mauvais fils*. C'est-à-dire quelqu'un qui recherche de la drogue, qui essaye de retrouver le fil ombilical, une communication naturelle avec les autres, qui est pris d'une quête d'amour, d'un besoin d'échanger, de partager et qui va avoir beaucoup de mal à y parvenir. J'ai d'abord cru que c'était une histoire vraie et je me suis aperçu que c'était un fantasme de la part de Daniel Biasini ; mais tous les scénarios sont des fantasmes, sinon ce sont des documentaires. »

Romy encaisse mal ce qu'elle considère comme un rejet, pis, une trahison ! Aux dires de Biasini, l'horizon de sa femme s'obscurcit soudain sans retour à partir de ce moment : « Curieusement, ce différend artistique eut des répercussions sur notre couple. Romy se mit tout d'abord à broyer du noir. Elle tentait de comprendre la décision de Sautet et lui imaginait des causes invraisemblables : “A quarante ans, je suis sans doute trop vieille pour passer encore à l'écran !” (...) Du jour au lendemain, à peine deux ans après notre mariage, elle se mit à parler de notre différence d'âge : “Quand j'aurai cinquante ans, tu en auras à peine trente-neuf. Est-ce que je t'intéresserai encore ?” Elle posait de plus en plus souvent ce genre de questions, qui commençaient à produire l'effet d'un poison sournois et mortel. Nos relations en souffrirent. Même dans les moments de bonheur, quand nous étions dans les bras l'un de l'autre, elle ne pouvait s'empêcher d'évoquer ce sujet. On l'aurait crue en proie à des pulsions masochistes. Tout se passait comme si cette femme intelligente et belle avait soudain oublié combien elle était séduisante. Elle que j'avais connue si drôle et souvent taquine se laissait peu à peu sombrer dans la mélancolie. »

L'âge, toujours et encore ! A son admiratrice et confidente Elise Lebourgeois qui lui a adressé au mois de mai la photo triomphante de ses noces d'or, Romy, généreuse, s'enthousiasme mais dans sa lettre perce un cri sourd d'appel au secours, un aveu caché d'échec personnel qui semble la désorienter. Elle a conscience d'avancer désormais à l'aveuglette, mais elle avance, c'est le seul choix dont elle s'estime encore capable :

« *Très chère Elise,*

*J'ai inversé les rôles ! A mon tour de vous offrir un petit compliment. Mon dieu ! cinquante ans de mariage, félicitations, ça ne m'arrivera* jamais *!!!*

*Vous semblez si épanouie sur cette photo, ce n'est pas du cinéma.*

*Voici donc une année d'anniversaires pour chacune et des projets professionnels pour ma part (un film avec un rôle créé pour moi !), une histoire de femme, d'accord de* quarante ans *(eh oui* déjà *!) Le tournage devrait commencer cet été. Le projet m'enchante mais m'éloigne de ma petite Sarah. J'éprouve quelques difficultés à vouloir tout gérer. Comment faisiez-vous avec six enfants ? Je ne sais pas si j'aurais l'énergie nécessaire pour faire les choix* justes *! Et je vous envie quelque part, grand-mère comblée, entourée de votre famille. Gardez votre charme, la spontanéité vous illumine, comme sur cette photo. Comme le temps passe vite. Toute ma tendresse. Romy.* »

Au tout début de l'été 1978, quand débute la première des dix semaines de tournage d'*Une histoire simple*, rôle-cadeau de Sautet à Romy pour ses quarante ans, l'atmosphère est chargée. Le retour de Schneider a été annoncé un peu partout et la pression sur l'actrice est conséquente. Au bonheur contenu des retrouvailles avec la caméra se mêle l'inévitable appréhension du « premier jour ». Romy à Marc Esposito *(Première)* : « Après *Mado*, dans lequel j'avais une très belle scène à laquelle je me suis beaucoup attachée, j'ai dit à Claude : "Je voudrais que tu écrives une histoire de femmes, parce que j'en ai un peu marre que ce soient toujours des histoires de mecs." D'hommes, pardon ! *(Rires.)* Il m'a répondu : "Je vais y penser." Et un jour, il est venu me voir, et m'a annoncé qu'il pensait que cela y était, qu'il avait, en tout cas, un fil conducteur.

« Alors Claude s'est mis à écrire, tout seul, longuement, avec précision, et passion, comme toujours. Et ensuite, il a retravaillé avec Jean-Loup Dabadie. Pendant qu'ils écrivaient, bien sûr, on s'est vu souvent. » Esposito encore, fervent supporter de Romy, qui a le privilège d'assister à la mise en boîte de quelques scènes du film dans les studios de la rue Francœur à Paris. Avant de le transcrire dans son article à paraître, il goûte au spectacle d'un accord parfait entre une actrice et son Pygmalion : « Nous nous sommes contentés de les regarder travailler. Fascinés par la précision, la passion de ce metteur en scène chaleureux. Et par l'attention, la docilité presque, avec laquelle Romy Schneider l'écoute, le suit, le précède aussi. Bêtement étonnés et charmés de voir, entre deux prises, sur le visage de Romy Schneider ces mille variétés de sourires qu'on croyait inventés seulement pour le cinéma. »

De l'aveu même de Romy, les deux complices ont grandi depuis *César et Rosalie*. Ensemble ou séparément, ils ont évolué et leur relation a gagné en confiance et en fiabilité. Deux mois avant la sortie du film prévue fin novembre, Esposito lance les paris sur le triomphe de l'association Schneider/Sautet/Dabadie/Boffety/Crémer/Brasseur... (et les autres). Après les échecs consécutifs d'*Une femme à sa fenêtre* et de *Portrait de groupe avec dame*, Romy n'a pas droit à l'erreur. Elle le sait. Aussi met-elle toute sa fougue et ses tripes pour rendre authentique et poignant le quotidien « nouvelle France » d'une séduisante quadragénaire, Marie, qui jongle avec les élans de son cœur et des sentiments partagés. Fragile comme toutes les femmes possédant ce mystère de la force. Solide à force de fragilité. Toute la complexité des êtres face à des situations : le réservoir de Sautet.

Pour la première fois, Romy n'assiste pas aux rushes : l'influence de Sautet qui, pour éviter les conflits au jour le jour l'a persuadée d'attendre le montage final du film pour le visionner seule ! Elle s'est pliée à cette discipline : « Il est vrai que j'ai une telle confiance en Claude. »

Le 24 novembre 1978, chacun est venu, chacun a vu ! Pari gagné ! *Une histoire simple* rallie tous les suffrages et rassemble les foules. Deuxième film français derrière *La Carapate* de Gérard Oury, 665 000 spectateurs de la seule région parisienne se précipitent dans les salles obscures pour le découvrir. Romy a fait entrer Marie dans les inconsciences, donnant au cinéma hexagonal de somptueuses lettres de noblesse. Esposito à nouveau : « Romy Schneider, assise en plein soleil sur une chaise longue, relève doucement sa petite robe blanche à mi-cuisses et, les yeux clos, imperceptiblement, sourit. Voilà : *Une histoire simple*, le dernier film de Claude Sautet est fini. Déjà. Alors, on aurait tellement aimé qu'il dure encore un peu qu'on reste assis quelques instants face à l'écran déserté. Silencieux, pour ne pas rompre le charme. Avec, très vite, la furieuse envie de le revoir afin de se replonger dans cette chaude fraternité d'êtres absolument familiers qui peuplent le petit monde de Claude Sautet. Et puis aussi, afin de voir, de comprendre comment il s'y prend, ce diable de Sautet, pour que le moindre regard, le moindre sourire, la moindre conversation de bistrot, soient à ce point chargés d'émotion véritable.

« Car évidemment dans *Une histoire simple*, on oublie tout de suite que l'on est "au cinéma". Parce que, dès la première image, l'écran est "habité" par une foule de personnages immédiatement crédibles, proches. Et par Romy Schneider, bien sûr. Dont l'entente, la complicité avec Sautet sont telles que c'est la caméra elle-même qui semble amoureuse de ce visage enfantin et grave qui sait exprimer – qui exprime – toutes les nuances de la sensibilité féminine. Alors oui, voir *Une histoire simple*, c'est un peu "le bonheur". Celui de voir un beau film qui vous fait regretter d'avoir appelé "beaux", tant de films qui n'étaient que "bons". Un film auquel on brûle d'emmener tous ceux qu'on aime pour partager avec eux ce moment privilégié. Un de ces films, rares, dont on espère qu'il sera vu même par ceux qui ne vont plus au cinéma qu'une fois par an, histoire de les réconcilier définitivement avec ce plaisir qu'ils croyaient perdu : être heureux grâce à un film. Tout simplement. »

La profession ne s'y trompe pas, qui décerne à Romy, le 3 février 1979 à la salle Pleyel, un second César. A nouveau, elle est reconnue comme l'actrice de l'année la plus méritante. Qui ne conserve au fond du souvenir la pompe de ces cérémonies officielles retransmises en direct par la télévision, où chacun croisait les doigts et retenait son souffle au diapason avec Romy ? Nous semblait-il alors que la vie pouvait encore lui sourire sans tricher ?

Plus la barre s'élève, plus l'actrice se croit en devoir de défier les hauteurs, mais entre deux angoisses de ne jamais y parvenir, Romy savoure la qualité d'un parcours qui doit beaucoup à Sautet. Le 22 février, dans *Ciné-Revue* : « Claude m'a fait confiance alors que tant d'autres me considéraient comme une belle femme sans doute, mais stupide. Il a créé des personnages pour moi, des êtres aux facettes multiples, complexes, des portraits parfaits de la femme d'aujourd'hui. Des femmes qui se battent pour leur émancipation et qui subissent encore ces énormes préjugés monstrueux que leur impose leur condition. Il y a eu une telle collaboration entre Claude Sautet et moi qu'il est difficile de dire s'il a contribué à la création de mon personnage au cinéma ou si je lui ai apporté les témoignages indispensables pour donner une dimension humaine à ces femmes. Dans *Une histoire simple*, tous mes problèmes et toutes mes croyances se trouvent dans le film, mais je n'aurais pu les exprimer sans l'aide de Claude Sautet. Il m'avait demandé de jeter un regard très profond en moi, d'exprimer tout ce que je n'avais jamais voulu admettre même. »

# XXI

## QUAND SE COMPLIQUENT LES HISTOIRES SIMPLES

*« C'est du plus profond d'un être qu'émane le besoin de ruiner illusions et certitudes, facteurs du faux équilibre sur lequel repose la vie. »*

Cioran

NOËL 1978 offre à Romy une dernière guirlande d'illusions. Passé ce cap aux couleurs passagères, la machine infernale se remet en branle. Biasini, le premier, en fait les frais. Depuis la querelle du *Mauvais fils*, un mécanisme s'est déclenché en elle, qui la taraude. Quarante ans : épanouissement ou déclin ? Costa-Gavras : « Les gens en dehors du cinéma voient les acteurs comme des êtres exceptionnels. Une actrice, surtout, qui commence à vieillir, qui dépasse trente-cinq ans, tout d'un coup a moins de rôles. Et puis, cette extraordinairement belle femme qu'était Romy, qui se regarde dans le miroir et qui voit que les maquilleurs prennent des heures pour la transformer parce que les rides commencent à apparaître, la vie est là, les années sont là. Les gens ne comprennent pas que c'est un choc ! »

L'exécutante au service de ses maîtres commence alors à parler rébellion quand elle se sait encore prête au sacrifice pour la cause d'un art devenu lierre, pis : le sérum vital de ses jours. Caressez un cercle... « Moi je n'en veux plus de la tyrannie des metteurs en scène, ou d'un certain égoïsme des metteurs en scène qui débordent un peu trop pour moi quelquefois, s'ouvre Romy au journaliste venu la filmer devant un feu de cheminée. Je n'aime pas. Je refuse et c'est tout. Moi aussi, j'existe. Je suis là ! Je ne suis pas un instrument. Pas seulement. Pas "pas seulement" : pas du tout ! C'est que de plus en plus j'ai compris combien ils prennent de moi. Au début, je n'ai pas compris. Peut-être déjà dans *Sissi,* je donnais beaucoup, beaucoup, mais je ne le savais pas très bien. L'inconscient. Maintenant, c'est autre chose. Il n'y a pas de cadeau dans ce métier. Aucun. On ne m'en donne pas, je n'en donne pas. Je n'ai pas un mot de plus à dire là-dessus ! »

Hormis le navrant *Bloodline (Liés par le sang)*, de l'Anglais Terence Young, un cuisant échec commercial ainsi balayé par la critique de *Télérama* : « L'ennui règne, luxueux et distingué : on a envie de commander à la firme Roffe un antisoporifique puissant », deux films d'importance vont faire de 1979 une nouvelle « année Romy Schneider » : *Clair de femme* et *La Mort en direct (Death watch)*.

« Voilà presque cinquante ans que l'on nous parle de la crise des valeurs. Il y a pourtant une valeur bien vivante qu'aucun sarcasme, aucun terrorisme intellectuel, aucun travail de sape n'est parvenu à entamer : c'est le couple. J'entends par là un homme qui vit une femme, une femme qui vit un homme. » Ainsi s'exprime dans les années soixante-dix Romain Gary, auteur de *Clair de femme*, présentant son œuvre à la presse.

Séduit par l'histoire de deux voyages additionnés au bout de la nuit, le réalisateur d'origine grecque Konstantinos Costa-Gavras engage Yves Montand (l'un de ses acteurs fétiches) et Romy Schneider pour honorer cette fiction de maître, où les issues les plus désespérées ouvrent un lendemain. Aligné sur le concept et les dialogues de Gary qui lui conseille pourtant de se démarquer, Costa-Gavras change de style. Lui, le cinéaste engagé, dénonciateur de tous les totalitarismes, se repose ici de ses luttes en s'installant dans le conventionnel.

Dans son texte, superbe, l'auteur qui comprit trop de la vie, au point de n'en plus vouloir un jour pour lui même, vernit chaque réplique de ses vertiges existentiels et roule pour le « désespérément optimiste ». Reste néanmoins qu'en demeurant fidèle à Gary, Costa-Gavras reproduit une certaine inaccessibilité de l'œuvre aux béotiens. A la sortie du film, le 29 août 1979, la critique fait de ce reproche un leitmotiv. Le résultat de cette censure : trois mois d'exclusivité à l'affiche et 560 000 spectateurs pour *Clair de femme*, mieux que *Tess* de Polanski !

L'étoile de Romy scintille haut, de plus en plus haut, parmi celles d'autres rares éternels. La France qui l'a adoptée, élevée, choyée, lui a donné une identité. Elle est le point de mire. Celle qui se fait aimer de si loin et que l'on voudrait tant voir de près. Costa-Gavras se souvient que, lors du tournage de *Clair de femme* dans les rues de Paris, le public venait davantage vers elle que vers Montand. Mais elle s'enfuit déjà, loin, très loin à l'intérieur d'elle-même. Romy a ostensiblement changé et si rien n'est encore désespéré, le goût du malheur a déjà creusé profond.

Au mois d'avril, aux fins de la sortir de sa spirale, Daniel Biasini renoue avec les bons vieux remèdes ; il enlève sa femme pour une tendre villégiature à Puerto Valerta, au Mexique, et songeant à son agrément loue une maison jadis occupée par Liz Taylor et Richard Burton alors en pleine lune de miel. Mariage numéro un, deux, trois ? L'Histoire reste muette, mais le présage ne se révèle pas du meilleur cru.

Survient le drame, qui surprend Romy dans son aire de liberté. Le 15 avril, on lui fait part du suicide d'Harry Meyen à Hambourg : parvenu au bout de sa dépression, il s'est pendu avec une écharpe en laine à l'échelle de secours longeant son balcon. Bien des choses avaient éloigné les deux ex-conjoints depuis l'installation de Romy en France, mais il leur restait David et les liens, bien que tendus et distendus, ne s'étaient jamais véritablement rompus. A présent il va falloir faire face pour avertir David tout en le préservant. Et ces journalistes allemands à l'affût qui vont la cerner encore une fois, guetter ses larmes ou ses yeux secs, lui soutirer un commentaire, une petite phrase qu'au besoin ils inventeront. Courageusement, Romy fait le voyage jusqu'à Hambourg pour assister aux obsèques. Puis, elle rentre à Paris, mitraillée par les photographes à l'aéroport d'Orly. Très vite, son métier la happe à nouveau, elle s'y réfugie consentante, la peur au ventre. Condamnée à jouer. « Romy avait un trac épouvantable avant chaque début de tournage, peu à peu, ce trac s'est installé dans sa vie. » (Claude Sautet.)

L'argent ne fut jamais un fil conducteur dans la vie de Romy. « Juste un moyen pour elle de vivre bien », écrit Daniel Biasini. Et d'en faire profiter son entourage, pourrions-nous ajouter. Généreuse jusqu'à la prodigalité, son non-sens des affaires va la pousser à commettre de grossières erreurs qu'elle laissera en héritage au père de sa fille. « Les cachets réels de Romy n'avaient rien à voir avec les sommes astronomiques qu'évoquaient les rumeurs, nous apprend encore Biasini. Et ils ne représentaient pas grand-chose, pour cette star internationale, si l'on tient compte de toutes les difficultés de tournage et du renoncement régulier à une certaine qualité de vie, loin de sa famille. Les relevés de virements sur son compte permettent de rétablir ce qu'il en est. Ils indiquent qu'elle veillait effectivement à ne pas exiger des cachets mirifiques, ce que certains contestaient avec un petit sourire. Elle ne voulait pas entrer dans ces parties de poker fou auxquelles s'adonnaient déjà, à l'époque, d'autres acteurs américains ou européens. »

Quelle est donc la motivation qui pousse Romy à vendre son nom et son image pour des produits publicitaires, dans le courant des années soixante-dix ? En 1968, déjà, en Allemagne, elle fait la promotion d'un mousseux en levant une coupe de Sühnlein-Sekt, tandis que de l'autre côté de l'Atlantique, à quatre-vingt-six printemps l'indétrônable Mae West vante les mérites d'une eau de source. Ou de jouvence ! Sept ans plus tard, en France, à une époque où la publicité fait son cinéma, revoilà le minois de *Romina* au-dessus d'un slogan infaillible : « Lux Hydracrème, la formule "joli teint de Romy Schneider". » De Hollywood à Cinecittà, de très nombreuses vedettes sollicitées par la célèbre marque de savonnettes se sont succédé à cette place. La publicité est payante et n'a rien de péjoratif, à condition de savoir en sortir. Aussi, Romy renouvelle-t-elle l'expérience. En 1979, la marque d'assouplissant Woolite lui fait la même alléchante proposition qu'à Sylvie Vartan, entre autres, pour défendre les senteurs de ses produits. Cette fois, le commercial mêle carrément la littérature au cinéma devant une Romy au charme slave, enveloppée dans ses pulls, qui s'ébranle lentement dans un merveilleux attelage : « Eh bien, Katia, ma Troïka va-t-elle assez vite pour te plaire ? » Les mains de Katia s'agitent dans son petit manchon tandis que les chevaux secouant leurs clochettes d'argent filent gaiement sur la neige ensoleillée.

Ainsi, à l'instar de Romy, l'on devait voir plus d'une vedette pointer un pied dans le quotidien du consommateur.

*Que la fête commence, Le Juge et l'Assassin, Les Enfants gâtés.* Dès les premiers films d'importance de Bertrand Tavernier, la « Grande Faucheuse » rôde sans véritablement s'installer. Avec *La Mort en direct*, son nouveau projet, la voilà qui occupe l'espace tout entier. Le jeune réalisateur français ne daigne pas s'appesantir outre-mesure sur ce sombre penchant : « Je déteste filmer les boîtes de camembert. » Le jeu et la personnalité de Romy Schneider, l'actrice qu'il a choisie, lui arracheront bientôt un lyrisme plus coulant : « Chez elle, rien n'est truqué. Sa façon de restituer l'émotion est très pure et très morale. Elle est magnifique. C'est un *Stradivarius* ! »

Tiré d'un roman de David Compton, *The Continuous Catherine, La Mort en direct* se définit comme une projection dans un univers froid, sorte de terrain vague très « *No future* », d'un futur proche et flou tel qu'imaginé par Tavernier : « Les gens mourront de moins en moins grâce aux progrès de la médecine. Les rares moribonds deviendront des bêtes curieuses qu'on montrera à la télévision. *La Mort en direct* est l'histoire d'un homme (Harvey Keitel), chargé de suivre une femme (Romy Schneider) atteinte d'une maladie mortelle. Cet enquêteur a pour mission de filmer les derniers moments de Romy, grâce aux caméras qu'on lui a greffées dans les yeux. » Si à la fin des années soixante-dix, aux USA, des opérations chirurgicales sont déjà retransmises en direct à la télévision (le commentateur ajoute toujours en début d'émission : « L'opération va-t-elle réussir ? L'opéré va-t-il survivre ? C'est ce que vous saurez »), jamais encore, nulle part au monde, une malade incurable n'a été filmée dans son agonie. Laissant à Steven Spielberg l'usage vampirisant et commercial des artifices et gadgets, Tavernier est allé puiser dans le quotidien les ingrédients d'une science-fiction intelligente qui dénonce les nouvelles armes de l'indécent humain. Maintes tracasseries financières et conflits de procédure menacèrent bien souvent et longtemps cette production internationale, mais le Français eut le dernier mot. « La lecture du scénario avait littéralement électrisé Romy », se souvient Daniel Biasini.

Pourtant, elle a peur. Dans un salon de l'aéroport de Roissy, juste avant de s'envoler vers l'Ecosse, cadre choisi pour le tournage, elle rédige une lettre à l'attention de son réalisateur : « Je serai ta Catherine. Je le serai tout le temps, jusqu'au bout ; cela me fait peur, mais je le serai. Je la jouerai sans aucun apitoiement, sans aucun sentimentalisme ; elle est trop fière pour cela, et j'espère que tu m'aideras. » David, que l'on apercevra quelques secondes à l'écran dans une scène aujourd'hui rendue émouvante, est du voyage.

Bertrand Tavernier : « Romy m'a écrit “il n'y aura pas d'apitoiement” et il n'y en a pas eu. Elle a accepté des tas de choses, elle ne s'est pas du tout protégée, les 2/3 du film elle est sans aucun maquillage. Elle n'a pas vérifié. Elle n'est pas venue une seule fois aux rushes. Elle était persuadée qu'elle ne pouvait pas improviser. C'est vrai qu'elle ne pouvait pas changer une phrase de dialogue. Mais elle pouvait improviser dans l'émotion et la façon de jouer une scène. Un jour, elle devait simplement dire une phrase et puis on devait couper là. Non seulement elle a dit la phrase, mais après, tout d'un coup, elle a un regard très long sur Max von Sydow et puis elle porte un verre à sa bouche et puis tout d'un coup elle laisse tomber le verre, elle regarde Max à nouveau. Et on sent une panique qui monte en elle, qui n'était pas du tout écrite, du tout prévue. Après je suis allé lui dire : “Mais Romy qu’est-ce que ça veut dire, tu ne sais pas improviser, mais tu ne te rends pas compte du cadeau que tu viens de me faire, tu te rends compte de ce plan ?”... A partir de ce film, je ne dis plus “Coupez !” »

Lorsque Biasini débarque à son tour sur le tournage, il retrouve son épouse en proie à une situation oppressante : l’antagonisme latent qui sévit entre elle et son principal partenaire, Harvey Keitel. Adepte forcené de l’*Actor Studio system* (travail minutieux du personnage, puis improvisation), l’homme exaspère Romy, allergique à cette méthode, qui préfère bondir d’entrée dans le sujet pour n’en sortir qu’au « clap » final. Biasini tente de jouer les conciliateurs. Sans grande réussite.

Pour célébrer la fin attendue des réjouissances, Romy fait tout de même acte de grand seigneur et offre une fiesta à l’ensemble de l’équipe. Les Américains engagés dans l’aventure y jouèrent les prolongations en chantant, une guitare à la main, à la gloire et au succès de leur travail commun. « C’est la plus belle fête de fin de film à laquelle j’ai assisté », s’enthousiasme Tavernier. Enthousiastes également les plumes redoutées des critiques aux aguets. Toutes se sont prises au jeu du jeune réalisateur et saluent l’avènement d’une œuvre véritable, royalement servie par ses protagonistes. Romy devient « la flamme du film ». Tavernier parle de « lumière ».

Seul le public, à l’évidence, manqua l’éblouissement. « Peut-être cela tenait-il moins aux acteurs qu’aux difficultés manifestes rencontrées par le metteur en scène français pour tourner un film américain, ou à l’inverse, aux problèmes rencontrés par les acteurs américains pour s’intégrer à un scénario européen », estime Daniel Biasini. Les mauvais souvenirs abandonnés derrière eux, Romy et lui partent, presque apaisés, goûter un repos tout sicilien. Romy a été invitée dans l’île italienne au festival de Taormina qui a prévu de lui décerner un David di Donatello, équivalent du César français et de l'Oscar américain, pour « l'ensemble de son œuvre », selon la formule consacrée, mais aussi pour la maestria de son interprétation dans *Une histoire simple*. Le triomphe de Sautet a donc su franchir les frontières et conquérir les publics internationaux.

Au centre de ces témoignages d'amour, des signaux de tendresse et de reconnaissance envoyés sans poste restante : celle qui depuis tant d'années danse sous les bravos de la foule. Avec souvent la désagréable sensation de ne représenter qu'une curiosité malsaine, une bête sous chapiteau que l'on vient souiller de ses yeux, Romy continue de donner, elle ne sait faire que ça. Plus le ver continue de grignoter son bonheur conjugal, plus elle s'offre au cinéma en espérant toujours cet impossible ailleurs que nul ne peut lui apporter. « Je voulais vivre, en même temps je voulais tourner des films, car j'aimais mon métier », confie-t-elle en avril 1981 à un journaliste de *Stern*, comme on dicte le texte de sa propre épitaphe. Aux comédiens, Dieu a donné le don d'apprivoiser la mort puisque par philosophie, créer c'est la conjurer. « Je suis conscient qu'être comédien, en vivant la vie des autres, c'est annuler sa vie, estime le mystique Henri Tisot, et en annulant sa vie, qu'est-ce qui arrive ? On échappe à la mort ! Quand vous êtes en scène ou devant une caméra, puisque vous ne vivez pas, vous ne pouvez pas mourir. » Et l'inimitable imitateur du Général de rappeler dans sa biographie *Le Fils du pâtissier*, que jusqu'à une époque récente, l'Eglise condamnait les comédiens : « Je trouve ça presque normal. A-t-on le droit de s'extraire de sa vie ? Notre métier est vraiment à part et, disons le mot, il est un peu diabolique ! »

Chez Romy, l'envoûtement pour les jeux dangereux enveloppés dans du beau texte est patent. Omniprésente aussi, sa passion pour tant d'autres mondes étranges ou quotidiens, loin de son univers ou roulant à son tambour, sur des rails qui jamais, l'espère-t-elle, ne seront amenés à se rejoindre un jour pour se court-circuiter. En avril 1981, toujours, lors d'un séjour dans un centre de remise en forme de Quiberon, à bout de forces, elle eut un sursaut de violence pour s'attaquer à l'une de ses victimes de prédilection. Dans un bistrot du port, un marin qui la reconnut crut de bon aloi de l'appeler «*Sissi*»!

« Non, je ne suis pas *Sissi,* je suis Romy Schneider !!! »

Après toutes ces années d'efforts pour gommer l'âme d'Elisabeth, celle-ci la poursuivait encore en ne lui laissant plus que la mutinerie pour seule défense. Romy, en 1978, à Marc Esposito : « Maintenant, fini, basta ! Je ne peux plus ! Enfin, l'autre jour, quand il est repassé à la télévision, le lendemain, David, mon fils, m'a téléphoné de Ramatuelle et m'a dit : "Tu sais, maman, ils ont repassé *Sissi,* à la télévision. Mais je me suis endormi." J'ai crié : Bravo. »

Bravo. Comme ce mot mort résonne encore aujourd'hui, fort et lointain, tel un appel désespéré. Car à l'aube du XXIe siècle, dans les boutiques spécialisées, la trilogie des *Sissi* fait plus que jamais ronronner les caisses des marchands d'illusions.

# XXII

## NAUFRAGÉE

*« Et je me soûle... Et vous, vous êtes où ? Merde ! »*

Romy Schneider

« JE me permets de vous dire quelque chose. Je n'ai pas demandé la permission, là dans les coulisses, ni à personne ; je voudrais dire que je trouve que cela n'est pas très correct, ni très gentil et cela manque de respect en face de notre métier, quand on est nominé et même quand on ne l'est pas, de ne pas venir. »

Césars 1980. Destinataire non désignée de cette pertinente déclaration de Romy Schneider sur la scène du Palais des Congrès : Miou-Miou qui, ayant décidé de boycotter la cérémonie, n'a donc pu recevoir son prix d'interprétation pour *La Dérobade* (ça ne saurait s'inventer !).

« L'amour de Romy pour le cinéma, la sincérité de son dévouement à la cause professionnelle s'étaient manifestés, au risque de choquer, relate Georges Cravenne, journaliste et fondateur des Césars. Mais elle fut d'abord choquée elle-même par l'attitude de Miou-Miou et ne put s'empêcher de la fustiger en direct sur l'antenne. Elle s'en est voulu mais, pour m'être trouvé près d'elle en coulisse, je puis affirmer qu'il n'y avait aucune préméditation de sa part, juste le cri du cœur d'une authentique professionnelle. »

En 1981, Romy se retrouva sur la même scène avec Polanski, à qui elle remit le prix du meilleur film l'année précédente *(Tess)*. « Après ce qu'elle a dit l'année dernière, elle était bien obligée de venir ! » s'exclama avec humour le réalisateur polonais. Explosion de rire de Romy : « Ah, tu l'as bien dit ! » Ce soir-là, David fut pour la dernière fois son fidèle cavalier.

A la réalisation des costumes et chapeaux : Jacques de Fonteray et Jean Barthet, Georges Conchon à la plume, devant la caméra : Jean-Louis Trintignant et Jean-Claude Brialy et aux commandes de ce petit monde : Francis Girod ! Pour aborder le rôle d'Emma Eckhert dans *La Banquière*, dont le coup d'envoi est prévu aux environs du 23 février, Romy, en parfait terrain de connaissance, bénéficie du privilège d'un entourage sécurisant. Pourtant l'habituelle appréhension de l'avant-tournage se superpose à un mal-être vivement éprouvé. Le changement observé chez Romy par son jeune époux, d'autres le constatent également sur le tournage de *La Banquière*. L'actrice a le plus grand mal à dissimuler ses anxiétés. Au cours d'une scène où elle doit arracher à l'aide d'un couteau le plâtre qui emprisonne sa jambe, elle entre dans un tel état de transe qu'elle s'en déchire les mains, devant ses partenaires perplexes. Tous sont pourtant sous l'emprise de sa séduction pénétrante.

Le 31 août 1998, sollicité pour présenter *La Banquière* avant une rediffusion télévisée, le comédien Daniel Auteuil évoqua la « luminosité » de sa camarade : « J'avais le trac, je me souviens de ma première scène avec elle. Il faisait chaud. J'avais un gilet, une veste et un pardessus. A l'époque, on faisait une scène par jour. J'ai donc été toute la journée en face de Romy Schneider. Elle me donnait la réplique et quand vers 19 heures on est passé à mon contrechamp, j'avais tellement répété le texte que je me disais que j'allais avoir des trous. J'avais eu tellement peur que le soir, quand j'ai enlevé mes habits, tout était trempé.

« Romy était quelqu'un qui se consumait d'angoisse et toute son énergie passait par là. C'est pour cela qu'elle restait aussi profondément vulnérable dans les films et si attachante. J'ai appris sur le tas et c'est sûrement ces rencontres avec ces acteurs-là ; c'est sûrement en travaillant avec des grands comme elle et Trintignant que moi aussi, d'une certaine façon, j'ai bu leur savoir et que j'ai appris. En même temps, elle était lumineuse et je ne dirai pas, joyeuse, mais elle était incandescente. »

Un autre quasi-débutant qui se laissa prendre aux émanations charismatiques de « la petite dame de cœur » : Thierry Lhermitte. Le toujours bronzé de l'ex-Splendid parle plus généreusement d'un « choc » : « Tu vois passer une petite bonne femme qui n'a pas loin de quarante-cinq ans et qui a bien vécu. Une apparence anodine. Et on te présente. Elle te dit : "Bonjour" et paf, tu tombes en arrière ! Quand je suis allé la voir dans sa loge pour répéter les scènes, j'étais sous le charme. Je l'ai regardée jouer. J'ai été complètement saisi par l'émotion qu'elle dégageait. Sa personnalité et son talent d'actrice faisaient qu'on l'aimait et qu'on avait envie de la prendre dans ses bras et de lui dire : "Vous avez eu beaucoup de malheurs, mais avec moi, c'est fini." Lors du tournage des *Ripoux*, on a parlé d'elle avec Philippe Noiret. Il ressentait la même chose. C'est comme Piaf ; quand elle chante une note, tu pleures ! Pour donner cela, il faut être déchiré, avoir eu très mal. »

Les prises de vues de *La Banquière* ont pour cadre plusieurs sites prestigieux de Paris, entre autres la Galerie Vérot-Dodat dans le Ier arrondissement. En 1980, le fameux Robert Capia y tient déjà sa boutique de poupées anciennes, un antique refuge qu'affectionne sa grande amie Catherine Deneuve, lors de ses escales parisiennes. Capia se souvient d'une Romy courageuse à l'extrême mais déjà fort mal en point, titubant par moments, montrant visiblement des signes inquiétants et de réelles difficultés à assumer le poids du tournage. Un autre témoin, un reporter soucieux de son anonymat, releva, lui, des « propos grossiers et choquants » adressés par Romy aux membres de l'équipe. Le cœur saigné, la malheureuse n'est déjà plus elle-même et ses relations avec son entourage direct en pâtissent.

Autre protagoniste-phare de *La Banquière* : Noëlle Chatelet (Camille). Avant d'être un écrivain à succès, elle fut à l'écran la maîtresse de Romy : « C'était une femme qui était au bout d'elle-même, commente la sœur de Lionel Jospin, qui était de toute évidence épuisée, épuisée par le travail, par la vie, épuisée par plein de choses personnelles et intimes probablement. Et cette espèce de force extrême que lui demandait ce tournage qui exigeait de vaincre des foules, des êtres, des hommes, des situations, de l'argent, etc., devait être absolument effrayant et je pense qu'elle a dû en souffrir. Ce qui ne la rendait pas très accueillante pour les autres. »

Le rôle difficile certes mais ô combien convoité d'Emma Eckhert ne fut dévolu à Romy qu'après maintes péripéties. En 1970, déjà, Régine fut la première à flairer la bonne affaire. Une certaine morphologie et des traits de caractère communs à ceux de Marthe Hanau (le véritable nom de la véritable banquière dont s'inspira Girod) l'auraient toute désignée mais le projet avorta, pour être ensuite proposé par Alain Cavalier successivement à Simone Signoret et Jeanne Moreau.

Le 27 août 1980, c'est une Romy-Emma toute en granit et en pulsions, en cynisme et en dérision, qui propulsa le film vers le pinacle du *box office :* 650 000 entrées en région parisienne ! La confusion inscrite à l'ordre de la dernière scène, lorsque Romy tombe sous les balles d'un tireur d'élite au cours d'un meeting et s'écroule sur l'estrade, rejointe par son jeune fils éperdu de douleur qui tente de repousser les photographes, appelle un autre souvenir qu'évoque ici Georges Cravenne : « En sortant du Palais (en 1981, à l'issue de la 6e cérémonie des Césars), elle eut une des plus grandes peurs, hélas ! prémonitoire, de sa vie : assaillie par des admirateurs, elle faillit être étouffée avec son fils et la photo de son visage angoissé, serrant David contre elle pour le protéger, est restée dans toutes les mémoires. »

En dépit de l'attaque des critiques, pour certaines très virulentes, Girod peut s'avouer satisfait ; sa faculté déconcertante à défier les réalités en faisant comme il aime à le dire « des enfants à l'Histoire », a fait mouche auprès du spectateur. D'où le mérite du réalisateur d'avoir su accoucher, à la force de son imagination alliée à une savante étude historique et sans le décrédibiliser, d'un personnage neuf obéissant à sa seule fantaisie. L'enthousiasme laudateur de Girod bénéficie à Jacques Fonteray, concepteur des costumes de *La Banquière* et pièce maîtresse du film : « C'est un artiste qui ressent (il travaille et propose beaucoup) et, d'un coup de crayon, fait passer l'indicible. »

Le 26 août 1980, à Baden, l'ex « Sarah Bernhardt du Théâtre autrichien », Rosa Albach-Retty, tire sa révérence, saluée par la nation tout entière. Touchés, Romy et son frère Wolf-Dieter déplorent la perte d'une grand-mère exceptionnelle («Cent ans c'est si court»), qui avait décidé de jouer les prolongations. Elle était entrée dans sa 106e année.

« C'est moi la veuve ici, ce n'est pas lui !!! »

A l'arrivée très médiatisée d'Alain Delon au pied du grand escalier de Garnier, Helmut Berger, que la jalousie semble égarer, fait entendre son écho. Un incident vite étouffé. En cette soirée du 28 septembre 1980, sous l'or et les marbres de l'Opéra, on s'apprête à célébrer Visconti et la solennité doit présider. Nombre d'acteurs prestigieux du maître s'associent à cet hommage, parmi lesquels Helmut et Alain bien sûr, mais aussi Claudia, et *Romina.* «Luchino était parti et nous avait laissés dans le désespoir, témoigne Claudia Cardinale. Toute la presse, toutes les télés étaient à l'affût de nos réactions. A un moment donné, j'ai vu que Romy allait craquer. Ses nerfs étaient très tendus. Alors, je l'ai prise par la main et on a couru s'enfermer en bas dans les toilettes de l'Opéra. Elle a pleuré sur mon épaule. On est restées longtemps. Je l'ai aidée à se remaquiller et quand on s'est retrouvées dans la salle, on avait vécu un grand moment d'intensité, de grande... pour Luchino. »

L'angoisse qui saborde les nerfs et le moral de Romy avant chaque début de tournage gagne des sommets, dont elle ne redescendra plus désormais que pour s'incliner vers la terre. En Italie, *Fantôme d'amour* de Dino Risi est en phase de préparation. Romy, qui, pour accéder aux désirs de David malheureux et solitaire sans ses camarades parisiens, s'est réinstallée à Paris avec Biasini dans un appartement de l'avenue Bugeaud, travaille de son côté à l'étude du scénario. Fin prête, en novembre, elle se rend à Pavie pour rejoindre l'équipe du tournage dont Marcello Mastroianni, son nouveau partenaire. Le jour J, à l'heure du premier tour de manivelle, elle manque à l'appel. Nul ne sait où la trouver.

Furieux, le directeur de la production alerte Biasini à Paris qui prend aussitôt la décision de se dépêcher sur place. Après de longues heures de route, il découvre sa femme, dans la chambre de son hôtel, dans un état qui relève du cauchemar :

« J'ouvris la porte et j'eus aussitôt un mouvement de recul. Romy me regardait, les yeux grands ouverts et le regard fixe. Elle était en peignoir. Son regard semblait braqué sur moi, mais il ne s'y arrêtait pas : il me traversait et se perdait dans l'infini. Elle se tenait à moitié couchée sur son lit. Ses mouvements étaient lents, comme si elle bougeait au ralenti. Au début, il fut presque impossible de discuter avec elle. Elle semblait totalement désespérée. Il me fallut un certain temps pour réussir à lui arracher quelques bribes d'explications. Parmi ses affaires, je trouvai plusieurs boîtes d'Optalidon. Dans l'une, il manquait trois suppositoires. Romy m'avoua qu'elle s'était fait un "cocktail" avec trois bouteilles de vin rouge qui avaient produit leur effet. Elle était comme paralysée. » Avant de laisser son épouse se livrer aux exigences de son rôle, Biasini s'assure de la remettre d'aplomb. Puis il regagne Paris.

Contrairement à *Pain, amour... ainsi soit-il, La Femme du prêtre* ou encore plus récemment *Parfum de femme*, Risi ne donne pas dans la gaieté profonde avec *Fantôme d'amour*. Mais les vicissitudes du tournage procurent-elles au moins à Romy le confort superficiel et provisoire d'une bouée de sauvetage. L'effort, meilleur ami de l'homme. Avec elle, Marcello se montre chevaleresque et attentif. Une entente cordiale qui ne peut que satisfaire le metteur en scène. En quelques semaines, Risi apprend à mieux connaître Romy : « Elle a quelque chose de fantomatique dans sa façon de vivre, comme si elle venait d'une autre planète, c'est une des composantes de son charme. » Ce n'est pas par hasard s'il l'a élue pour habiter Anna, une étrange revenante qui persiste à renaître dans l'esprit troublé de Nino, son bel amour de jeunesse, au temps jadis de leur folle ivresse. Atmosphère lourde et temps de pluie, des gouttes pesantes de nostalgie, qui viennent frapper à chaque carreau pour y faire entrer le passé. Et la clarinette de Benny Goodman qui nous assène le coup de grâce ! Littéralement métamorphosée par des procédés de vieillissement, Romy donne le frisson. On voudrait pouvoir lui rendre tout ce que le temps lui a volé, puis avec elle s'évaporer dans ses retours vers le néant.

Le public, les critiques ; ils sont peu nombreux à croire au miracle, à la réalité de toutes ces forces qui nous dépassent et font de l'amour le seul triomphateur possible du trépas.

Peu avant Noël, son contrat avec Risi honoré, Anna définitivement ensevelie sous la pellicule, Romy retourne à sa nuit. Chez elle, David l'attend. Daniel aussi. Mais les disputes succèdent aux querelles. Biasini comprend-il que sa femme est en train de perdre pied ? S'il découvre par hasard dans son sac de nouvelles boîtes d'Optalidon et qu'il s'emploie à les faire disparaître au-dessus de la cuvette des toilettes, elle le poursuit en hurlant que nul n'a le droit de s'ingérer dans sa propre vie ! « Les rechutes se succédèrent, relate Biasini dans *Ma Romy.* Au début, elles ne furent pas aussi sérieuses que celle de Pavie, mais les symptômes étaient évidents : des gestes hésitants, de légers problèmes d'élocution et ce regard fixé dans le vide. Romy semblait absente et dépressive, un état qui alternait avec de subits accès d'angoisse et une sorte de délire de persécution. »

L'avènement de l'année 1981 n'apporte aucune amélioration. La situation déjà fort compromise ne fait que se gangrener. A bout, Biasini s'éloigne. Plus tard, au cours d'une interview, évoquant la position des compagnons de comédiennes, Romy en conviendra avec

Michel Drucker : « J'ai mûri et j'ai compris combien il était pénible pour ces personnes toujours dans l'ombre de devoir nous rassurer et que l'on tourmente avec nos sautes d'humeur. On n'a pas le droit d'exiger de ces êtres tout proches de vous qu'ils vous aident à porter votre fardeau. Je suis consciente d'être une personne invivable et exaspérante. »

Pourtant, jamais, en public, Biasini ne faillit à la mémoire de celle qui fut sa femme. Bien au contraire. Et s'il déserta ses responsabilités d'époux, c'est sans doute qu'il l'avait déjà compris : Romy ne voulait plus être sauvée. L'homme n'est coupable d'aucun crime et demeure, en dépit de tout ce qu'ont pu affirmer les éternels absents, le seul qui dévoua son quotidien à la cause de Romy pendant près de huit années. Il doit à son courage certain et à une lucide honnêteté, que seul le recul pouvait lui conférer, d'avoir reconnu et admis ses propres erreurs et manquements à l'égard d'une personne aussi sensible que Romy. Leur séparation fut l'une de ces fatalités que le temps rend cruelles et, souvent, il y repense : « Un jour j'ai dit à Romy : "Ecoute, ça ne peut pas continuer comme ça, il faut qu'on fasse un *break* tous les deux, il faut qu'on se retrouve. Chaque jour une engueulade, chaque jour, on est obligé de remettre la machine à sa place ; ça ne va pas." Et donc je suis parti en n'abandonnant absolument pas la famille, ni les enfants, et comme nous avions des rapports passionnés, elle m'a envoyé une lettre, en me disant que si je ne rentrais pas immédiatement elle divorcerait. Et moi, par fierté, peut-être, par connerie, sûrement, je n'ai pas voulu céder à ce chantage. Et nous nous sommes séparés. »

A la fin du mois de mars, tandis que Daniel emmène David en voyage à Los Angeles, Romy prête son concours au tournage de *Garde à vue,* de Claude Miller, pour quelques journées. Une simple participation en fait, qui l'associe à deux autres grandes pointures du cinéma français. « Quand j'ai parlé de Romy Schneider, raconte Miller, les producteurs ont eu une petite réticence, disant : "On a déjà Michel Serrault, Lino Ventura, c'est vraiment mettre du caviar sur le foie gras." » Et le réalisateur de *Mortelle randonnée* de préciser : « Quantitativement, c'était un petit rôle, mais qualitativement, c'était un rôle-clé. On parle d'elle depuis le début du film. J'ai raisonné comme Hitchcock, je pense, aurait raisonné. J'aurais pu trouver de bonnes comédiennes beaucoup moins connues, mais du point de vue du suspense, il fallait que ce soit une star et qu'elle soit sur l'affiche. Le spectateur n'étant plus innocent, aujourd'hui quand il entre dans une salle, sait très bien qu'il va avoir Romy Schneider. »

Au mois d'avril de 1981, on retrouve *Romina* en cure de repos à Quiberon. Des journalistes du magazine allemand *Stern* viennent troubler son séjour pour une interview à cœur ouvert. Cédant au désespoir, Romy leur offre l'image qu'ils attendent d'elle, celle d'une femme rompue par une nuit d'ivresse dans un bar à pêcheurs et qui le lendemain, confrontée à l'effroyable de sa solitude, sans plus aucune force pour réagir, passe à confesse : « Je dois me protéger. Je veux garder mes enfants. Je ne laisserai plus personne me faire du mal. J'ai décidé de vivre enfin ma vie si je puis encore y arriver (...) Pour l'instant, je suis trop foutue et à plat pour me défendre convenablement. »

Dans les réminiscences d'une vie évoquée dans ses aspects les plus noirs, Delon se tient en bonne place. Romy à propos de leur passé commun : « Il était seulement ambitieux, il voulait faire carrière et avoir un jour l'appartement plein de Renoir. Cinq années de crainte sans répit ou de "pas vivre ensemble" avec Delon suffisent. C'était douloureux, ça faisait mal. »

Sur l'épilogue Biasini, elle demeure discrète, mais lorsque le journaliste lui demande si elle consentira, comme avec feu Harry Meyen, à racheter sa liberté, la réponse de Romy tombe, péremptoire : « Non, les temps sont passés, je ne paie plus personne. D'ailleurs mon mariage actuel, avec Daniel Biasini, en France, n'est pas juridiquement valide, parce qu'il y a vice de forme. Lors du mariage nous avions opté pour la séparation de biens. Je n'en dirai pas davantage, parce que le divorce est encore en cours. »

# XXIII

## LA DÉFERLANTE

*« Il n'est pire eau que l'eau qui dort... »*

SON nom ne figure pas au générique du film, mais Biasini semble formel : Laurent Pétin œuvra en qualité d'assistant sur le tournage de *Fantôme d'amour*. C'est au cours de cet intermède que Romy aurait fait sa connaissance. Fut-ce là le début de leur histoire ? Reste que lorsqu'elle rentre de Quiberon, le pied gauche plâtré après une mauvaise chute sur un rocher, elle le revoit et le fréquente.

Interne au lycée Jeanson-de-Sailly, dès les vacances de Pâques, David, qui entrevoit mal la perspective d'un divorce entre sa mère et Daniel, a émis le souhait de quitter Paris pour se rapprocher de ses « grands-parents » Biasini à Saint-Germain-en-Laye... autant que pour fuir « l'intrus ». Toujours à l'écoute de ce fils qu'elle adore, Romy l'inscrit en externe dans un lycée de la ville natale du Roi-Soleil. Madame Melonet, directrice de l'internat de Sailly, garde le souvenir d'un David tout en souffrance « en dépit de la gaieté, de la politesse constante et des manières affables qu'il affichait. Ses points faibles étaient les mathématiques et le latin, précise-t-elle, mais sur le terrain de sport, il était un des meilleurs de l'école. D'ailleurs, ses camarades n'avaient pas tardé à le nommer représentant de classe ».

Entre-temps, le metteur en scène Jacques Rouffio, qui a soumis le scénario de *La Passante du Sans-Souci* à une Romy enthousiaste, s'active à la préparation du film en espérant que de fâcheux contretemps n'en viendront plus retarder le tournage. Ce projet, Romy le porte en elle : « Le roman de Joseph Kessel, je l'ai lu il y a longtemps. Immédiatement je l'ai senti, aimé et j'ai eu très envie de le faire. » Deux conditions expresses à son acceptation : que Jacques Rouffio en soit le maître d'œuvre et Raymond Danon le producteur. Danon, c'était déjà *Les Choses de la vie, Max et les ferrailleurs, Le Train, Le Trio infernal.* Peu de temps avant *Une histoire simple,* Romy a signé un nouveau contrat avec lui pour *Lulu,* un remake du fameux *Loulou* de l'Autrichien Georg Wilhelm Pabst qui, en Allemagne, en 1928, libéra la « beauté magnétique » de Louise Brooks à l'écran. « Il n'y a pas eu d'atomes crochus entre Romy et la réalisatrice Liliana Cavali, explique Danon. Moi, grand seigneur, j'ai déchiré le contrat. Avec *La Passante,* Romy m'avait renvoyé l'ascenseur. »

Un jour, sur le tournage d'*Une histoire simple,* où elle incarnait la mère de Romy, l'actrice Madeleine Robinson vint frapper à la porte de sa roulotte. Etrange coïncidence, elle aussi avait lu le roman de Kessel et, séduite, en fit part à Romy : « Ce serait un rôle magnifique pour vous. Moi je suis trop âgée pour l'interpréter. »

Trois ans plus tard, Romy à Jean-Louis Livi, son agent et ami, à propos de Rouffio, lors d'un dîner en tête-à-tête à La Closerie des lilas : « Un metteur en scène qui a le talent et le courage de faire *Sept morts sur ordonnance*, de travailler sur un scénario et avec les acteurs, comme il le fait, c'est rare. »

Las, la fatalité va se déchaîner pour accomplir la volonté de quelque dieu malin. En deux ans, depuis l'impressionnant suicide d'Harry Meyen en avril 1979, à Hambourg, Romy tangue entre les murs du sordide. Après Meyen, ce fut au tour de Rosa Albach-Retty d'emporter avec elle le berceau de la petite Rose-Marie aux yeux de feu. Puis, Biasini... l'échec, le sentiment oppressant de la trahison, l'inévitable divorce, la chute vers les bonheurs artificiels, l'accident de Quiberon. Et maintenant les quatre murs de cette pièce toute blanche.

Penchée au-dessus de son lit, à l'hôpital américain de Neuilly : Christiane Höllger, appelée à son secours. Une tumeur sur le rein droit, la douleur soudaine et térébrante, l'admission aux urgences, l'ablation de l'organe atteint au cours d'une opération longue de quatre heures. Sans le moral nécessaire souvent pour surmonter une épreuve si rigoureuse. Agée de soixante-douze ans, malade du cœur, Magda Schneider, elle aussi, a fait le voyage depuis *Mariengrund*. Laurent Pétin est bien là, mais sa relation avec Romy est trop neuve encore et David déteste cet étranger à sa vie. Il n'accepte qu'un seul papa : Daniel !

Biasini : « Je ne suis pas en mesure de juger si un cœur aussi sensible que le sien était capable de haine, mais une chose est sûre : David n'aimait pas le nouveau compagnon de sa mère. Et au plus profond de son cœur d'enfant, il le rendait responsable du fait que la famille qu'il avait tant désirée se décomposait peu à peu, une fois de plus. »

Le début des prises de vues de *La Passante* est à nouveau reporté. Aussi, sceptique quant à l'avenir du projet, et surtout inquiète de ses intérêts financiers, l'équipe dirigeante délègue Jean-Louis Livi au chevet de Romy.

« Ma dernière visite à l'hôpital américain fut un moment difficile, avoue ce dernier. Je devais lui dire et c'était très cruel, que si elle ne donnait pas sa réponse pour dire si elle allait faire le film, il était possible que ce soit une autre actrice qui le fasse. Je me souviendrai toute ma vie de cette scène ; j'étais dans sa chambre et je lui ai dit : "Ecoute Romy, je te parle franchement, il faut que tu dises oui ou non, si tu ne donnes pas de réponse, ils vont demander à Hanna Schygulla." Et là, subitement, elle s'est levée du lit comme ça (Livi joint le geste à la parole) et elle a dit : "C'est *MOI* qui ferai le rôle !!!" »

Les parents de Pétin ouvrent grandes les portes de leur maison à une Romy très amaigrie. Loin du tumulte bientôt déchanteur de l'accession d'une France rose au pouvoir, elle y effectue sa convalescence. Très vite, se manifeste son intention de relever tous les défis. Mais son opération l'a considérablement affaiblie. Il lui faut du temps. L'affaire de quelques semaines. Rouffio et Danon comprennent et acceptent.

Le 24 juin, dans les studios de Boulogne-Billancourt, à l'endroit même où Claude Sautet la découvrit un jour, émerveillé, quelque treize années en arrière, Romy assure la postsynchronisation de *Garde à vue*, lorsque David, accompagné par son professeur d'allemand, lui fait la surprise d'une visite inopinée. Dans son livre, *Romy Schneider, Images de ma vie*, Renate Seydel exploite le témoignage de madame Mery, témoin privilégié de la scène : « Ils se manifestaient une grande tendresse mutuelle. David avait donné quelques conseils de prononciation à Romy. Et la mère répétait les mots en question avec l'intonation exacte que voulait entendre le fils. Ensuite, nous sommes allés à la cafétéria ; quelqu'un a pris des photos mais elle ne s'en est pas indignée. Ce fut une magnifique entrevue de réconciliation. » David profite de ces instants privilégiés pour rassembler ses convictions et tenter d'infléchir sa mère. Il aimerait tant qu'avec Daniel ils se retrouvent, comme avant.

« J'avais appris au jeune garçon que, selon la loi française, une audience de conciliation devait avoir lieu avant tout divorce, écrit encore Biasini. Je ne lui avais laissé aucun faux espoir : cette tentative de réconciliation judiciaire n'avait aucune chance d'aboutir. Mais il se cramponnait quand même à cette idée. »

Le soleil de juillet pavoise encore haut dans le ciel des Yvelines, lorsque David, de retour de Montesson où il est allé assister à une course de vélo à laquelle participait l'un de ses amis, rejoint le domicile de Monsieur et Madame Biasini, rue de Lorraine à Saint-Germain-en-Laye. Le portail de la maison est fermé à clé. Délicat, pour ne pas déranger ses grands-parents d'adoption dans leur sieste, le garçon décide d'escalader le mur de béton puis la grille de fer qui clôturent la propriété ; une habitude maintenant pour le plus agile des ex-élèves de Jeanson-de-Sailly.

L'assurance trop bien placée, le faux mouvement, le pied qui se prend dans un buisson de rosiers, la perte d'équilibre et très vite les pointes en fer de lance de la grille qui surgissent et se plantent en plein intestin. Une chute de cinquante centimètres ! David se défait tant bien que mal et réussit à se traîner dans la cour pour alerter les parents de Daniel Biasini qui accourent sans comprendre. Ils ne tardent pas à mesurer l'ampleur de la catastrophe. Le blessé transporté toutes sirènes hurlantes par le SAMU aux urgences de l'hôpital de Saint-Germain-en-Laye, Romy chez les parents de Laurent Pétin est prévenue par téléphone. Dans les couloirs de l'ancien cloître de Saint-Germain s'ébauche alors un autre drame, déchirant, interminable, dont l'issue redoutée trouble la vision de chacun. Nourris par l'insoutenable image d'un enfant allongé sur une table d'opération, le ventre ouvert et de ces chirurgiens qu'ils imaginent affairés autour de lui pour pincer l'une de ses artères déchiquetée par le fer de la grille, effrayés par le ballet incessant des infirmières porteuses de nouvelles poches de sang en quantité jamais assez suffisante, Romy et Daniel arpentent sans se voir, sans se parler presque, le couloir de la mort. Il y a beau temps qu'ils ne partagent plus le meilleur et l'orgueil ne cède point devant la douleur.

Quatre heures ; ce sera la durée du premier cauchemar où l'espoir, sans discontinuer, aura guerroyé rude.

« Quel cri ! Strident, désespéré (...) Ce fut le cri le plus terrible que j'entendis de toute ma vie. Le chirurgien en chef sortait tout juste de la salle d'opération du vieil hôpital et avait chuchoté à Romy : "C'est fini, je suis vraiment navré." » Ainsi Biasini ébaucha-t-il son hommage à son ex-femme dans son livre-confession en ajoutant : « La disparition de cet enfant tant aimé m'avait moi aussi paralysé de douleur. » Sans doute ce coup de massue neutralisa-t-il de la même façon le nerf de sa sensibilité car la scène ultime entre ceux qui se vouèrent huit années de leur vie patauge dans le misérabilisme. Biasini, le premier, en éprouve du remords, et ne parvient pas à expliquer sa conduite.

Romy vient donc de recevoir la nouvelle, lorsque devenue selon les termes de son ex-mari « une petite créature désemparée, les yeux noyés de larmes, le visage gonflé, déformé par l'angoisse », elle s'adresse à lui, étreinte par le désespoir, comme un naufragé dans une rivière devenue folle se raccrocherait à une branche :

« Que devons-nous faire ?

– Nous ? Ce que nous devons faire ? Je vais te dire une chose, ce que tu fais m'est totalement égal. Fais ce que tu crois devoir faire. »

Des mots acides et sans souplesse. Encore faut-il se remettre dans le contexte d'un mariage en décomposition avec la présence effective d'un nouvel homme dans la vie de Romy, qui n'était le bienvenu ni dans le cœur de Biasini, bien sûr, ni dans celui de David. La veille de son décès, au téléphone, le jeune garçon avait quitté sa mère sur un nouveau différend. Romy l'avait sommé de rentrer à Paris et il avait réitéré sa volonté ferme de demeurer à Saint-Germain chez ses « grands-parents ». Là était son unique « chez lui », tant que « cet homme » (Pétin) vivrait encore avec elle.

Les obsèques de David-Christopher Haubenstock ont lieu le 7 juillet à Saint-Germain-en-Laye. Dès lors, pour Romy, la descente aux enfers ne connaîtra plus de frein. « C'est devenu le calvaire quotidien, témoigne la gouvernante de Sarah, Bernadette Bousserie, dite "Nadou". Elle ne dormait pas la nuit, elle ne dormait pas le jour non plus. On était obligé d'avoir de la peine. On en avait déjà pour nous, mais de la voir alors qu'on ne pouvait rien faire pour elle, c'était ça le plus dur. » « Elle vivait, mais elle ne vivait pas », surenchérit Olga, la bonne. Parfois, seule au milieu de sa tourmente, Romy écrit à David, la nuit, dans le silence. Et elle lui parle, comme si...

Au lendemain du triste cérémonial au cimetière de Saint-Germain-en-Laye, ayant déjà tiré d'un mort en le photographiant à la dérobée sur sa civière ce qu'ils convoitent maintenant d'arracher à une survivante, la presse se met à pied d'œuvre. Les amis de Romy réagissent et se mobilisent. Brialy met pendant quelque temps sa maison de Monthyon à sa disposition. Alain Delon montre toute la force d'âme et la vigueur nécessaires pour protéger sa *Puppele.* Dévoué, discret, efficace, désintéressé ; tel se révèle Delon-le-Magnanime, souvent fustigé, jamais égalé ! Au plus cruel de la tragédie, lui l'éternel incompris apporte la preuve, si besoin en était, d'une fibre sentimentale que l'on a du mal à croire authentique chez d'autres beaux parleurs, épargnant à Romy l'assaut des grands vautours toujours à l'affût d'une bête chancelante. Il convainc son ex-compagne de refaire au plus vite son apparition en public. La date arrêtée, le 8 septembre, les ex-« Fiancés de l'Europe » s'offrent en pâture aux flashes des photographes, à l'occasion de la sortie du dernier film d'Alain : *Pour la peau d'un flic.*

En octobre, épilogue laborieux, le divorce du couple Biasini est consommé. Intègre jusque dans la rupture, Daniel n'accepte aucune somme ou contrepartie. A la fin du même mois, au terme de moult avatars, le tournage de *La Passante du Sans-Souci* peut enfin devenir réalité. A Berlin, Romy retrouve la présence silencieuse mais réconfortante de Michel Piccoli, lui-même entouré d'autres comédiens savamment sélectionnés par Rouffio, tels Maria Schell, inoubliable Gervaise, Mathieu Carrière, Dominique Labourier, Helmut Griem, Jacques Martin et un débutant : Gérard Klein. Profondément déçu de n'avoir pas séduit Dominique Besnehardt, à l'époque directeur du casting, en 1985 Thierry Lhermitte passa à confesse dans *Star d'aujourd'hui* : « Je n'ai jamais fait le siège d'une production pour décrocher un rôle, pourtant j'ai essayé pour *La Passante du Sans-Souci.* J'ai insisté mais dans ces cas-là ça ne marche jamais et c'est Gérard Klein qui a été choisi (pour l'emploi de Maurice Bouillard). J'avais vraiment envie de rejouer avec elle. Je voulais revivre cette histoire d'amour qu'est un film avec Romy. » Jean Reno fut plus chanceux, puisque son apparition de quelques secondes à la fin du film ne fut pas sans lui laisser quelques heureuses séquelles : « La seule qui m'ait nourri, bien qu'elle ait été inaccessible, c'est Romy Schneider, parce qu'elle avait la tendresse et qu'elle était professionnelle. Elle était au bon endroit. »

Toujours à la merci, sur un plateau, du bon vouloir et des changements de lune des acteurs, metteurs en scènes, producteurs et autres auteurs : les costumiers. Rude métier, tâche ingrate qui réclame par journée de tournage la somme de douze à dix-huit heures de travail ! Le 29 juin 1999, au terme d'une exposition et d'un cycle cinéma, le musée de Francfort organisa une soirée thématique. Au programme : une projection de *La Passante du Sans-Souci* suivie d'une discussion entre Ingrid Zoré, costumière exclusive du film, et les spectateurs présents ce soir-là. Parmi eux, Frédérique Derlin, de l'Amicale Romy Passion, qui se souvient d'une Ingrid fort prolixe. Ainsi, apprend-on qu'en 1982, au début du tournage, une réunion de travail réunissant l'ensemble de « la bande à Rouffio » détermina l'attitude à adopter vis-à-vis de Romy : patience et silence absolu sur le plateau, vigilance à l'égard des journalistes et photographes par ailleurs interdits d'accès.

Un soir, émue, Romy retrouve sa loge royalement piquetée de roses blanches, touchant consensus amical de la part de chacun des membres de l'équipe. L'atmosphère tendue du départ où, après chaque scène, l'actrice partait se réfugier dans sa loge, laisse la place à un plus grand intérêt de sa part envers ceux qui l'entourent et ne demandent qu'à l'aimer. Le contact s'établit également entre elle et Ingrid Zoré, qui préfigure une confiance complice. Jacques Rouffio encourage les efforts de sa vedette comme un père sa fille. Chaque matin, ils se rendent ensemble en voiture jusqu'aux studios, et le réalisateur en profite pour la conditionner : « Romy, il n'y a pas de David aujourd'hui, seulement le fils que tu as dans le film. » « Elle était poursuivie par cette paranoïa, confia Rouffio à Robert Amos, et quand je lui disais "oublie David, maintenant tu joues !", elle était contente. C'était un soulagement pour elle. C'est pour chacun le plus injuste, le pire qu'on peut imaginer. Mais Romy était actrice et elle devait faire face. » Lors d'un « Spécial Romy Schneider » à la radio, Rouffio toujours : « Ça a été une *Passante* avec plein de soucis pour elle... et un petit peu pour nous. Je voudrais néanmoins essayer de gommer tout de suite l'aspect d'une Romy triste ! Les drames étaient vécus, ils existaient, mais je n'ai pas le souvenir de quelqu'un qui engendrait la tristesse. La force de vie était telle que, de toute façon, on arrivait à trouver un plaisir de vivre formidable en étant dans ses pas. »

Bientôt, au cours d'une soirée que Romy tient à offrir à la troupe, Ingrid perçoit même l'éclat de son rire. Rires également le matin au maquillage lorsque Gérard Klein chante à la pauvre *Rominette* quelques chansons allemandes apprises au lycée. Elle l'appelle *Herr* Klein, lui *Frau* Schneider. « Il y a des moments où nous avons franchement rigolé, avouera *L'Instit*, même en étant aussi déchirée qu'elle l'était. Elle était comme une lampe halogène, elle était ardente, éclatante. On a eu des crises de rire surtout à cause de la langue allemande, même si après elle redevenait triste. »

« J'étais dans sa loge, se souvint quant à lui Michel Piccoli pour Europe 1, elle écoutait de la musique. On a entendu celle des *Choses de la vie*. On a appelé Claude (Sautet) entre deux prises. Quand on a raccroché, on a senti une espèce de vide parce que ces *Choses* nous colleraient à la peau toute la vie. »

« Puis vint le tournage de l'une des scènes les plus difficiles, enchaîne Madame Zoré : le réveillon de Noël dans le restaurant parisien. » La présence face à elle de Wendelin Werner, Max enfant dans la fiction, troublait Romy. Il déclarait le même âge que David et le souvenir de ce fils adoré était sans doute par trop présent pour qu'elle ne puisse voir dans les yeux du garçon autre chose que l'incarnation de ce qui lui avait été définitivement enlevé. Aux dires d'Ingrid Zoré, il n'existait pas de véritable entente entre la vedette et son jeune partenaire. « Ce qui prouve combien le jeu de l'actrice était à ce point merveilleux, commente Frédérique Derlin, car dans le film, on la sent proche du petit Max et tellement attachée à lui. »

Lorsque pour cette scène du réveillon, au cours de laquelle Max à la demande d'Elsa doit interpréter au violon le thème poignant de *La Passante du Sans-Souci*, le clap est donné, chacun redoute le pire. Sous la cape presque transparente d'organza à col relevé dessinée par Ingrid Zoré pour recouvrir une robe pailletée, Romy s'avance souveraine. Au cours des mois écoulés, elle est devenue si mince qu'il a fallu à maintes reprises retoucher ses costumes. Ingrid Zoré : « Dès le premier essai, alors que la musique triste de Georges Delerue s'est fait entendre, Romy s'effondra, puis s'enfuit dans sa loge. Au bout d'une heure trente d'efforts de la part de Jacques Rouffio et de la maquilleuse, elle réapparut et le deuxième essai fut entamé. Malheureusement, le même scénario se produisit plusieurs fois de suite et ce n'est qu'après beaucoup de courage et de travail que la scène put être mise en boîte. »

« La scène du restaurant où je joue du violon était très dure, confirme Wendelin Werner dans *Die andere Romy*. Nous l'avons tournée en deux fois. D'abord le plan large où nous sommes tous les deux, puis les gros plans pour les émotions. Quand nous avons tourné mes scènes de gros plan et celle où je joue du violon, elle se tenait près de la caméra et me donnait la réplique. Quelqu'un d'autre aurait pu le faire, mais elle voulait le faire elle-même. Et là, elle a amèrement pleuré, les larmes coulaient sur ses joues, pas des larmes de cinéma, de glycérine. Les larmes de Romy étaient vraies. »

« Max, je voudrais que tu joues pour moi. Fais-moi ce plaisir, offre-moi ce cadeau. »

Le temps de quelques soirées, l'ami Horst Buchholz avec qui Romy n'a jamais vraiment perdu le contact, revient dans sa vie. Tous deux discrètement installés dans un coin du grill-room de l'hôtel Kempinsky, il parle, il parle très longuement et elle l'écoute, songeuse. Entend-elle seulement l'écho de sa voix familière ? Par moments, seule la trace d'un sourire sans doute dérobé à son inconscient apparaît sur son pauvre visage.

Peu avant la fin du tournage, qui se poursuit en France, Romy invite le jeune Wendelin chez elle. « Elle m'a dit combien elle était insouciante et gaie à mon âge, raconta le jeune homme, et que déjà elle voulait devenir comédienne. Et comment sa jeunesse était passée si vite ! Elle a très bien compris que je ne veuille pas continuer dans ce métier. Elle m'a offert un talisman, une tortue. On peut certainement en tirer une certaine symbolique : la carapace dure, le corps fragile et tendre, la persévérance dans les déplacements, la détermination... car la carapace (l'extérieur) est si précieuse. On dit que les tortues atteignent un grand âge et qu'elles possèdent la sagesse. Au premier abord, cela ne correspond pas à Romy. Cependant, je crois qu'elle a vécu une infinité de vies et que la souffrance l'a rendue sage. »

Dans *Die andere Romy* toujours, Wendelin Werner dénonce sans ménagement le comportement de la presse envers sa « maman adoptive » : « J'ai trouvé particulièrement révoltant que les journalistes me questionnent sur le nombre de bouteilles et de cigarettes que Romy avait bues et fumées. Il y avait toujours des gens qui étaient là pour se mêler de ce qu'elle faisait ou de ce qu'elle allait faire. Jamais personne ne m'a demandé si elle traversait des moments difficiles. »

Jacques Rouffio : « 29 décembre 1981 : le tournage de *La Passante...* est terminé. L'équipe s'est retrouvée sur la plage de Trouville, désœuvrée, silencieuse et secrète. A part quelques plaisanteries qui sonnent faux. Le dernier camion parti, la portière du car refermée sur le gros de la troupe, nous nous sommes comptés, quelques fidèles des premiers jours. D'autres devaient rester, mais se sont évanouis dans la brume mouillée. Le réveillon du jour de l'An, c'est demain ! Alors, triste !

« Romy est rentrée à Paris, engouffrée dans sa voiture – dès le dernier "coupez" ! –, en larmes... (il faisait très froid sur la plage). Je saurai plus tard que ce n'est pas tout à fait vrai, qu'elle s'est calfeutrée dans l'hôtel, valises à ses pieds, avant d'affronter le retour à la vie sans *La Passante*.

« Longue vie à Elsa et à Lina ! Longue vie à *La Passante* ! »

Il ne reste à Romy d'autre heureuse perspective que celle de retrouver enfin Sarah, sa « poupie », qui l'attend à Paris, choyée par la douce Nadou.

# XXIV

## NOIRE EST LA NUIT

*« Dans la vie, toutes les réussites sont des échecs qui ont raté. »*

Romain Gary

« LE film qui a sauvé Romy ». Le 17 avril 1982, *Jours de France* illustre sa « une » avec une sublime photo de *Romina*, mèche crantée, en Elsa Wiener. A la télévision, dans la presse, présentation du film-testament oblige, la promotion de *La Passante du Sans-Souci* bat son plein. Dans les salles de cinéma, les spectateurs découvrent surpris et émus la dédicace qui figure au générique sous le nom de Romy Schneider : « Pour David et son père. » Devant la réticence de Rouffio, désireuse de régler ses comptes avec quelques journalistes véreux, elle a insisté : « Il paraît qu'on appartient à tout le monde ! Alors, si j'appartiens à tout le monde, tout le monde doit connaître ce qui m'appartenait et ce que j'ai perdu ! »

Qu'est-il advenu à Romy depuis le repas de fin de tournage, au mois de décembre, au cours duquel, en guise de remerciement, elle a tenu à distribuer à chacun une rose de couleur « rose tendre » ? « Ce soir-là, elle parut comme libérée, plus forte et sûre d'elle-même », affirme Ingrid Zoré à qui Romy communiqua ses coordonnées personnelles notées sur un coin de serviette de table. Mais, l'échéance finale approchant, toute l'équipe s'inquiète pour elle. Après avoir été entourée, choyée par un groupe très soudé, l'angoissante sensation du vide ne risquait-elle pas de la happer ? « En fait, avec le recul, il aurait fallu qu'elle tourne un autre film dès le début de 1982 », estime très justement la costumière.

Or, nous sommes en avril et si Romy s'est promise à Granier-Deferre pour *L'Un contre l'autre* avec Delon comme partenaire, les premiers mois de l'année, après un séjour aux Seychelles avec Laurent Pétin, n'ont été que course et cavalcade, d'un appartement parisien à l'autre pour échapper aux *paparazzi*. Aussi, lorsque, fait exceptionnel, elle accepte de donner une interview chez Michel Drucker à la télévision, laisse-t-elle échapper une plainte digne mais désespérée à l'adresse de ceux qui, depuis des années, sabotent sans un flash de scrupules les instants de son existence.

– L'animateur : « Vous m'avez dit, en préparant cette émission, que vous voulez tourner un petit peu moins pour essayer de réussir davantage votre vie, ce qui est une chose difficilement compatible, parfois, avec le métier d'actrice, surtout à ce niveau.

– Je veux beaucoup plus me préoccuper de ma vie personnelle, de ma vie privée, c'est vrai. Tourner moins de films qu'avant. Mais... pour réussir ma vie privée, je ne peux pas être seule, je ne le suis pas d'ailleurs, mais... Surtout (long soupir)... qu'on me laisse enfin tranquille. Si on sait, vous savez, ce que certains soi-disant photographes sont capables de faire, je pense que le public a le droit de le savoir, qu'on se déguise en infirmier pour photographier un enfant mort et qu'il y a une certaine presse qui achète et qui pub. cub (elle se trouble et bute plusieurs fois sur le même mot), qui publie à la "une", comme on dit, où est la morale, où est le tact ?... »

*« Je voudrais que les gens me laissent*
*en paix et enfin tranquille,*
*Car je ne suis en vérité*
*Qu'un être humain semblable à eux.* »

Première strophe d'un poème *(Les Badauds)*, écrit jadis par Elisabeth en proie à un phénomène similaire de starisation et victime permanente de l'agression des chasseurs d'images. « Qu'on me laisse enfin tranquille. » La formulation d'une même expression, à tant d'années de distance, qui pleure la détresse commune de deux femmes condamnées au malheur et vient couronner tellement d'autres points de ralliement entre elles, peut laisser plus que songeur.

« Une nuit, à trois heures du matin, après une soirée, j'avais raccompagné Romy chez elle, raconte le coiffeur Alexandre, lorsque je la vis sortir un tube de rouge à lèvres de son sac pour inscrire ces mots sur le miroir : "Redonnez-moi mon fils !" »

Comme elle lui fut jadis redevable de son premier « nouveau look », Romy doit à cet ami fidèle, sa toute dernière métamorphose : « Un jour elle est venue me voir, poursuit le virtuose de la boucle parisienne, et elle m'a dit : "Tu sais, on va changer de personnage. Je dois vraiment être différente, je voudrais que tu me coupes tous les cheveux", chose qu'elle ne disait jamais. Elle voulait bien qu'on taille un peu à droite, un peu à gauche, qu'on fasse une forme. Mais, couper les cheveux, ça voulait dire enlever une peau, être un nouveau personnage. Elle était assise dans mon salon, détendue dans un fauteuil et je commençai à couper lorsqu'elle enleva son collier et me l'offrit devant tout le personnel ébahi, avec ce mot joint: "Pour que tu ne m'oublies pas!" "Romy, après vingt-cinq ans!" fis-je en riant. Puis, tout à coup, elle perdit connaissance et s'écroula. Elle allait très mal et dut nous quitter par la porte de derrière pour ne pas être vue. Après une semaine, elle m'appela pour continuer le travail chez elle. Je me souvins alors de son petit David lorsqu'il m'appelait fréquemment au téléphone pour me demander de venir coiffer sa mère parce qu'ils devaient dîner ensemble. Il était extraordinaire et très dominant. Il avait presque le pouvoir d'un amant sur elle. Lorsque j'arrivais sur place, il me disait toujours: "Fais un nœud!" Et Romy riait en me faisant remarquer qu'il se comportait comme un tyran. Il était très strict, le petit grand David. »

Au mois de mars 1982, Romy achète une maison au milieu des champs à Boissy-sans-Avoir, dans le département des Yvelines, un port d'attache où elle entend s'ancrer avec ses souvenirs et la perspective de beaux lendemains auprès de Laurent Pétin et de Sarah. Un nouveau départ. Encore un. A Paris, elle a déserté l'avenue Bugeaud où le fantôme de David rôde omniprésent et s'est provisoirement fixée, en dernier lieu, rue Barbet-de-Jouy, dans l'appartement prêté par un producteur ami. « C'est à cette adresse, que j'étais chargé par Marlène Dietrich d'effectuer mes livraisons à Romy, témoigne Louis Bozon. C'étaient des livres la plupart du temps, mais je n'étais pas dupe; entre deux volumes étaient toujours dissimulés des comprimés de Captagon que Marlène, soucieuse de la santé de sa protégée, lui recommandait pour tenir le coup. Ce médicament a, depuis, été retiré de la vente. Bien sûr, chaque fois, c'est Romy elle-même qui m'ouvrait la porte pour éviter que la "marchandise" ne soit interceptée par un entourage vigilant. Je fus surpris d'être accueilli par une petite femme au visage considérablement vieilli qui ne cadrait en rien avec la somptueuse actrice que nous offrait l'écran. »

Pour Marlène, Romy aurait donné *beaucoup, beaucoup* !!! « Elle était fascinée par les positions de Dietrich qui refusait de revenir dans son pays et ne voulait plus entendre parler de l'Allemagne », nous apprend Marthe Mercadier. Un jour, par le biais de Daniel Biasini, Romy avait fait parvenir à Marlène, avenue Montaigne, une chaîne en or et une lettre de plusieurs pages pour lui dire son amour pour elle. Georges Cravenne, de son côté, révèle comment au début de l'année 1982 l'Académie avait envisagé de rendre un hommage à « la Dietrich » : « Je lui avais écrit une longue lettre. Deux jours plus tard, je recevais un coup de téléphone de Romy me disant : "Marlène m'a appelée au sujet de ta lettre et elle m'a demandé de la représenter pour cet hommage. A cause de David, je ne voulais pas venir cette année aux Césars, mais Marlène est la seule personne au monde à qui je ne peux rien refuser. Donc je viendrai. " Mais quelques jours avant la cérémonie, je reçus un second coup de téléphone de Romy qui, de cette voix sombre, grave et déchirée qu'elle avait quelquefois, me dit : "Georges, il ne faut pas m'en vouloir. Je l'ai dit à Marlène. Mais décidément, je ne pourrai pas supporter de venir aux Césars cette année sans David." »

Néanmoins, et parce que l'écriture restait son mode d'expression, *Rominette* fit parvenir à Marlène une affiche de *La Passante du Sans-Souci* ainsi dédicacée : « *Ich bin KO, Deine Doofe Romy* » (Je suis KO, Ta stupide Romy (*Doofe* étant un terme familier).

David, David, encore et toujours David. Un ultime témoignage, celui d'Henriette Marello, cantinière numéro un du cinéma français de l'après-guerre à nos jours, nous restitue intact et poignant le lien magique entre une mère et son fils. De *Mademoiselle Ange* en 1959, jusqu'à *La Passante du Sans-Souci*, en passant par *Triple Cross, Les Innocents aux mains sales, Le Vieux Fusil* et *Mado*, Henriette « servit la soupe » à *Rominette*. « Lorsque David venait la voir sur un tournage, plus qu'une star, elle incarnait la beauté glorieuse d'une mère comblée, rapporte-t-elle dans ses Mémoires. Romy était si fière de son petit, si simplement heureuse que nous puissions l'admirer avec elle. Pendant les prises de vues, elle l'installait dans son fauteuil, sur le plateau, à la limite du cercle de lumière tout près du metteur en scène. La prise terminée, elle se précipitait vers lui sans plus attendre et lui demandait : "Alors, j'étais comment ???" On eût dit en cet instant que seule l'opinion de David importait. Cette scène, c'était pour lui qu'elle l'avait jouée. Quand approchait l'heure du déjeuner, tous deux, main dans la main, venaient s'installer sous la tente avec le reste de l'équipe. David parlait et Romy l'écoutait, un doux sourire flottant sur ses lèvres. Ensemble, ils étaient heureux. »

*« Tout de suite, cette information que nous venons d'apprendre à Europe 1 : Romy Schneider est morte. C'est une information qui nous a été communiquée il y a quelques minutes seulement, sans détails particuliers. »*

A son réveil vers 7 heures 30, le 29 mai 1982, rue Barbet-de-Jouy, Laurent Pétin retrouve Romy sans vie dans le fauteuil Voltaire du salon où il l'a laissée quelques heures auparavant. Elle porte encore l'ensemble blanc arboré la veille pour un dîner avec lui et des amis dans un restaurant parisien. Pétin s'était endormi sans elle, qui avait tenu à rédiger un dernier courrier pour remettre un rendez-vous avec la rédactrice en chef de *F. Magazine*.

« Romy Schneider s'est suicidée », peut-on lire dès le lendemain sur les manchettes des journaux internationaux. Une version aussitôt démentie par le docteur Deponge qui a examiné le corps pendant plus d'une heure, et par le substitut du procureur de la République. Le suicide est alors jugé comme un acte honteux. Marlène Dietrich y croit dur comme fer et s'avoue effrayée. « Pour elle, le suicide n'était pas un geste chrétien, affirme Louis Bozon. Elle me répétait : "Ça ne se fait pas, ça ne se fait pas", puis elle réitéra ses vieilles accusations contre le pauvre Delon. »

Romy serait restée entre la vie et la mort durant plus de deux heures. Rentrée du restaurant vers 2 heures du matin, son malaise dit « cardiaque » se serait déclenché une demi-heure plus tard. « J'ai entendu crier à cette heure-là », a raconté la voisine du dessus. Et d'ajouter : « Comme les cris se sont arrêtés aussitôt, nous n'y avons plus prêté attention. » Lorsque Pétin alerta les pompiers il était trop tard ; trop tard pour le bouche-à-bouche, trop tard pour les massages cardiaques.

Curieusement, aucune autopsie ne fut pratiquée. Laurent Davenas, premier substitut à Paris, chef de la section criminelle du parquet et chargé de l'enquête à l'époque du drame, s'en expliqua dans ses Mémoires, bien des années plus tard. « La règle veut qu'en cas de mort inexpliquée, une autopsie soit pratiquée, écrit-il. Mais ce corps, réduit par la démission de la vie à l'état de dépouille, je ne pouvais me résoudre à en faire une carcasse, palpée, manipulée, éventrée par les mains d'un expert pathologiste... Je ne pouvais me résoudre à détruire le mythe, en faisant de la star une simple mortelle, et j'ai pris alors la décision de délivrer le permis d'inhumer. »

Dès lors, les polémiques allèrent bon train sur les circonstances du décès. Aujourd'hui, d'autres indiscrétions passent le mur du silence. Un ex-infirmier au bloc opératoire de l'Hôpital américain de Neuilly, qui affirme détenir les sources les plus sérieuses, prétend que les origines de la vérité sont beaucoup plus simples. Selon ses dires Romy aurait souffert d'un mal incurable qui l'aurait détruite, une maladie que l'on aurait cherché à dissimuler au bénéfice de la légende de la mère meurtrie qui se laisse mourir par désespoir. Cette version a déjà été entendue çà et là mais, le secret médical faisant foi, on ne peut la recevoir ou l'émettre qu'avec force précautions.

Jacques Rouffio, l'un des derniers confidents de Romy qui lui offrit son ultime bonheur : « Je ne regrette pas qu'elle soit morte. L'avez-vous vue devant son miroir ? Elle ne s'apercevait plus dans le miroir. Elle était tout au bout. Son chemin et son voyage étaient terminés. » Vingt ans plus tard, le discours du réalisateur se teintera d'une nébulosité non innocente, une chape de mystère, un peu d'amour dans un grand charivari médiatique : « Il n'est pas possible d'expliquer ni la douleur ni la poésie d'une femme. Qui aurait pensé qu'une histoire proposée par elle, déjà si proche de son identité, deviendrait à cause des drames personnels une tentative foudroyante de survie ? Un triomphe momentané sur la mort ? »

Si l'histoire d'une fin pouvait en un mot se résumer, Greta Garbo en serait la divine ambassadrice, qui déclara un jour à son ami Antoni Gronowicz : « Chacun de nous ne vit qu'une fois ; si l'on est sincère, il suffit de vivre une fois... »

# EPILOGUE

*« Romy ? Elle est morte. »*

Michel Piccoli

*« Elle s'est éteinte, elle s'est laissée partir. »*

Alain Delon

« SOUDAIN, notre émotion se met au garde-à-vous ; là-bas, à l'angle droit de *Mariengrund* : l'apparition tant espérée de la vieille dame. Etrangement le temps se fige sans préavis. Elle avance. Automatisme d'ancienne comédienne soucieuse de réussir son entrée, la voilà qui ajuste sa toilette, parce que paraître fut son emploi. La légende en sursis garde encore sa clé sur elle. Les mains jointes, le regard levé haut en direction des nuages, nous pourrions presque décrypter sa pensée : "Depuis son éternité, ma fille vous sourit, honorables visiteurs venus converser avec elle dans le regard de sa *Mammi.*"

« Lentement, le talon de Magda Schneider continue de marteler le bitume. Dans nos esprits, la dernière confession publique de *Rominette* à la télévision ne peut s'empêcher de battre au même rythme : "Je voudrais être une mémé, un jour, à la campagne, avec mes fruits, mes arbres et ma fille. Et Vivre !"...

« En observant la magnétique octogénaire maintenant plus proche de nous, des traits familiers nous reviennent ; même "V" dessiné sur le nez, la pétillance dans le regard, la forme des sourcils, une chaleur tactile et communicative. Romy, dans ses moments de bonheur intense, aimait à se manifester de la sorte, passant ses bras autour du cou, enserrant les mains de l'être choyé dans les siennes, ou bien encore caressant le contour des joues. Magda nous convie à une copieuse collation dans son jardin. Elle parle, explique, anecdotes à l'appui ; nous l'écoutons. Puis, elle s'arrête, émue, nous embrasse, repart sur le cocasse d'un souvenir presque oublié. A notre tour de l'inviter pour un dîner dans un restaurant de Saint Leonhard à quelques kilomètres de Schönau, ainsi qu'Horst Fehlhaber, son dernier compagnon de voyage, l'amour d'une belle maturité. Magda nous semble comme transportée, enthousiasmée de se voir entourée par cette belle jeunesse. Faisant cercle autour d'elle, nous l'écoutons parler encore une fois. Sans nous lasser. Sans qu'elle se lasse. »

Nous étions le 23 septembre 1989. Magda Schneider régnait encore sur son cher domaine et accueillait de façon bienveillante qui le voulait à la barrière de son chalet, souriant à l'envi, comme les braves gens de ce pays. Pour la première fois, cette année-là, Sylvie Amedro, qui n'était encore que membre actif de l'Amicale Romy Passion, y fut reçue avec quelques amis. Gabriel Charpy, Président-Fondateur de l'ARP, dirigeait cette excursion du souvenir. Par la suite, souventes fois, Sylvie devait visiter la Diva du cinéma allemand d'avant-guerre. Puis, un jour fautif de juillet 1996, le sort mit un terme à ces rendez-vous amoureux. Peu après la mort de sa mère, Wolf-Dieter Albach-Retty, sans plus d'égard pour l'inconsolable Horst Fehlhaber, vendit la propriété. Aussitôt, les nouveaux propriétaires firent ménage des souvenirs du lieu. L'enseigne *Mariengrund* fut retirée, une barrière plus haute dressée, qui devait rendre la bâtisse moins accessible au regard du promeneur. Dans le jardin trônait autrefois un curieux lutin sculpté dans le bois, représentant Franz Xaver Schneider, le grand-père de Romy. Disparu lui aussi ! Mais la force du souvenir ne saurait se laisser vaincre par les velléités de l'argent fossoyeur. Magda repose aujourd'hui dans le cimetière de Schönau sous la même et simple roche que ses parents. Chaque jour, Horst Fehlhaber, plus petitement relogé dans la commune après son expulsion de *Mariengrund*, vient y déposer une fleur et allumer une bougie.

« La mère de Sissi est morte », titra en France *Le Parisien*. Magda qui assuma avec une joie et un ravissement jamais entamés l'époque bénie de la fameuse trilogie aurait été comblée d'aise. Et de Romy ?... En 1982, il se trouva encore un quotidien, un et plusieurs, une journaliste d'influence, une et plusieurs, pour écrire en toutes lettres, en tout anachronisme, en toute indélicatesse : « Sissi est morte ! » Depuis son « ailleurs », Romy dut retenir ses lasers et caresser sa hache de guerre. Mais à quoi bon ? Dans l'autre monde, gageons qu'avec cette « folle d'Elisabeth », toutes deux délivrées de leurs inhibitions, le mauvais quiproquo objet de tant de fantasmes est devenu source de raillerie.

Le flot de déclarations, sincères ou démagogues, qui fait généralement suite à la disparition d'une personnalité, n'a pas manqué de s'écouler pour saluer le départ de Romy. Parmi celles-ci, le cri de désarroi d'une femme trop sensible, emmurée vivante dans un cauchemar quotidien, que le départ de sa vieille amie ramena plus cruellement encore à sa lucide réalité :

« Je suis émue, effondrée. A l'heure de sa mort, elle aura vraisemblablement éprouvé tout ce que, pour ma part, j'ai déjà ressenti : le moment où l'on doute de tout et où l'on ne trouve personne à qui accorder une entière confiance. Le cinéma a brisé Romy. L'ambiance qui règne dans ce milieu n'est guère de nature à fortifier le moral. Ce n'est pas là qu'on trouve de véritables amis disposés à vous soutenir, c'est le côté lourd de conséquences du métier. La fin n'en est que plus dure, très dure. Dans ce milieu superficiel, dur et injuste, Romy a voué tout son amour à son métier. En pareil cas, on s'imagine qu'il est indispensable d'aller toujours plus loin. Si je suis encore en vie, c'est uniquement parce que j'ai su quitter le cinéma à temps. Romy était belle et à l'apogée de sa gloire. Elle avait tout pour être heureuse, pourtant le sort, dans sa sévérité, a été plus fort qu'elle. Le suicide de son premier mari, l'abandon du second et la mort horrible de son fils l'ont mise hors de combat.

Brigitte Bardot »

« Le spectacle est une grande famille au sens noble du terme, où l'on finit toujours par se retrouver », atteste Marthe Mercadier. Une opinion guère prisée en son temps par une Romy plus lucide, sincère et moins démago. Ainsi, en 1979, à la sortie de la cérémonie des Césars :

– Un journaliste : « Est-ce que c'était ce soir une fête de famille du cinéma ?

– Romy étonnée : Qu'est-ce que vous appelez une fête de famille ???

– Est-ce que tous ces comédiens qui se rencontrent s'aiment vraiment ?

– Non, je ne crois pas ! Nous faisons tous notre numéro, monsieur ! »

« Ce n'est pas un métier cruel du tout ! lâcha en 1996 Jean Marais dans *Studio.* C'est merveilleux de faire du cinéma. On s'amuse tellement. Si Romy Schneider n'avait pas été actrice, elle serait tombée amoureuse et aurait eu les mêmes ennuis. Ce n'est pas le fait d'être comédienne qui change quelque chose. »

De quel cinéma parle Marais ? Plus nuancée, Marthe Mercadier est d'avis que tout serait fonction de la manière dont on traverse les épreuves de la vie qui déjà en soi est un danger permanent. « Tout est dangereux, affirme la comédienne avec conviction. Ce qui a sauvé Bardot, c'est son goût de l'argent. Romy ne s'y intéressait pas. En outre, elle a dû faire face à des drames tellement durs, elle a été trahie par des gens en qui elle avait une telle confiance, que ça l'a complètement fragilisée. Son thème astral est l'un des plus effrayants qu'il m'ait été donné de lire dans ma vie : des succès fous, mais des désespoirs amoureux et des escroqueries financières sans arrêt.

« Quand on pense qu'Harry Meyen lui a vendu leur fils pour qu'elle puisse partir d'Allemagne et le garder en France avec elle. Après la mort de David, c'est vrai qu'elle n'a plus eu envie de continuer. Il fallait vraiment être titanesque pour résister à tout ça. Elle a eu beau résister, se battre tel un vrai petit soldat, la vie a été trop cruelle avec elle. Elle a été aimée, aimée, aimée, encensée, mais, mais... Après la mort du petit, elle avait pris du recul avec nous, sa vieille garde, car elle savait que nous n'aurions pu que continuer à l'engueuler, à lui dire "allez, on t'emmène, réagis, tu vas faire ci, tu vas faire ça. – Non, non", nous répondit-elle au début, d'une voix faible et diminuée. Nous sentions qu'elle baissait les bras. Elle avait tellement, tellement de chagrin. Puis, elle coupa les ponts. »

On s'habitue difficilement au décès d'une jeune femme. Comme une « impression que c'est arrivé hier ». Simple image aujourd'hui, elle voyage en bleu pastel dans l'indéfini de notre mémoire collective. Nous aurons beau la pleurer sur toutes les symphonies du malheur, seule la résonance de son rire doit demeurer vainqueur !

Aujourd'hui, l'Autriche, l'Allemagne et la France n'hésitent pas à programmer des expositions sur la carrière de Romy tandis que dans la presse les déclarations d'actrices qui se réfèrent à elle se multiplient. En 1983, à réception de son César pour *La Balance*, Nathalie Baye s'avoua « toute petite à côté d'ELLE ». De même Nastassia Kinski, un peu plus tard. Quant à Muriel Robin, si elle ne devait emporter qu'un seul film sur une île, ce serait *L'Important c'est d'aimer*, pour la scène : « Pas de photos, pas de photos. » Parmi les actrices qui « ébranlent » Vincent Elbaz : « Meryl Streep et... Romy Schneider. »

« Voilà la comparaison, c'est énorme ; tout ce que je peux dire c'est que je ferai de mon mieux pour être à la hauteur », confia en 1999 Monica Belluci, engagée par le réalisateur britannique Stephen Hopkins dans la version US de *Garde à vue* : *Under Suspicion.*

En 1984, en France, un Prix Romy-Schneider fut créé concurremment avec un Prix Jean-Gabin. La veuve du grand comédien ainsi que sa fille sont généralement requises pour remettre les deux trophées. Les lauréates du Prix Romy-Schneider furent d'abord désignées au mois de février, le jour de la Saint-Gabin, par un jury de vingt professionnels sous la présidence de Robert Chazal. Secrétaires généraux et créateurs de cette institution : Marlène et Eugène Moineau. Parmi les comédiennes récompensées, citons Juliette Binoche en 1986 pour *Rendez-vous*, Mathilda May trois ans plus tard et

Vanessa Paradis déjà dotée du César du meilleur espoir féminin, l'année suivante, avec *Noces blanches*.

2000 : date magique s'il en est, marqua pour Romy un triomphe total puisque 42 % des Français l'élirent « Actrice du siècle ». Dans la mode, à l'heure d'un retour d'influence des années soixante-dix, on parle d'un « *look* Romy Schneider ». Le magazine *Elle* évoque ses films cultes et les associe à ce renouveau vestimentaire incarné sur pellicule par l'actrice : « Du noir très star, des robes fluides. De la soie unie ou imprimée foulard et des chemises fraîches en coton rayé... Une très élégante Romy nostalgie. »

En 1995, la Monnaie de Paris émit une série de douze monnaies en or et argent massif sur le thème du cinéma. Romy figurait en bonne place sur l'une de ces pièces magnifiquement gravées. La poste française a célébré l'actrice en 1998 en lui dédiant un timbre, rejointe par l'Allemagne deux ans plus tard. La philatélie africaine n'est pas en reste puisque depuis 1998 existe un timbre sénégalais, très rare, sur *Rominette*. A Gibraltar enfin, en 1995, un bloc de quatre timbres est paru en hommage au centenaire du Cinéma ; Romy y est entourée d'Audrey Hepburn, d'Yves Montand et de Marylin Monroe.

Enfin, à Paris, le musée Grévin a inauguré en juin 2001 une « nouvelle » Romy – celle de Sautet –, les cheveux tirés en arrière, dans sa loge.

Aujourd'hui la boucle serait-elle enfin bouclée ? Restent les autres, ceux qui se doivent de continuer à vivre avec leurs souvenirs. De temps à autre, à la faveur d'un reportage ou d'une inauguration, Sarah Biasini nous apparaît, en petite ambassadrice du sourire de sa mère, avec la même franchise de ton. Le 29 mai 2000, jour anniversaire de la disparition de Romy, à la demande de l'ancien champion automobile autrichien Niki Lauda reconverti dans l'aviation, elle a baptisé solennellement le « Boeing Romy Schneider » destiné à effectuer quatre vols quotidiens Linz-Francfort. En 1996, à l'occasion du millénaire de sa fondation, l'Autriche et sa compagnie nationale Austrian Airlines avaient déjà rendu hommage à leurs figures les plus prestigieuses. Peints sur la carlingue de chaque avion, les visages de François-Joseph, Mozart, Freud, Karajan se côtoyaient gravissimes ou tout sourire. Précaution ou hasard : une aile et un réacteur séparaient Romy de *Sissi*.

*Sissi* encore, lorsque pour Sarah Biasini l'heure du grand pèlerinage au pays de ses ancêtres sonna au début de l'été 2000 : « Je suis folle de joie d'être en Autriche. C'est un sentiment bizarre et fantastique à la fois. » Pour les dix ans des « Romy d'Or », devant sept cents invités, les « 7 d'Or autrichiens » remirent à la jeune fille une statuette en hommage à la carrière de sa mère. Dernier moment d'intense émotion pour Sarah : la découverte dans une galerie du Burgtheater de Vienne du portrait de son arrière-grand-mère, la comédienne Rosa Albach-Retty qui avait connu son futur époux lors d'un bal à la cour de François-Joseph.

Quant à Daniel Biasini, après la sortie mouvementée en 1998 de son livre *Ma Romy*, tout porte à croire que bien des comptes lui restent à régler avec une presse qui à son encontre ne se montre guère chevaleresque.

Il doit répondre des dettes contractées par Romy et des différentes arnaques dont elle fut victime avant sa mort. Biasini affirme que, depuis le 12 janvier 1984, le fisc français, « parce que je suis l'ex-mari de l'actrice et donc responsable de ses dettes », lui réclame la somme astronomique de 11 223 144 francs. « L'administration, précise Biasini dans son livre, tenait apparemment beaucoup à montrer qu'un chef de famille demeurait responsable, même s'il était marié sous le régime de la séparation de biens. Un an plus tard, la loi serait modifiée sur ce point, mais je n'ai pu bénéficier de ce changement. (...) Et les intérêts continuent à courir : cette somme doit atteindre aujourd'hui un niveau tellement astronomique que même en y sacrifiant toute mon existence, il ne me sera jamais possible de la payer. »

La presse, en ne s'acquittant pas toujours de son devoir d'information et d'impartialité, devient un dangereux instrument de propagande au service de la calomnie et peut conduire un homme au pire. L'éducation dont a bénéficié Sarah, l'équilibre conséquent qu'elle affiche aujourd'hui placent Biasini au-dessus de tout soupçon quant à son engagement auprès d'une fille qui se déclare totalement solidaire de son père.

Quant à Laurent Pétin, avec le triomphe de *Taxi*, la fortune a fait du dernier compagnon de Romy un producteur comblé. Lui n'a pas hérité des dettes de l'actrice, mais de sa maison de campagne de Boissy-sans-Avoir. Epargné par la presse, dans l'entourage de Romy, on le sait relativement déprécié. A propos d'un testament qu'aurait laissé Romy en faveur de Pétin et de sa fille Sarah, Marco Schenz, coauteur avec Biasini de *Ma Romy*, s'interroge : « Pourquoi ce testament bizarre écrit par Romy Schneider, le 10 mai 1982 à Zurich, n'a-t-il jamais été analysé par un graphologue ? Pourquoi a-t-elle rédigé à l'aube du 10 mai, dans sa chambre d'hôtel de Zurich, ces dernières volontés très confuses, alors qu'elle n'était manifestement pas au mieux de sa forme ? Pourquoi s'est-elle de nouveau trouvée seule au moment de sa mort, dix-neuf jours après cette fameuse nuit zurichoise ? » A toutes ces questions, il n'apporte pas le moindre élément de réponse. Juste des interrogations.

Toujours très discret, Pétin se montre parfois offensif pour défendre sa vie privée en tenant les admirateurs de Romy, même les plus réservés, à distance de son domicile.

Alain Delon, lui, revendique franchement le deuil de Romy et, se posant en veuf, manque rarement une occasion d'associer sa vie et sa carrière à celles de son ancienne compagne. Ainsi, sur le programme de *Variations énigmatiques*, une pièce qu'il créa en 1996 au Théâtre Marigny d'abord, à celui de Paris ensuite, fit-il inscrire sur le programme :

*« Mon bel ange où que tu sois !*

*Ce soir comme par le passé, je suis près de toi. »*

Lors des répétitions, Francis Huster, partenaire de Delon, avait retrouvé les costumes de *Dommage qu'elle soit une putain*, conservés par Elvire Popesco. Delon accrocha dans sa loge la fameuse robe portée par Romy. « Elle veille sur nous, déclara Huster à cette occasion. Sur la scène, on sent sa présence, comme celle d'un léger et tendre fantôme. »

Inguérissable sentimental, après la tempête de décembre 1999 qui dévasta la France, chez lui, à Douchy, le « Guépard » alla de nouveau chercher refuge dans le souvenir de son illustre disparue : « Quatre cents arbres abattus, déracinés, certains brisés comme des allumettes. Et je ne pouvais pas m'empêcher de penser à cette phrase de Romy Schneider : “Lorsque je me sens seule, triste, déçue ou abandonnée, je m'en vais marcher dans la forêt, au milieu des grands arbres : ils ne m'ont jamais déçue.” »

En septembre 1990, à la date de l'anniversaire de naissance de Romy, sur l'invitation de TF1 et de Jean-Pierre Foucault, le même Delon accepta de prêter son concours. Tandis qu'il disait un poème de Victor Hugo, défilait en boucle l'image de la sépulture de Romy, une pierre tombale toute simple dépouillée de fioritures. Juste un bouquet de roses... Mise en scène simpliste souvent adoptée par les journalistes allemands et qui ne correspondait en rien à la réalité. De nouveau affluèrent à la direction de la chaîne des courriers affligés. Les membres de l'Amicale Romy Passion intervinrent aussitôt par voie de presse : « Régulièrement, la tombe de l'actrice est fleurie par des admirateurs français et étrangers, ainsi que par les adhérents de l'ARP, chaque mois, qui envoie ensuite une photo de la tombe à Magda Schneider. »

Un film sombre, très prometteur, *L'un contre l'autre*, aurait dû rassembler les anciens « Fiancés de l'Europe », juste après *La Passante du Sans-soucis*. Pierre Granier-Deferre, Alain Sarde et Jean Aurenche avaient planché pour parfaire ces retrouvailles souhaitées tant par les deux stars que par leurs admirateurs. Dans cette histoire d'une femme malade de vivre (Romy), qui débarque en « convalescence » à San Sebastian pour y connaître une passion avec un être noir qu'elle abat pour le voir réapparaître (lui ou son double ?) quelques mois plus tard ; Signoret aurait été la mère de Schneider. « De temps à autre, pendant nos écritures, Romy se manifestait, inquiète, éperdue, confia Pierre Granier-Deferre à Michel Grisola. "Est-ce qu'Alain veut toujours ?" Notre travail semblait d'ailleurs leur plaire. Trois versions virent le jour. Je me souviens qu'il y aurait eu du suspense, de la nostalgie, de la pudeur, du sang sur une mer d'huile, des zones d'ombres dans la lumière espagnole... »

Au vrai, si le compteur s'est arrêté, force nous est de constater combien au fond rien n'a changé. « La Petite Schneider » campe toujours au sommet, cernée par des foules enthousiastes et David est près d'elle, comme avant, au temps où l'on rossait le malheur d'un simple éclat de rire. Et elle rit Romy, elle rit encore ! Ou larmoie-t-elle... sur tout ce qui aurait pu être et ne fut point dans « cette vie-ci ». Laissons-lui l'irrésolu de son mystère. Sachons simplement nous souvenir qu'une femme, mère et timide, forte et capricieuse, belle, d'une beauté trouble et translucide, talentueuse parce qu'irréelle, entière non par goût des raccourcis mais par cette soif de l'authentique, a voulu repousser un jour les limites du courage pour accéder à l'impossible. Une volonté-désespoir, récupérée une nuit de grand fatal.

Sylvie Amedro qui, chaque mois, se charge d'entretenir au nom de l'Amicale qu'elle préside la tombe de Romy, se souvient s'être rendue en juin 1994 à Boissy-sans-Avoir. « Parmi des bouquets de fleurs anonymes, raconte la jeune femme, la présence d'une petite couronne de pin piquée d'un drapeau hongrois m'intrigua. Cette couronne n'était pas sans me rappeler celles que je vis déposées au pied du tombeau de *Sissi*, dans la sévère crypte des Capucins à Vienne. Fut-ce un signe quelconque ? Selon moi, ce dépôt devait coïncider avec l'anniversaire du sacre hongrois d'Elisabeth qui devint alors Erzebet en juin 1867. J'y vois personnellement le témoignage de la coriacité du mythe de *Sissi* en Hongrie et du puissant amalgame qui se fait encore, par le peuple magyar surtout, entre cette souveraine qui fut à l'origine de leur émancipation et Romy Schneider, son incarnation à l'écran. »

Deux ans auparavant, Jean Cau, dans une édition de *Paris-Match*, avait remué un peu plus profond le couteau dans la plaie : « A chaque acteur colle une image privilégiée et que le souvenir rend fixe. Romy Schneider tourna dans de nombreux films sous la direction de metteurs en scène excellents et avec des partenaires fameux. Tout cela ne lui aurait pas tressé une auréole populaire et n'aurait pas, derrière elle, laissé un sillon émerveillé si elle n'avait pas été *Sissi*. Dites Romy, on vous répond *Sissi*. Que demande-t-il, le peuple ? Des princesses, des reines, des impératrices. Racine le savait, dont le public n'était pourtant pas composé de manœuvriers et de laboureurs, et qui a dit : "La tragédie, c'est une reine qui pleure."

« Ce qui prouve que, de Bérénice à *Sissi*, de la Champmeslé à Romy Schneider, de la cour du Grand Roy à la salle de cinéma de banlieue, il y a un chemin quand l'Histoire et la fiction, la vérité sombre et le coloriage sur pellicule s'en mêlent et s'emmêlent. Alors, aux bonheurs et malheurs d'Elisabeth de Wittelsbach, dite

*Sissi,* incarnée par une jeune Autrichienne au visage de soleil, née dans un berceau entouré par les fées, on vibre, on s'émeut, on rit, on pleure avec elle, sous les ors des palais et au milieu des fastes d'un empire. Vous voyez bien, voisine, que l'argent, la gloire, la beauté, les couronnes ne font pas le bonheur et que, même assis sur un trône, comme disait Montaigne, on l'est toujours sur son derrière. Et Romy aura beau tourner *Le Procès* avec Orson Welles, *Les Choses de la vie* avec Claude Sautet, *La Piscine* avec Jacques Deray, ce sera l'image, sacrée, de *Sissi* qui gagnera en majesté sur tous ces avatars, si j'ose dire, laïcs. »

« *Je chemine solitaire sur cette terre,*
*Depuis longtemps détachée du pouvoir de l'humain,*
*Nul compagnon ne partage le secret de mon cœur,*
*Jamais aucune âme n'a su me comprendre.*
*Je fuis le monde de toutes ses joies,*
*Je suis bien loin aujourd'hui.*
*Le bonheur des humains et leurs peines*
*Me restent étrangers.*
*Je chemine solitaire comme sur une autre planète.*
*Oh vous, chères âmes de ces temps lointains,*
*Auxquels s'adresse aujourd'hui mon âme,*
*Bien souvent elle vous accompagnera*
*Et vous la ferez vivre grâce à mes poèmes.* »

Elisabeth d'Autriche, dite *Sissi.*

Alors ?... Romy aurait-elle définitivement perdu face à *Sissi* ? Ou la victoire désormais appartiendrait-elle à Elisabeth ?

# ANNEXES

# CHRONOLOGIE D'UNE VIE

1899 : Mariage de l'actrice viennoise Rosa Retty avec Karl Albach, ex-officier supérieur dans l'armée impériale de l'empereur François-Joseph.

1906 : Rosa donne naissance à Wolfgang Helmut Walter Albach-Retty (dit Wolf Albach-Retty).

1909 : Naissance de Maria Magdalena Schneider (dite Magda Schneider) dans la ville de Pfersee – Augsbourg.

1936 : Magda Schneider commande la construction d'un chalet : *Mariengrund*, à Schönau am Königsee, près du nid d'aigle de Hitler à Berchtesgaden.

1937 : Mariage de Wolf Albach-Retty avec Magda Schneider.

1938 : Le 23 septembre : naissance de Rose-Marie Albach-Retty (dite Romy), autrichienne par son père, allemande par sa mère.

1941 : Magda Schneider met un garçon au monde : Wolf-Dieter Albach-Retty (dit « Wolfi »).

1944 : Romy entame sa scolarité à l'école de Schönau.

1945 : Magda Schneider et Wolf Albach-Retty divorcent.

1949 : Romy entre à l'internat de Goldenstein à Elsbethen, près de Salzbourg. Elle y participe à ses premiers spectacles devant les pensionnaires.

1951 : La même année, Romy perd sa grand-mère maternelle Maria Schneider et Karl Walter Albach-Retty, son grand-père paternel.

1953 : Romy tourne son premier film.
En secondes noces Magda Schneider épouse un hôtelier : Hans Herbert Blatzheim qui devient « Daddy Blatzheim ».

1958 : Romy auditionne à Hollywood pour un rôle dans *Le Troisième Homme sur la montagne.*

1959 : Décès de Franz-Xaver Schneider, grand-père paternel de Romy.
Romy Schneider et Alain Delon décident de vivre ensemble à Paris et officialisent leurs fiançailles à Lugano, en Suisse, à la Villa Marco, propriété de Magda Schneider.

1960 : Alain Delon présente Romy à Luchino Visconti qui la surnomme *« Romina »*.

1961 : Pour la première fois de sa vie, Romy monte sur une scène, française de surcroît.

1963 : Delon et Romy se séparent brutalement.

1964 : Romy reçoit des mains de Michèle Morgan la Victoire du Cinéma français (récompense décernée par le public à la meilleure actrice étrangère de l'année).

1966 : Romy épouse le metteur en scène allemand Harry Haubenstock (dit Harry Meyen), à la mairie de Saint-Jean-Cap-Ferrat.
Naissance de David Christopher Haubenstock à Berlin où ses parents se sont installés.

1967 : Wolf Albach-Retty, père de Romy, décède d'une crise cardiaque à l'âge de soixante ans.

1968 : Mort de « Daddy Blatzheim ».

1969 : Magda Schneider et Horst Fehlhaber entament une vie commune.
Début de l'association Romy Schneider/Claude Sautet.
Le réalisateur surnomme Romy : *« Rominette »*.

1971 : En Allemagne, Romy signe une pétition en faveur de l'avortement dans laquelle elle reconnaît y avoir eu recours (*Stern*).
Premières photographies de nu de l'actrice.

1972 : Romy se sépare d'Harry Meyen et s'installe à Paris où Daniel Biasini devient son secrétaire.
1975 : Divorce d'avec Harry Meyen et mariage avec Daniel Biasini à Berlin.
1976 : Romy perd l'enfant qu'elle attendait, mais se voit couronnée par l'Académie des Césars, dont c'est la première édition, pour son rôle dans *L'Important c'est d'aimer.* Elle dédie cette victoire à Luchino Visconti qui vient de s'éteindre en Italie.
1977 : Romy met au monde une petite fille : Sarah Magdalena Biasini.
1979 : Suicide d'Harry Meyen à Hambourg.
Romy reçoit un second César pour *Une histoire simple.*
1980 : Décès de Rosa Albach-Retty, grand-mère paternelle de Romy, à l'âge de cent six ans.
1981 : Les Français élisent Romy Schneider et Alain Delon « Stars de l'année 1980 » (*Paris-Match*).
Romy subit l'ablation d'un rein à l'Hôpital américain de Neuilly-sur-Seine.
La fin d'un mariage : Romy et Biasini divorcent.
A quatorze ans, David Haubenstock, fils de Romy, se tue à Saint-Germain-en-Laye en s'empalant sur la grille d'entrée de la propriété de ses « grands-parents » Biasini.
1982 : Dans la nuit du 28 au 29 mai, Romy Schneider décède subitement.
En septembre, mariage de Magda Schneider avec Horst Fehlhaber.
1984 : Création du « Prix Romy-Schneider ».
1985 . *Le Vieux Fusil* obtient le César des Césars.
1996 : Décès de Magda Schneider.
2000 : Romy Schneider est élue et consacrée « Actrice du siècle » !

# CINÉMA, THÉÂTRE ET TÉLÉVISION

**1953**

- Premier film sous le nom de Romy Schneider-Albach : WENN DER WEISSE FLIEDER WIEDER BLÜHT *(Quand refleuriront les lilas blancs)*, de Hans Deppe, d'après une nouvelle de Fritz Rotter (98 mn).

Avec : Romy Schneider-Albach, Magda Schneider, Willy Fritsch, Paul Klinger, Albert Florath, Nina von Porembsky, Götz George.

– FEUERWERK *(Feu d'artifice)*, de Kurt Hoffmann (99 mn).

Avec : Lili Palmer, Karl Schönböck, Romy Schneider, Claus Biederstaedt, Werner Hinz, Rudolf Vogel.

Sortie parisienne : 16 mai 1956.

**1954**

- MÄDCHENJAHRE EINER KÖNIGIN *(Les Jeunes Années d'une reine)*, d'Ernst Marischka (95 mn).

Avec : Romy Schneider, Magda Schneider, Karl-Ludwig Diehl, Paul Hörbiger, Christl Merdayn, Rudolf Vogel, Fred Liewehr, Alfred Neugebauer, Otto Tressler, Stefan Skodler, Peter Weck, Rudolf Lenz, Hans Thimight, Peter Gerhard, Elisabeth Epp, Hilde Wagener, Hélène Lauterbök, Eduard Strauss.

Sortie parisienne : 15 mars 1957.

**1955**

- DIE DEUTSCHMEISTER *(Mam'zelle Cri-Cri)*, d'Ernst Marischka, d'après *Parade de printemps* de Marischka et Gustav Holm (90 mn).
Avec : Romy Schneider, Magda Schneider, Siegfried Breuer Jr, Hans Moser, Paul Hörbiger, Gretl Schörg, Wolfgang Luckschy, Adrienne Gessner, Susi Nicoletti, Gunther Philipp, Josef Meinrad, Karl Schwetter, Fritz Imhoff, Heinz Conrads, Wolfgang Jansen.
Sortie parisienne : 18 septembre 1957.

– DER LETZE MANN *(Mon premier amour)*, de Harald Braun (83 mn).
Avec : Romy Schneider, Hans Albers, Joachim Fuchsberger, Rudolf Forster, Michael Spira.
Sortie parisienne : 2 novembre 1960.

– SISSI, d'Ernst Marischka (102 mn).
Avec : Romy Schneider, Karl-Heinz Böhm, Magda Schneider, Gustav Knuth, Uta Franz, Vilma Degischer, Erich Nikowitz, Peter Weck, Josef Meinrad, Karl Fochler, Otto Tressler, Hilde Wagener.
Sortie parisienne : 1er mars 1957.

**1956**

- SISSI DIE JUNGE KAISERIN *(Sissi impératrice)*, d'Ernst Marischka (105 mn).
Avec : Romy Schneider, Karl-Heinz Böhm, Magda Schneider, Gustav Knuth, Vilma Degischer, Erich Nikowitz, Josef Meinrad, Walter Reyer, Ivan Petrovitch, Senta Wengraf, Richard Eybner, Karl Fochler, Hélène Lauterböck, Egon von Jordon, Josef Egger, Hugo Gottschlich.
Sortie parisienne : 16 août 1957.

– KITTY UND DIE GROSSE WELT *(Kitty)*, d'Alfred Weidenmann (90 mn). D'après la pièce *Kitty und die Weltkonferenz*, de Stefan Donat, elle-même inspirée d'un manuscrit de Emil Burri et Johannes Mario Simmel.
Avec : Romy Schneider, Karl-Heinz Böhm, Otto E. Hasse,

Ernst Schröder, Paul Dahlke, Alice Treff, Peer Schmidt, Charles Régnier, Ernst Waldow, Ina Peters, Rainer Penkert, Wolfgang Völz.
Sortie parisienne : 2 avril 1958.

– ROBINSON SOLL NICHT STERBEN *(Un petit coin de paradis)*, de Josef von Baky (98 mn). D'après une pièce de Friedrich Forster.
Avec : Romy Schneider, Horst Buchholz, Erich Ponto, Magda Schneider, Mathias Wieman, Gustav Knuth, Gert Fröbe, Rudolf Vogel.
Sortie parisienne : 17 décembre 1958.

**1957**

- MONPTI, d'Helmut Käutner d'après un roman signé Gabor de Vaszary (95 mn).
Avec : Romy Schneider, Horst Buchholz, Mara Lane, Boy Gobert, Olive Moorefield, Bum Krüger, Iska Geri, Jacques Offenbach, Bobby Todd.
Sortie Parisienne : 15 mai 1959.

– SCAMPOLO *(Mademoiselle Scampolo)*, d'Alfred Weidenmann (100 mn). D'après une comédie de Dario Niccodemi.
Avec : Romy Schneider, Paul Hubschmid, Viktor de Kowa, Georg Thomalla, Eva-Maria Meinecke, Franca Parisi, Peter Carsten, Elisabeth Flickenschiedt, Wolfgang Wahl, Stanislas Ledinek, Walter Rilla, Willy Millowitsch.
Sortie parisienne : 21 mai 1959.

– SCHICKSALSJAHRE EINER KAISERIN *(Sissi face à son destin)*, d'Ernst Marischka (100 mn).
Avec : Romy Schneider, Karl-Heinz Böhm, Magda Schneider, Gustav Knuth, Uta Franz, Vilma Degischer, Senta Wengraf, Walter Reyer, Josef Meinrad, Erich Nikowitz, Karl Fochler, Hans Ziegler, Hélène Lauterböck, Klaus Knuth, Sonja Sorell, Peter Neusser.
Sortie parisienne : 10 septembre 1958.

**1958**

- MÄDCHEN IN UNIFORM *(Jeunes filles en uniforme)*, de Geza

Radvanyi (94 mn). D'après un roman de Christia Winsloe : *Mädchen in Uniform.*

Avec : Romy Schneider, Lili Palmer, Thérèse Giehse, Sabine Singen, Christine Kaufmann, Ginette Pigeon, Marthe Mercadier, Paulette Dubost, Danik Patisson, Adelheid Seeck, Blandine Ebinger, Gina Albert, Margaret Jahnen, Ulla Moritz, Roma Bahn, Tessy Aselmeier.

Sortie parisienne : 5 novembre 1958.

– CHRISTINE, de Pierre Gaspard-Huit (109 mn). D'après une pièce d'Arthur Schnitzler : *Liebelei.*

Avec : Romy Schneider (qui reprend le rôle de sa mère créé en 1932 sous la direction de Max Ophuls), Alain Delon, Micheline Presle, Jean-Claude Brialy, Sophie Grimaldi, Fernand Ledoux, Jean Galland, Jacques Toja, François Chaumette, Jean Davy, Claudine Auger.

Sortie parisienne : 14 décembre 1958.

– DIE HALBZARTE *(Eva ou les Carnets intimes d'une jeune fille)*, de Rolf Thiele (91 mn).

Avec : Romy Schneider, Carlos Thompson, Magda Schneider, Josef Meinrad, Gertraud Jesserer, Alfred Costas, Rudolf Foster, Erni Mangold.

Sortie parisienne : 11 juillet 1959.

**1959**

- EIN ENGEL AUF ERDEN *(Mademoiselle Ange)*, de Geza Radvanyi (86 mn).

Avec : Romy Schneider, Henri Vidal, Jean-Paul Belmondo, Michèle Mercier, Jean Brochard, Paulette Dubost, Jean Tissier, Margaret Hagen, Erika von Thellmann, Ernst Waldow, Gérard Darrieu.

Sortie parisienne : 23 novembre 1960.

– DIE SCHÖNE LÜGNERIN *(La Belle et l'Empereur)*, d'Axel von Ambesser (94 mn). D'après une comédie de Just Scheu et Ernst Nebhut.

Avec : Romy Schneider, Jean-Claude Pascal, Helmut Lohner, Charles Régnier, Paul Guers, Hans Moser,

Jacqueline Marbaux, Josef Meinrad, Vera Valmont, Marcel Marceau.
Sortie parisienne : 1er juin 1960.

– KATIA, de Robert Siodmak (93 mn). D'après le roman de la princesse Bibesco.
Avec : Romy Schneider, Curd Jürgens, Pierre Blanchar, Antoine Balpêtré, Monique Mélinand, Françoise Brion, Jacqueline Marbaux, Alain Saury, Michel Bouquet, Bernard Dhéran, Hubert Noël, Gabrielle Dorziat, Yves Barsacq, Senta Berger.
Sortie parisienne : 20 janvier 1960.

– PLEIN SOLEIL, de René Clément (115 mn). Romy Schneider ne figure que quelques minutes dans le film.
Autres principaux interprètes : Alain Delon, Maurice Ronet, Elvire Popesco, Marie Laforêt, Billy Kearns, Franck Latimore, Ave Ninchi, Erno Crisa, Paul Muller.
Sortie parisienne : 10 mars 1960.

**1960**
- DIE SENDUNG DER LYSISTRATA *(Lysistrata)* (à la télévision allemande). Mise en scène : Fritz Kortner. D'après une pièce d'Aristophane.
Avec : Romy Schneider, Barbara Rütting, Karin Kernke, Ruth Kubitschek, Peter Arens, Willy Reichert, Wolfgang Kieling, Karl Lieffen, Franz Schafheitlin, Herta Worell, Ulrich Haupt, Ursula Graeff.

**1961**
- DOMMAGE QU'ELLE SOIT UNE PUTAIN, de John Ford. Mise en scène : Luchino Visconti.
Avec : Romy Schneider, Alain Delon, Valentine Tessier, Pierre Asso, Daniel Sorano, Lucien Baroux, Sylvia Monfort, Jean-François Calvé, Alain Nobis, Daniel Emilfork.
Première donnée au Théâtre de Paris le 29 mars 1961.

– BOCCACCIO 70 *(Boccace 70)*, film en 3 sketches d'une durée globale de 156 mn. Luchino Visconti réalise le deuxième sketch : IL LAVORO *(Le Travail)* (55 mn). D'après une nouvelle de Guy de Maupassant : *Au bord du lit.*

Avec : Romy Schneider, Thomas Milian, Paolo Stoppa, Romolo Valli, Amédéo Girard.
Sortie parisienne : 29 août 1962.

– LE COMBAT DANS L'ÎLE, d'Alain Cavalier (104 mn).
Avec : Romy Schneider (pour la première fois, elle n'y est pas doublée et s'exprime en français), Jean-Louis Trintignant, Pierre Asso, Diana Lepvrier, Robert Bousquet, Jacques Berlioz, Armand Meffre, Maurice Garel, Clara Tambour. A noter, la participation vocale de Jean Topart.
Sortie parisienne : 7 septembre 1962.

**1962**
- LA MOUETTE, pièce de théâtre en 4 actes, d'Anton Pavlovitch Tchékhov. Mise en scène : Sacha Pitoëff.
Avec : Romy Schneider, Pierre Palau, Lucienne Lemarchand, Alain Mac Moy, Madeleine Cheminat, Luce Garcia Ville, Jean Bolo, Paul Chevalier.
Uniquement en tournée.

– LE PROCÈS, d'Orson Welles (120 mn). D'après une œuvre de Franz Kafka : *Der Prozess.*
Avec : Anthony Perkins, Jeanne Moreau, Romy Schneider, Elsa Martinelli, Suzanne Flon, Madeleine Robinson, Orson Welles, Akim Tamiroff, Arnoldo Foa, Fernand Ledoux, Maurice Teynac, Billy Kearns, Jess Hahn, Michel Lonsdale.
Sortie parisienne : 21 décembre 1962.

– THE VICTORS *(Les Vainqueurs)*, de Carl Foreman (175 mn). D'après un roman d'Alexander Baron : *The Human Kind.*
Avec : George Hamilton, George Peppard, Eli Wallach, Vincent Edwards, Michael Callan, Rossana Schiaffino, Romy Schneider, Melina Mercouri, Jeanne Moreau, Elke Sommer, Senta Berger, Albert Finney, James Mitchum, Peter Fonda, Peter Vaughan.
Sortie parisienne : 14 février 1964.

**1963**

- L'AMOUR À LA MER, de Guy Gilles.

Avec : Romy Schneider (en *Guest Star*), Daniel Maasmann, Geneviève Thénier.

– THE CARDINAL *(Le Cardinal)*, de Otto Preminger (176 mn). D'après un roman d'Henry Morton Robinson : *The Cardinal.*

Avec : Romy Schneider, Tom Tryon, Ralf Vallone, Carol Lynley, John Huston, Burgess Meredith, Jill Hayworth, Cecil Kellaway, Dorothy Gish, Maggie Mac Namara, John Saxon, Peter Weck, Joseph Meinrad.

Sortie parisienne : 20 décembre 1963.

– GOOD NEIGHBOR SAM *(Prête-moi ton mari)*, de David Swift (130 mn). D'après un roman de Jack Finney.

Avec : Jack Lemmon, Romy Schneider, Dorothy Provine, Michael Connors, Edward G. Robinson, Edward Andrews, Louis Nye, Robert Q. Lewis, Joyce Jameson, Anne Seymour.

Sortie parisienne : 27 novembre 1964.

**1964**

- L'ENFER, d'Henri-Georges Clouzot. Film resté inachevé.

Avec : Romy Schneider, Serge Reggiani, Dany Carel, Jean-Claude Bercq, Catherine Allégret.

– WHAT'S NEW PUSSICAT ? *(Quoi de neuf Pussicat ?)* de Clive Donner (108 mn).

Avec : Peter Sellers, Peter O'Toole, Romy Schneider, Capucine, Paula Prentiss, Ursula Andress, Howard Vernon, Edra Gale, Jess Hahn, Eleanor Hirt, Catherine Schaake, Jean Parédès, Michel Subor, Nicole Karen, Jacques Balutin, Annette Poivre, Sabine Sun, Barbara Somers, Tanya Lopert, Daniel Emilfork, Robert Rollis, Françoise Hardy, Richard Burton.

Sortie parisienne : 28 janvier 1966.

**1965**

- 10:30 P.M. SUMMER *(Dix heures et demie du soir en été)*, de

Jules Dassin (90 mn). D'après un roman de Marguerite Duras.
Avec : Romy Schneider, Melina Mercouri, Peter Finch, Julian Mateos, Isabel Maria Perez.
Sortie parisienne : 3 février 1967.

**1966**

- Documentaire télévisé allemand : ROMY, ANATOMIE EINES GESICHTS *(Romy, anatomie d'un visage)*, réalisé par Hans-Jürgen Syberberg.

– LA VOLEUSE, de Jean Chapot (90 mn).
Avec : Romy Schneider, Michel Piccoli, Hans-Christian Blech, Sonia Schwarz, Mario Huth.
Sortie parisienne : 18 novembre 1966.

– LA FANTASTIQUE HISTOIRE VRAIE D'EDDIE CHAPMAN *(Triple Cross)*, de Terence Young (140 mn pour la version française).
Avec : Romy Schneider, Christopher Plummer, Gert Fröbe, Trevor Howard, Claudine Auger, Yul Brynner, Harry Meyen, Jess Hahn, Bernard Fresson.
Sortie parisienne : 9 décembre 1966.

**1968**

- LA PISCINE, de Jacques Deray (100 mn).
Avec : Romy Schneider, Alain Delon, Maurice Ronet, Jane Birkin, Paul Crauchet, Steve Eckhardt, Maddly Bamy, Suzie Jaspard, Thierry Chabert.
Sortie parisienne : 31 janvier 1969.

**1969**

- MY LOVER, MY SON *(L'Inceste)*, de John Newland (95 mn). D'après une histoire de Wilbur Stark : *Second Level* et un roman d'Edward Grierson : *Reputation for a Song.*
Avec : Romy Schneider, Donald Houston, Dennis Waterman.
Sortie parisienne : 5 août 1970.

– LES CHOSES DE LA VIE, de Claude Sautet (89 mn). D'après un roman de Paul Guimard, primé en 1968 (Prix des Libraires).
Avec : Romy Schneider, Michel Piccoli, Léa Massari, Gérard Lartigau, Jean Bouise, Boby Lapointe, Hervé Sand, Henri Nassiet, Marcelle Arnold.
Sortie parisienne : 13 mars 1970. Le film obtient le Prix Louis-Delluc 1970.

**1970**
- QUI, de Léonard Keigel (80 mn).
Avec : Romy Schneider, Maurice Ronet, Gabriele Tinti, Simone Bach, Jacques Duby.
Sortie parisienne : 23 septembre 1970.

– BLOOMFIELD, de Richard Harris (94 mn). D'après la nouvelle de Joseph Gross.
Avec : Romy Schneider, Richard Harris, Kim Burfield, Maurice Kaufman, Yosso Yadin, Shraya Friedman, Aviva Marks, Yossi Grabler.
Film non paru en France.

– LA CALIFFA, de Alberto Bevilacqua (101 mn). D'après un roman du réalisateur
Avec : Romy Schneider, Ugo Tognazzi, Roberto Bisacco, Marina Berti, Massimo Serato, Massimo Farinelli.
Sortie parisienne : 16 juin 1972.

– MAX ET LES FERRAILLEURS, de Claude Sautet (110 mn). D'après le roman de Claude Néron.
Avec : Romy Schneider, Michel Piccoli, Bernard Fresson, François Périer, Georges Wilson, Boby Lapointe, Michel Creton.
Sortie parisienne : 17 février 1971.

**1971**
- L'ASSASSINAT DE TROTSKY, de Joseph Losey (103 mn).
Avec : Alain Delon, Richard Burton, Romy Schneider, Valentina Cortese, Jean Desailly, Simone Valère.
Sortie parisienne : 30 mars 1972.

**1972**

- LUDWIG OU LE CRÉPUSCULE DES DIEUX, de Luchino Visconti (183 mn).

Avec : Helmut Berger, Romy Schneider, Trevor Howard, Silvana Mangano, Gert Fröbe, Helmut Griem, Sonia Petrova, Umberto Orsini, John Moulder Brown, Marc Porel, Isabella Telezynska, Folker Bonhet.

Sortie parisienne : 15 mars 1973.

– CÉSAR ET ROSALIE, de Claude Sautet (117 mn).

Avec : Romy Schneider, Yves Montand, Sami Frey, Umberto Orsini, Bernard Le Coq, Isabelle Huppert.

Sortie parisienne : 27 octobre 1972.

**1973**

- LE TRAIN, de Pierre Granier-Deferre (101 mn). D'après un roman de Georges Simenon.

Avec : Romy Schneider, Jean-Louis Trintignant, Nike Arrighi, Régine, Franco Mazzieri, Maurice Biraud, Serge Marquand, Jean-Pierre Castaldi.

Sortie parisienne : 31 octobre 1973.

– UN AMOUR DE PLUIE, de Jean-Claude Brialy (96 mn).

Avec : Romy Schneider, Nino Castelnuovo, Suzanne Flon, Mehdi el Glaoui, Bénédicte Bucher.

Sortie parisienne : 3 avril 1974.

– LE MOUTON ENRAGÉ, de Michel Deville (101 mn). D'après un roman de Roger Blondel.

Avec : Romy Schneider, Jean-Louis Trintignant, Jean-Pierre Cassel, Jane Birkin, Florida Bolkan, Georges Wilson, Michel Vitold, Henri Garcin, Mary Marquet.

Sortie parisienne : 13 mars 1974.

**1974**

- LE TRIO INFERNAL, de Francis Girod (107 mn). D'après un récit de Solange Fasquelle.

Avec : Romy Schneider, Michel Piccoli, Mascha Gomska, Andréa Ferreol, Monica Fiorentini, Philippe Brizard, Jean Rigaux, Pierre Dac.

Sortie parisienne : 22 mai 1974.

– L'IMPORTANT C'EST D'AIMER, d'Andrzej Zulawski (110 mn). D'après le roman de Christopher Franck : *La Nuit américaine.*

Avec : Romy Schneider, Fabio Testi, Jacques Dutronc, Klaus Kinski, Claude Dauphin, Roger Blin, Gabrielle Doulcet, Michel Robin.

Sortie parisienne : 1er février 1975.

– LES INNOCENTS AUX MAINS SALES, de Claude Chabrol (125 mn). D'après le roman de Richard Neely : *The Damned Innocents.*

Avec : Romy Schneider, Rod Steiger, Paolo Giusti, Jean Rochefort, François Maistre, Pierre Santini, François Perrot.

Sortie parisienne : 26 mars 1975.

**1975**

- LE VIEUX FUSIL, de Robert Enrico (102 mn). D'après un récit de Pascal Jardin.

Avec : Romy Schneider, Philippe Noiret, Jean Bouise, Madeleine Ozeray, Joachim Hansen, Robert Hoffmann, Jean-Paul Cisife, Karl-Michael Vogler.

Sortie parisienne : 23 août 1975.

**1976**

- TAUSEND LIEDER OHNE TON, documentaire télévisé allemand. Réalisation : Claudia Holladack.

Avec : Romy Schneider, Eva Mattes, Christiane Höllger.

– UNE FEMME À SA FENÊTRE, de Pierre Granier-Deferre, (110 mn). D'après un roman de Pierre Drieu la Rochelle.

Avec : Romy Schneider, Philippe Noiret, Victor Lanoux, Umberto Orsini, Delia Boccardo, Martine Brochard.

Sortie parisienne : 10 novembre 1976.

– MADO, de Claude Sautet (135 mn). Avec la participation exceptionnelle de Romy Schneider.

Autres principaux interprètes : Michel Piccoli, Ottavia Piccolo, Jacques Dutronc, Charles Denner, Julien, Jean-Paul Moulinot, Bernard Fresson, Claude Dauphin.

Sortie parisienne : 27 octobre 1976.

– GRUPPENBILD MIT DAME *(Portrait de groupe avec dame)*, d'Aleksandar Petrovic (107 mn). D'après un roman d'Heinrich Böll.
Avec : Romy Schneider, Brad Dourif, Michel Galabru, Richard Münch, Vitus Zeplichal, Vadim Glowna, Fritz Lichtenhahn.
Sortie parisienne : 25 mai 1977.

**1978**

- UNE HISTOIRE SIMPLE, de Claude Sautet (107 mn).
Avec : Romy Schneider, Bruno Crémer, Claude Brasseur, Roger Pigaut, Francine Bergé, Sophie Daumier, Arlette Bonard, Eva Darlan, Madeleine Robinson.
Sortie parisienne : 24 novembre 1978.

– BLOODLINE *(Liés par le sang)*, de Terence Young (117 mn). D'après un roman de Sidney Sheldon.
Avec : Audrey Hepburn, Ben Gazzara, James Mason, Claudia Mori, Irène Papas, Michelle Philips, Maurice Ronet, Romy Schneider, Omar Shariff.
Sortie parisienne : 16 janvier 1980.

**1979**

- CLAIR DE FEMME, de Costa-Gavras (103 mn). D'après le roman de Romain Gary.
Avec : Romy Schneider, Yves Montand, Romolo Valli, Lila Kedrova, Heinz Bennent, Roberto Benigni, Dieter Schidor, François Perrot, Catherine Allégret, Gabriel Jabbour, Daniel Mesguich.
Sortie parisienne : 29 août 1979.

– DEATH WATCH *(La Mort en direct)*, de Bertrand Tavernier (128 mn). D'après le roman de David G. Compton : *The Continuous Katherine Mortenhoe.*
Avec : Romy Schneider, Harvey Keitel, Harry Dean Stanton, Thérèse Liotard, Max von Sydow, Eva-Maria Meineke, Bernhard Wicki, William Russell.
Sortie parisienne : 23 janvier 1980.

**1980**

- LA BANQUIÈRE, de Francis Girod (131 mn).

Avec : Romy Schneider, Jean-Louis Trintignant, Claude Brasseur, Daniel Mesguich, Marie-France Pisier, Jean Carmet, Jean-Claude Brialy, Jacques Fabbri, Noëlle Chatelet, Daniel Auteuil, Thierry Lhermitte, Arnaud Boisseau.

Sortie parisienne : 27 août 1980.

– FANTASMA D'AMORE *(Fantôme d'amour)*, de Dino Risi (95 mn). D'après un roman de Mino Milani.

Avec : Romy Schneider, Marcello Mastroianni, Eva-Maria Meineke, Wolfgang Preiss, Michael Kroecher, Paolo Baroni, Victoria Zinny.

Sortie parisienne : 29 avril 1981.

**1981**

- GARDE À VUE, de Claude Muller (90 mn). D'après un roman de John Wainwright, *Brain Wash*.

Avec : Romy Schneider, Lino Ventura, Michel Serrault, Guy Marchand.

Sortie parisienne : 23 septembre 1981.

- LA PASSANTE DU SANS-SOUCI, de Jacques Rouffio (115 mn). D'après un roman de Joseph Kessel.

Avec : Romy Schneider (dans son dernier rôle), Michel Piccoli, Wendelin Werner, Helmut Griem, Gérard Klein, Dominique Labourier, Mathieu Carrière, Maria Schell, Jacques Martin, Pierre Michael.

Sortie parisienne : 14 avril 1982.

# DISCOGRAPHIE

– *Pierre et le Loup*, conte musical pour enfants, Opus 67, de Serge Prokofiev, enregistré en allemand par Romy Schneider. Avec l'Orchestre Philharmonique de Berlin dirigé par Herbert von Karajan.

– Refrains inspirés de *Monpti* et de *Die Schöne Lügnerin (La Belle et l'Empereur)*, chantés en allemand par Romy Schneider. 45 tours. Référence : Ariola 3548 A.

– *Dommage qu'elle soit une putain.* Alain Delon présente Romy Schneider sur le disque n° 6 de *Sonorama* (n° 30, mai 1961). Suivent deux extraits de la pièce de John Ford, mise en scène au Théâtre de Paris par Luchino Visconti en 1961.

– *L'Amante*, B.O. en italien du film de Claude Sautet : *Les Choses de la vie*, par Romy Schneider. 33 tours. Référence : C.G.D.F.G.S. 5069.

– *La Chanson d'Hélène*, tirée de : *Les Choses de la vie* et interprétée en français par Romy Schneider, avec la voix de Michel Piccoli. 33 tours. Référence : Philips 6311.021.

– Brève composition vocale, interprétée en allemand par Romy Schneider. D'après le film de Claude Sautet : *Max et les ferrailleurs*. 33 tours. Référence : PEMA Music 80.100.

– Bande originale de *César et Rosalie* (extrait : *La Lettre de Rosalie,* lue en français par Romy Schneider. 33 tours. Référence : CAM 460.002. Egalement distribué au Japon ; référence : TAM. CAM YX 5004 (33 tours).

– 1992 : parution d'un CD.

*Nota bene* : En 2001, dans son album *Entre nous,* la chanteuse Liane Foly a réenregistré *La Chanson d'Hélène,* interprétée en 1969 par Romy dans *Les Choses de la vie.* Robert Hossein y reprend le rôle de Michel Piccoli.

## LISTE DES LAURÉATES DU PRIX ROMY-SCHNEIDER

1984 : Christine Boisson
1985 : Elisabeth Bourgine
1986 : Juliette Binoche
1987 : Catherine Mouchet
1988 : Fanny Bastien
1989 : Mathilda May
1990 : Vanessa Paradis
1991 : Anne Brochet
1992 : Anouk Grinberg
1993 : Elsa Zylbernstein
1994 : Sandra Speichert
1995 : Sandrine Kiberlain
1996 : Marie Gillain
1997 : Julie Gayet
1998 : Isabelle Carré
1999 : Mathilde Seigner
2000 : Clothilde Courau
2001 : Hélène de Fougerolles

# REMERCIEMENTS

Si « dans la vie rien ne s'accomplit sans passion », pour ce véritable paquebot que représente l'entreprise d'une biographie, aucune escale dans aucun port ne serait possible, sans les cordes et l'ardeur des dockers qui s'affairent sur le quai. Avant eux, inéluctables seconds, au gré des vagues et des boussoles égarées, des écueils personnels battant la coque du navire et l'âme de son capitaine : les moussaillons de tous bords. En leur compagnie, la croisière est allée palpitante, stimulante, déroutante parfois, lorsque nulle terre n'était en vue. Aussi, m'est-il particulièrement agréable de citer ici en les remerciant pour leur aide, leurs confidences ou la mise à disposition de leurs documents inédits : Jean-Pierre Allamand, Louis Bozon, la discrète Bernadette Bosserie (dite « Nadou »), Robert Capia, Maguy Chauvin, Maître Pierre Cornette de Saint-Cyr, Jean-Claude Dauzonne, Frédérique Derlin, Claude F., Franck Guillou, Olga Horstig-Primuz, Marthe Mercadier, Micheline Presle, Jean-Louis Rancurel, Gilles Rousselot, Marc W.

Tous mes remerciements à Jacques Layani. Ses nombreux entretiens avec Claude Sautet en vue d'une biographie avortée sur le réalisateur fétiche de Romy m'ont été fort utiles.

Merci à l'ambassade d'Autriche en France, à la Librairie Allemande de Paris.

Ma vive reconnaissance à l'Institut culturel d'Autriche à Paris et à ses employées.

Merci à Brigitte Bardot d'être sortie de sa retraite pour nous donner avec sa gentillesse et sa générosité coutumières un peu d'elle-même, un peu de Romy.

Merci à Michèle Morgan pour sa disponibilité et cette classe folle qui fait d'elle aujourd'hui un pan entier de ce cinéma qui nous manque.

Qu'Annie Girardot reçoive la même gratitude pour ce merveilleux après-midi passé en sa compagnie chez elle dans la chaleur de son appartement parisien. Authentique, passionnée, avec toujours cette volonté de donner en dépit des trahisons et des déceptions, Girardot reste un autre « monstre » du cinéma français. L'un des derniers, sans doute. Et l'indéfectible amie et défenseur de Romy !

Mais à deux personnes surtout, deux femmes exceptionnelles, s'adressent tous les suffrages de ma reconnaissance : Sylvie Amedro, jeune et dynamique professeur d'Histoire dans le département des Yvelines, Présidente de l'ARP (Amicale Romy-Passion) et Jacqueline Sanjuas Vilar (dite Jacquotte), ex-secrétaire du premier Club Romy-Schneider-*Sissi* à Paris. Sans leur précieuse science, leur efficacité, leur entrain et leurs encouragements, la fête n'aurait pas été la même. Elles m'ont assisté, confié les trésors de leurs archives inédites, guidé sur les bonnes pistes tant en France qu'en Allemagne ou en Autriche. Préservé des faux pas.

Par amour pour Romy, Jacqueline Sanjuas Vilar avait prénommé son fils né en 1970 : David. Très proche de sa mère, celui-ci partageait sa passion pour l'actrice. « Tu es comme elle, maman, lui disait-il souvent, tu n'as jamais eu beaucoup de chance dans ta vie. » La mort de David Haubenstock lui causa un chagrin incommensurable. Sept ans plus tard, le 5 juillet 1988, jour pour jour, c'était à son tour d'être porté en terre. A dix-huit ans, David Sanjuas Vilar décéda dans la tristement célèbre catastrophe ferroviaire de la Gare de Lyon. « Tu es comme elle, maman, tu n'as jamais eu beaucoup de chance dans ta vie. »

Enfin, merci à l'ARP tout entière, une amicale qui a su éviter les pièges fétichistes du fanatisme. Discrets, pensés, éclectiques, intelligents, ses bulletins trimestriels édités depuis déjà plusieurs années reflètent l'esprit et l'âme de leur présidente soucieuse de préserver intact le sourire radieux de l'absente.

# BIBLIOGRAPHIE


ALBACH-RETTY Rosa, *Zu kurz sind hundert Jahre*, Heyne Wilhelm Verlag, 1978. Non traduit en français à ce jour.

ALLÉGRET Catherine, *Les Souvenirs et les Regrets aussi*, Paris, Fixot, 1994.

AMOS Robert, *Mythos Romy Schneider*, Marion von Schröder Verlag, 1999, Allemagne.

ARNOULD Françoise & GERBER Françoise, *Romy Schneider, Princesse de l'écran*, Favre, Paris, 1985.

BARBIER Christian, *Mes Visiteurs du soir*, Editions n° 1, Paris, 1991.

BARDOT Brigitte, *Initiales B.B.*, Grasset, Paris, 1996.

BERTIN Célia, *La Dernière des Bonaparte*, Perrin, Paris, 1982.

BEUCLER André, *L'Ascension d'Hitler*, Editions Nationales, Paris, 1937.

BIASINI Daniel, *Ma Romy*, avec la collaboration de Marco Schenz, Michel Lafon, Paris, 1998.

BONA Dominique, *Stefan Zweig, « L'ami blessé »*, Plon, Paris, 1996.

BOZON Louis, *Marlène, La femme de ma vie*, Michel Lafon, Paris, 1992.

BRIALY Jean-Claude, *Le Ruisseau des singes*, Robert Laffont, Paris, 2000.

BROCHE François, *Vienne, 25 juillet 1934, Assassinat du Chancelier Dollfuss*, Balland, Collection « Crimes politiques », Paris, 1977.

CHALAIS François, *Le Tir aux alouettes*, Plon, Paris, 1985.

CHOMIER André & LEMEUNIER Jean-Charles, *Jacques Dutronc, « Crac ! Boum ! Huuuue ! »*, Taillandier, Paris.

CLÉMENT Catherine, *Sissi, L'Impératrice anarchiste*, Gallimard, Paris, 1992.

DAVENAS Laurent, *Profession : répression. De la grande criminalité au terrorisme.* Editions de l'Acropole, Paris.

ENCYCLOPÉDIE DES SYMBOLES, La Pochothèque, sous la direction de Michel Cazenave, Paris, 1996.

GREY Denise, *70 ans sur les planches*, Plon, Paris, 1988.

HAMANN Brigitte, *Elisabeth d'Autriche*, Fayard, Paris, 1997.

HAYMANN Emmanuel, *Alain Delon, « Splendeurs et mystères d'une superstar »*, Favre, Paris et Lausanne, 1998.

HERMARY-VIEILLE Catherine, *Romy*, Olivier Orban, Paris, 1986.

HORSTIG-PRIMUZ Olga, *Moi, j'aime les acteurs*, Lattès, 1990.

JÜRGENS Curd, *... et pas plus sage qu'avant*, Robert Laffont, collection « Vécu », Paris, 1977.

LAMBERT Marc, *Un peintre nommé Hitler*, France Empire, Paris, 1986.

LARISCH (comtesse), *Les Secrets d'une maison royale*, Payot, Paris, 1937.

LELOUCH Claude, *Itinéraire d'un enfant très gâté*, Paris, 2000.

LE RAY Viviane, *Tendres regards*, Editions Toscane, 1994.

LOREN Sophia, *La Bonne Etoile*, Seuil, Paris, 1979.

MARELLO Henriette, *La Cantinière du cinéma*, en collaboration avec Sylvie Renoir, Ramsay, Paris, 1994.

MARIE Michel, *La Nouvelle Vague, « Une école artistique »*, Nathan université, Paris, 2000.

PASCAL Jean-Claude, *Le Beau Masque*, Robert Laffont, Paris, 1986.

PICCOLI Michel, *Dialogues égoïstes*, avec la collaboration d'Alain Lacombe, Olivier Orban, Paris, 1976.

POMMIER Sylviane & BÉNICHOU P. J.-B., *Romy Schneider*, Pac, Paris, 1977, complété et réédité en 1982 chez le même éditeur.

REGGIANI Serge, *Dernier courrier avant la nuit*, L'archipel, Paris, 1995.

SCHIFANO Laurence, *Luchino Visconti, « Les feux de la passion »*, Perrin, Paris, 1987.

SCHNEIDER Romy, avec la collaboration de Renate Seydel, *Moi Romy*, Ergo press, Paris, 1989.

SCHNEIDER Magda, *Wenn ich zurückschau...*, Ullstein Taschenbuchverlag, Allemagne, 1990, épuisé en 1999, non traduit en français à ce jour.

SERENY Eva, *Tendres regards*, Shirmer/Mosel, Allemagne, 1988.

SEVILLA Jean, *Zita, impératrice courage*, Perrin, Paris, 1997.

SEYDEL Renate, *Romy Schneider, « Images de ma vie »*, Orban, Paris, 1986.

STEINBAUER Marie Louise, *Die andere Romy*, Marion von Schröder, Allemagne, 1999.

TISOT Henri, *Le Fils du pâtissier*, Plon, collection « Entracte », Paris, 1985.

THOMANN J.P.H., *Jane Birkin*, Pac, Paris, 1979.

TOMAN Rolf, *Vienne, « Art et architecture »*, Könemann, France et Allemagne, 1999.

TULARD Jean, *Dictionnaire du Cinéma*, Robert Laffont, Paris, différentes dates d'édition et de réédition.

VIOLET Bernard, *Les Mystères Delon*, Flammarion, Paris, 2000.

ZÖLLNER Erich, *Histoire de l'Autriche*, Horvath, 1965.

ZWEIG Stefan, *Le Monde d'hier, « Souvenirs d'un Européen »*, Bermann-Fischer Verlag AB, Stockholm 1944 pour l'édition originale, Paris, 1982 pour la traduction française.

Principaux magazines et périodiques consultés :

*Bravo, Bunte, Les Cahiers du Cinéma, Cannes-Midi, Cinéma, Cinémonde, Ciné-Revue, Combat, Les Echos, Elle, L'Express, Le Figaro, France-Dimanche, France-Soir, France-Soir Magazine, Gala, Ici Paris, Image et son, Jour de France, Minute, Le Monde, Le Nouvel Observateur, Oh là !, Paris-Match, Pariscope, Première, Le Soir illustré, Stern, Studio Magazine, Télé 7 jours, Télérama, Télé Star, VSD.*

## TABLE

*Impression réalisée sur CAMERON par*

**BUSSIÈRE CAMEDAN IMPRIMERIES**

GROUPE CPI

*à Saint-Amand-Montrond (Cher)*
*pour le compte des Éditions Pygmalion*
*en octobre 2001*

N° d'édition : 724. N° d'impression : 014526/4.
Dépôt légal : septembre 2001.

*Imprimé en France*